NA PORTA DO CÉU

William J. Peters
com **Michael Kinsella, Ph.D.**

NA PORTA DO CÉU

O FENÔMENO DAS JORNADAS COMPARTILHADAS
PARA A VIDA APÓS A MORTE PODE NOS ENSINAR SOBRE
NOSSOS MOMENTOS FINAIS E COMO VIVER MELHOR

Tradução
Jacqueline Damásio Valpassos

Editora
Cultrix
SÃO PAULO

Título do original: *At Heaven's Door*.
Copyright © 2022 The Shared Crossing Project, LLC.
Publicado mediante acordo com a editora original Simon & Schuster, Inc.
Copyright da edição brasileira © 2023 Editora Pensamento-Cultrix Ltda.
1ª edição 2023.
Todos os direitos reservados. Nenhuma parte deste livro pode ser reproduzida ou usada de qualquer forma ou por qualquer meio, eletrônico ou mecânico, inclusive fotocópias, gravações ou sistema de armazenamento em banco de dados, sem permissão por escrito, exceto nos casos de trechos curtos citados em resenhas críticas ou artigos de revista.

A Editora Cultrix não se responsabiliza por eventuais mudanças ocorridas nos endereços convencionais ou eletrônicos citados neste livro.

Obs.: Este livro não pode ser exportado para Portugal, Angola, Moçambique, Macau, São Tomé e Príncipe, Cabo Verde, Guiné Bissau.

Editor: Adilson Silva Ramachandra
Gerente editorial: Roseli de S. Ferraz
Preparação de originais: Alessandra Miranda de Sá
Gerente de produção editorial: Indiara Faria Kayo
Editoração eletrônica: Cauê Veroneze Rosa
Revisão: Erika Alonso

Dados Internacionais de Catalogação na Publicação (CIP)
(Câmara Brasileira do Livro, SP, Brasil)

Peters, William J.
  Na porta do céu : o fenômeno das jornadas compartilhadas para a vida após a morte pode nos ensinar sobre nossos momentos finais e como viver melhor / William J. Peters com Michael Kinsella ; tradução Jacqueline Damásio Valpassos. -- São Paulo : Editora Cultrix, 2023.

  Título original: At heaven's door.
  ISBN 978-65-5736-268-6

  1. Espiritualidade 2. Mudança de comportamento 3. Reencarnação 4. Relatos pessoais 5. Vida após morte I. Kinsella, Michael. II. Valpassos, Jacqueline Damásio. III. Título.

23-165562   CDD-133.9013

Índices para catálogo sistemático:
1. Vida após a morte : Espiritualismo 133.9013
Eliane de Freitas Leite - Bibliotecária - CRB 8/8415

Direitos de tradução para o Brasil adquiridos com exclusividade pela
EDITORA PENSAMENTO-CULTRIX LTDA., que se reserva a
propriedade literária desta tradução.
Rua Dr. Mário Vicente, 368 – 04270-000 – São Paulo – SP – Fone: (11) 2066-9000
http://www.editoracultrix.com.br
E-mail: atendimento@editoracultrix.com.br
Foi feito o depósito legal.

À minha mãe, Carolyn Peters, por seu apoio inabalável nos muitos altos e baixos da minha vida. Ela demonstrava ter uma facilidade incomum em lidar com a morte e o compromisso de estar presente quando outros costumam se esquivar.

Ao meu pai, Robert Peters, por seu exemplo de disciplina e garra. Seu espírito empreendedor me inspirou a confiar em mim mesmo e a buscar o que mais importa.

SUMÁRIO

1.	O QUE O TRAZ AQUI?	9
2.	UM VISLUMBRE DO CÉU	32
3.	RUMO À LUZ	60
4.	CONSOLO	78
5.	TORNE-SE UM GUIA	89
6.	ANJOS	109
7.	TRAUMA E EMCs	123
8.	A EMC EM MÚLTIPLAS FORMAS	138
9.	PRESENTES INESPERADOS	158
10.	DIVIDINDO A EXPERIÊNCIA DE MORTE COMPARTILHADA	174
11.	PREPARAÇÃO PARA A MORTE EM VIDA	205
12.	UM FIM AO SILÊNCIO EM TORNO DA EXPERIÊNCIA DE MORTE COMPARTILHADA	221
13.	A EXPERIÊNCIA DE MORTE COMPARTILHADA ACONTECERÁ COMIGO?	234
Apêndice I: Iniciativa de Pesquisa da Travessia Compartilhada		255
Apêndice II: Projeto Travessia Compartilhada		263
Agradecimentos		264

1
O QUE O TRAZ AQUI?

O QUE O TRAZ aqui?

Faço essa pergunta a todas as pessoas que passam pela minha porta buscando falar sobre a morte – a mais universal de todas as experiências humanas, mas a mais difícil de discutir.

Na cultura moderna, temos uma relação difícil com a morte. Nossa linguagem está repleta de frases como "medo da morte e de morrer". Divulgadores de programas de condicionamento físico, truques de cuidados pessoais e beleza e procedimentos cosméticos alardeiam sua capacidade de nos ajudar a "retroceder o relógio", a mensagem implícita sendo a de que podemos adiar o fim inevitável da vida. A ciência médica moderna é ainda mais explícita: a medicina, em geral, faz de nossos maiores esforços para resistir à morte a principal

1. O QUE O TRAZ AQUI?

razão para termos esperança. Procedimentos médicos agressivos que prolongam a vida humana são muitas vezes vistos como uma prova de nosso amor por outra pessoa – falamos sobre "curas milagrosas" e "chances de uma em um milhão". Muitos de nós, incluindo um número significativo na profissão médica, sentimos culpa ao pensar em alguém que está morrendo. Nossa frase de condolências mais comum quando alguém morre é "Sinto muito por sua perda".

E não se engane: é uma perda profunda. Deixar a vida, deixar entes queridos e amigos, é triste e assustador. Não importa quantos de nós acreditem em uma vida após a benévola morte – e pesquisas após pesquisas sugerem que a maioria, cerca de 80%, acredita –, é completamente compreensível sentir um alto grau de apreensão. Pior ainda: é a morte que nos escolhe, muitas vezes sem avisar. E, nos últimos dois anos, a morte esteve por toda parte. As perdas devastadoras da pandemia de Covid-19 trouxeram de repente tristeza a muitos de nós, mesmo àqueles que antes pensavam que tinham tempo suficiente para passar ao lado daqueles que amavam.

Mas, por mais que lutemos contra a morte, muitos lutam ainda mais com a dor. Durante anos, como cultura, tem sido rotina para várias pessoas, profissionais médicos entre elas, colocar uma espécie de cronômetro no luto. Depois de determinado período, incentivamos os enlutados a "seguir em frente" com sua vida, ou, de maneira um pouco menos educada, sugerimos que chegou o momento de apenas "superarem isso".

Para as pessoas que me procuram, essas são respostas profundamente insatisfatórias. E o são para mim também. Gostaria de sugerir com humildade que chegou a hora de repensarmos nossa abordagem sobre a morte. Para isso, vou lhe pedir que ponha de lado tudo o que sabe ou pensa saber sobre o fim da vida.

Por mais de vinte anos, tenho conversado com as pessoas sobre morte e o fim da vida, desde a perda de bebês recém-nascidos, passando por jovens adultos em seu auge, até pais idosos. Mortes naturais e mortes traumáticas – acidentes, overdoses, suicídios –, mortes por doença, mortes por velhice. No entanto, todas essas conversas tiveram um tema em comum: uma conexão sentida pela pessoa viva com o falecido no momento da morte ou próximo dela. Todas pessoas saudáveis e cheias de vitalidade que continuam a levar uma vida ativa. Mas, por um momento, elas estiveram ligadas a outro ser humano por ocasião de sua passagem final.

Comecei a identificar tais momentos como "travessias compartilhadas", e o que eles nos dizem é que ninguém deixa esta Terra sozinho. Cada um de nós pode ser e será guiado nessa jornada. Como posso ter certeza disso? Porque, cada vez mais, aqueles que permanecem entre os vivos viram e sentiram isso, e alguns até se juntaram aos entes queridos em parte de sua jornada para a vida após a morte.

Esses vínculos de travessia compartilhada assumem muitos aspectos: alguns indivíduos podem visualizar a pessoa que está partindo de alguma maneira; outros com frequência têm uma variedade de sensações ou percebem a presença de outras forças energéticas, ou mesmo de entes queridos que já partiram. Podem vislumbrar uma luz brilhante e até túneis; podem sentir que fazem parte da jornada ou permanecer enraizados na terra. O que têm em comum é a força da experiência e o vigor incomum da lembrança, e muitas vezes uma sensação avassaladora de que o tempo como o conhecem parou. Muitos também relatam um profundo senso de apenas "saber", sem ter ideia de onde vem esse conhecimento. Em um número significativo de casos, a pessoa viva não tinha ideia de que a morte

1. O QUE O TRAZ AQUI?

era iminente e só soube do falecimento do ente querido ou amigo mais tarde.

Quanto mais eu conversava com indivíduos que haviam vivenciado um evento de travessia compartilhada, mais eu também notava a repetição de padrões. Uma mulher na Virgínia Ocidental e uma outra na Austrália com experiências profundamente semelhantes em torno da perda de um bebê. Uma filha que cresceu na Califórnia e uma filha que cresceu na Pensilvânia; uma mulher no Alabama e um homem na Espanha. Nenhum deles se conhecia, mas todos falavam uma língua comum. Vez após outra, fui percebendo que esse momento de conexão compartilhada que tinham vivenciado também mudou a vida deles e como escolheram vivê-la de maneiras inesperadas. Isso lhes forneceu *insights*. Proporcionou um desfecho. Tornou as decisões de fim de vida mais fáceis. Aliviou a dor.

Considere a história de Gail O., uma mulher adulta da Flórida:

"Estava com meu pai e comíamos sanduíches de queijo quente – ele achava que o hospital fazia os melhores sanduíches de queijo quente." De repente, o pai dela começou a ter uma convulsão. Gail gritou por socorro e, enquanto a equipe médica se aproximava às pressas, uma enfermeira a escoltou até uma pequena sala no corredor. Dentro dela, havia uma escrivaninha e duas cadeiras. Gail se lembra de sentar e "então, inesperadamente, eu estava em dois lugares ao mesmo tempo: sentada naquela pequena sala de espera do hospital, mas também ao ar livre naquele dia tão lindo. Havia uma brisa, uma estrada rural e até pássaros cantando! Não vi ninguém, mas sabia que não estava sozinha – tinha a sensação de que viajava e escoltava alguém para algum lugar. E não importava onde a jornada terminasse, porque estava um dia muito bonito". Gail virou em uma pequena curva na estrada, e "chegamos a um enorme portão. Atrás do portão, havia uma gigantesca mansão. Tive a impressão de que o lugar era como uma espécie de clube de campo ou um ponto de encontro especial. E então ouvi vozes dizendo: 'Rápido! Rápido! Temos que nos apressar! Walter está vindo e está quase chegando!'".

"O nome do meu pai era Walter."

Walter era chamado de "Wally" pelos amigos e colegas de trabalho. Mas os falecidos pais, tias e tios sempre o chamavam de Walter. Enquanto Gail olhava para a mansão, "Lá estavam eles, correndo com preparativos para algo importante. As pessoas traziam flores, arrumavam mesas e estendiam toalhas sobre elas". Ela podia até ouvir o tilintar da porcelana. "Foi uma experiência incrível e parecia que algum convidado de honra estava a caminho."

Então, Gail relembra: "Senti uma presença passar pelo portão – era meu pai! Eu queria ir com ele, mas sabia que não era permitido. Olhei ao redor e, no mesmo instante, lá estava eu de volta àquela saleta". Ela havia permanecido desperta e consciente por completo, simplesmente presente tanto ali como em sua jornada.

"No minuto seguinte, um médico entrou. Parecia muito triste e disse: 'Sinto muito, ele se foi'. E eu respondi: 'Está tudo bem. Ele foi para a festa!'. Isso mostra como aquilo estava claro para mim. O médico apenas me olhou de um modo estranho e saiu. Mas eu sabia o que tinha acontecido. Tinha acompanhado meu pai para o céu em parte do caminho."

A experiência de Gail não é única e tem um nome. Nós a chamamos de "Experiência de Morte Compartilhada" (EMC), uma expressão popularizada pelo dr. Raymond Moody em seu livro *Glimpses of Eternity* (*Instantes da Eternidade*, 2011). Definimos como EMC quando acontece de uma pessoa morrer e um ente

1. O QUE O TRAZ AQUI?

querido, familiar, amigo, cuidador ou espectador relatar que compartilhou a transição da vida para a morte ou vivenciou os estágios iniciais de entrada na vida após a morte com o moribundo.

Mas essas experiências não são novas. Por milhares de anos, pessoas próximas à morte relataram uma série de visões vívidas, como enxergando uma luz benévola ou o vislumbre de entes queridos já falecidos. Estudos de pesquisa realizados desde a década de 1960 sugeriram repetidas vezes que essas experiências de fim de vida ocorrem entre mais de 50% dos moribundos. A ciência médica tentou explicar tal fenômeno especulando que é o resultado de vários colapsos físicos no cérebro, seja por privação de oxigênio, interrupções do fluxo sanguíneo, receptores de serotonina ou ativação da resposta primitiva de luta ou fuga.

Mas as EMCs são muito diferentes. Ocorrem em indivíduos que não estão de modo algum perto da morte física. E, enquanto algumas dessas experiências, como a de Gail com seu pai, acontecem em um momento de emergência médica ou quando o vivo está no quarto com o moribundo, muitas outras ocorrem quando o experimentador está distante e muitas vezes nem sabe que a morte é iminente ou que o ente querido ou amigo morreu. Na verdade, essas EMCs remotas parecem ser mais comuns do que aquelas em que os vivos e os moribundos estão lado a lado. A ciência, como a entendemos, ainda não pode elucidar ou explicar fisiologicamente as EMCs.

Então, o que pode?

Essa pergunta está no cerne deste livro. Como diretor do Projeto Travessia Compartilhada (Shared Crossing Project – SCP), tive o privilégio de poder revisar e estudar mais de oitocentos casos de EMC. Nossa pesquisa sugere que uma benévola vida após a morte espera por todos nós do outro lado. Mas não se sinta pressionado a aceitar minha palavra. Nestas páginas, você encontrará histórias marcantes de pessoas que compartilharam a passagem envolvendo a morte com outro ser humano. Vou explorar o que essas experiências transformadoras significam para o fim da vida, para os cuidados, para o luto e a cura. No processo, espero mudar certas formas pelas quais você passou a conceber e compreender a morte. Você pode até descobrir que você mesmo ou alguém que conhece teve uma experiência de morte compartilhada, mas possivelmente não tinha as palavras para identificar ou descrever o que ocorreu.

Acima de tudo, porém, é minha esperança que essa análise possa ajudar a guiar a todos nós quanto aos meios de nos prepararmos para uma boa morte, em qualquer estágio da vida.

• • •

Desde os primórdios da civilização humana, a morte tem sido parte integrante da vida. Muito do que sabemos sobre povos e sociedades antigas vem da escavação escrupulosa de seus túmulos e cemitérios. Sabemos o que comiam, como armazenavam vinho e alimentos, o que os artesãos fabricavam, seus mitos, vestimentas, que armas usavam para travar suas guerras.

Do reino de Ur ao antigo Egito, da China dinástica à Mesoamérica, a morte envolvia rituais elaborados e temas comuns. Cada civilização acreditava em alguma forma de vida após a morte; túmulos eram muitas vezes preenchidos com todo tipo de objetos, que acompanhavam o falecido para o próximo mundo. Em alguns casos, membros da família e servos dos ricos, e até cães, eram mortos para que pudessem acompanhar o falecido para a vida após a morte.

1. O QUE O TRAZ AQUI?

"Acompanhar" é uma palavra significativa. Porque cada uma dessas civilizações, separadas umas das outras por vastos oceanos ou desertos inóspitos, ou ainda enormes cadeias de montanhas, concebeu de modo claro a passagem da vida para a morte como uma jornada. Os antigos mesopotâmios, que viviam no que hoje é o Iraque, contavam a história da deusa Ishtar, que passava por sete portões para chegar ao mundo dos mortos; ritos funerários para as elites podiam durar até sete dias. Os antigos gregos tinham uma concepção elaborada do rio Estige, onde o barqueiro Caronte esperava para transportar a alma dos mortos para a derradeira morada. Os egípcios acreditavam que os mortos também viajavam de barco, passando por sete portões para chegar ao Salão de Osíris, onde seriam julgados pelos deuses. Na Mesoamérica, muitas sociedades acreditavam na natureza cíclica da vida e da morte; uma das primeiras máscaras funerárias conhecidas mostra um rosto dividido: metade vivo, metade esqueleto. Restos mortais de cães são com frequência encontrados em túmulos; eles tinham o propósito de servir de companheiros para os humanos em sua jornada para o além.

Igualmente significativo é o número de sociedades que identificaram a existência de uma alma ou essência além do corpo físico. Essa crença em uma alma vibrante tornou-se um princípio central entre muitas das principais religiões do mundo, entre elas, o judaísmo, o cristianismo e o islamismo, enquanto o budismo abraçou o conceito de renascimento recorrente. A crença na vida após a morte também existe no cristianismo, islamismo e judaísmo. O budismo tem o próprio livro dos mortos. Talvez o mais famoso entre eles, o *The Tibetan Book of the Dead*,[1] é muitas vezes lido por monges

---

1. *O Livro Tibetano dos Mortos*. 2ª ed. São Paulo: Pensamento, 2020.

e outros para aqueles que enfrentam a morte a fim de ajudá-los a passar pelo "bardo"² à medida que deixam esta existência.

Nas tradições religiosas ocidentais, o cristianismo, o judaísmo e o islamismo têm suas próprias concepções da vida após a morte. O Islã apresenta uma descrição completa do paraíso, que inclui a visão de reuniões felizes e o reencontro com amigos e entes queridos nos palácios que Alá lhes preparou. Ao longo de vários séculos, o judaísmo primitivo desenvolveu uma visão da vida após a morte e até mesmo da ressurreição, e entre os princípios mais centrais da crença cristã está a existência de um Reino dos Céus que acolhe os crentes com magnífica benevolência. O sofrimento nesta Terra é recompensado pelo paraíso na vida após a morte. O cristianismo medieval fez da preparação para a vida após a morte o propósito central da vida na Terra. Como a medievalista Alixe Bovey, ao escrever sobre "Morte e vida após a morte" para a Biblioteca Britânica, nos lembra: "O tempo era medido em dias de santo, que celebravam os dias em que os homens e mulheres mais santos haviam morrido. A Páscoa, a festa mais sagrada do calendário cristão, comemorava a ressurreição de Cristo entre os mortos. A paisagem era dominada pelas igrejas paroquiais [...] e o cemitério no terreno da igreja era o principal local de sepultamento". Orações sobre a morte eram um hábito no *Book of Hours* (*Livro de Horas*) medieval, para ajudar a garantir a admissão no paraíso. No início do Renascimento, era considerado o auge da moda para os ricos carregarem consigo "memento mori", pequenas esculturas requintadas cujo objetivo era lembrá-los do poder equalizador da morte.

Além do poder e do significado contidos nessas tradições religiosas, durante séculos houve boas razões para colocar a vida após

---

2. Estado de existência intermediário entre a morte e o renascimento. (N. da T.)

1. O QUE O TRAZ AQUI?

a morte em primeiro plano, porque a morte estava na dianteira e no centro de tudo. A expectativa de vida na Grécia e Roma antigas era de 30 a 35 anos; no ano de 1800 na Europa, pairava entre as idades de 30 e 40. Embora alguns indivíduos afortunados tenham vivido até a velhice, moléstias, enfermidades, acidentes e ferimentos abreviavam a vida de muitos jovens. Nos Estados Unidos, em 1900, a expectativa de vida para homens e mulheres permanecia abaixo dos 50 anos de idade. Esses fatos inegáveis refletiam-se em como as pessoas viviam.

Até as casas senhoriais das gerações de nossos avós e bisavós foram construídas para acomodar a morte. Os corpos dos falecidos muitas vezes eram colocados na sala de visitas – a expressão *living room*[3] apareceu após o fim da pandemia de gripe de 1918, quando o *Ladies' Home Journal* decretou que as salas de visitas dos mortos deveriam se "encher de vida". Famílias pobres e da classe trabalhadora tentavam manter fundos funerários para pagar o enterro dos filhos. Os vitorianos do século XIX chegaram ao ponto de adotar a nova forma de arte da fotografia como meio de criar memoriais visuais para seus mortos. No que pode parecer totalmente mórbido para nós agora, muitas vezes os falecidos, com indumentária completa, eram dispostos em poses, sentados ou em pé, e acompanhados pelos familiares vivos para um retrato final em grupo.

Mas, à medida que os avanços médicos, grandes melhorias de segurança, higiene e alimentação tornaram possível uma expectativa de vida cada vez mais longa, a morte foi desviada para o lado, deixada fora do campo de visão. É mais fácil falar de sexo do que de morte. Quantos de nós tivemos uma discussão franca, aberta e sem

---

3. Literalmente, "sala dos vivos", mas se traduz como "sala de estar". (N. da T.)

barreiras sobre os desejos de fim de vida com nossos pais, parceiros, amigos ou filhos?

E, no entanto, todos nós vamos morrer.

Eu poderia muito bem ter sido uma daquelas pessoas do tipo "não pergunte, não fale nada" sobre o assunto morte. Cresci na Califórnia e, até os 17 anos, meus únicos encontros reais com a morte e o morrer se restringiram a parentes distantes cujos falecimentos foram honrados por rituais católicos que pareciam sinistros e também um pouco assustadores. Tudo isso mudou em 29 de dezembro de 1979, em uma viagem de esqui nos arredores do lago Tahoe. Após três dias de nevasca, as nuvens se levantaram, e o Sol brilhou no céu azul-escuro da serra. Saí, hipnotizado pelos pingentes de gelo de um metro e meio pendurados precariamente nos beirais da casa do meu amigo John. De repente, um dos pingentes se soltou e caiu na calçada da entrada, a menos de um metro de mim. Mais tarde, muitas vezes me perguntei se aquilo havia sido um presságio.

Com a exuberância comum de um adolescente, John e eu dirigimos para Squaw Valley e logo subimos a montanha até a pista mais alta, em busca de neve não trilhada. Fazia apenas poucos dias desde a última vez que eu esquiara, mas comecei fora de sincronia, esforçando-me para encontrar o ritmo. Nesta descida em particular, agachei-me para ganhar certa velocidade, até que meus esquis começaram a se cruzar na parte de trás. Exagerei na correção; a frente dos esquis se cruzou e fui catapultado no ar. Por um segundo, foi emocionante, mas meu corpo continuou girando até que bati no chão e senti uma compressão violenta na parte inferior das costas.

Tudo ficou escuro e silencioso. Era como se a eletricidade do meu corpo tivesse sido desligada. Ao recobrar a consciência, percebi que olhava para meu corpo físico coberto de neve. Então, comecei

1. O QUE O TRAZ AQUI?

a me afastar do corpo e da Terra e me dirigir ao céu. Parecia natural e confortável. Meu ponto de vista recém-descoberto me mostrou a área de esqui de Squaw Valley, depois o lago Tahoe, e em seguida depois toda a Reno. À medida que subia mais alto, a baía de São Francisco, as Montanhas Rochosas do Colorado e, em seguida, o território continental dos Estados Unidos entrou em perspectiva. Após, os oceanos Atlântico e Pacífico e, por fim, o planeta Terra, que reconheci pelas imagens de satélite. Naquele momento, entendi que cada interação era muito importante – cada palavra, cada ação, cada pensamento deixava uma marca indelével.

Então, me vi correndo em direção a uma intensa e radiante luz dourada. Reconheci conscientemente que estava morrendo e senti a devastadora percepção de que havia desperdiçado minha vida. Implorei à luz, que identifiquei como Deus (tendo sido criado como católico, associei a luz a Deus): "Por favor, não me deixe morrer! Não terminei meu trabalho nesta vida! Por favor! Deixe-me voltar!". Minha trajetória começou a desacelerar à medida que fui abraçado por aquela luz viva, amorosa, onisciente. Parei no meio dela e recebi uma mensagem: "Faça algo de sua vida".

Em seguida, senti um empurrão inexplicável e me vi girando de volta à Terra. Tudo agora corria ao contrário: toda a beleza da trajetória se desenrolou para trás. Perguntava-me como voltaria ao meu corpo, e mais ainda como iria encontrá-lo. Então, a montanha apareceu diante de mim. Estava ciente da neve ao redor, mas não conseguia sentir meus membros. Implorei: "Por favor, não me deixe ficar paralisado". Uma onda sutil de energia me percorreu. A sensação era como estar debaixo de um chuveiro e sentir o jato de água quente atingir o topo da cabeça e depois viajar pelo corpo. Quando comecei a mexer os dedos das mãos e dos pés, abri os olhos e vi cristais de neve descansando em meus óculos de esqui. Minha mente estava silenciosa, mas eu transbordava de gratidão. Ouvi então o som de esquis deslizando em minha direção, e John de repente exclamou: "Uau! Que tombo!".

Com isso, estava totalmente de volta a este reino humano; o espaço em que estivera momentos antes desapareceu. Levantei-me devagar, sem sequer considerar que poderia estar seriamente ferido. Com certeza não entendia que tinha acabado de passar pelo que é conhecido como "experiência de quase morte" (EQM). Ao sacudir a neve, notei que minhas costas estavam muito retesadas. No dia seguinte, acordei e não conseguia me mover sem sentir uma dor atroz. Um ortopedista pediu radiografias da minha coluna. Com uma régua, ele mediu a distância entre as vértebras lombares; fiquei "por um triz" de não esmagar os nervos espinhais, o que me deixaria paraplégico. Havia fraturado por compressão as articulações lombares e sacroilíacas inferiores no final da coluna. O médico me providenciou um colete rígido para usar nos três meses seguintes.

Presumi que isso daria o caso por encerrado, mas, em vez disso, nada foi o mesmo depois disso. O acidente me deixou com dor crônica e incapacidades; minha identidade como um jovem atlético, saudável e de espírito livre começou a desaparecer. Não tardou para que minha experiência naquela montanha me forçasse a mudar de vida.

Tentei retomar minha trajetória esperada como estudante universitário na Universidade da Califórnia em Berkeley. Mas durante uma viagem à Europa em 1984, quando tinha 22 anos, acordei de manhã cedo em um ônibus noturno no sul da Iugoslávia. Ao espiar pelas cortinas, vi centenas de olhos desesperados e suplicantes encarando-me através de uma fina fenda no tecido. Um

1. O QUE O TRAZ AQUI?

denso grupo de mulheres muçulmanas envoltas em véus mantinha os braços estendidos, implorando por comida e dinheiro. A quantidade delas e o desespero me levaram às lágrimas. Minha mente de 22 anos racionalizou que eu queria ajudar, se não aquelas mulheres, outras pessoas como elas.

Depois de me formar na faculdade, em 1985, viajei para Belize, Guatemala e Peru como membro do Voluntariado Internacional Jesuíta. No Peru, dei aulas em um centro para crianças indígenas aimarás do altiplano andino. Haviam fugido da violência e da fome e agora eram refugiados na cidade de Tacna, no sul. Crianças de até 4 anos foram forçadas a se sustentar. A maioria testemunhou inúmeros atos de violência, e suas famílias e comunidades foram destruídas pela guerra civil e pela fome. Ninguém falava em morte, mas ela estava sempre presente, um perseguidor invisível à espreita.

Certa manhã, estava servindo mingau quando Rolando, um menino precoce de 10 anos, aproximou-se de mim e perguntou com naturalidade: "Señor Bill, sabe que el hermanito de Andreas se murió anoche?" ["Senhor Bill, sabia que o irmão mais novo de Andreas morreu ontem à noite?"].

Não sabia disso. Alguns dias depois, vi a mãe, Maria, sentada em círculo com outras índias aimarás enquanto tricotavam meias e suéteres de lã. Aproximei-me dela para oferecer condolências. Todas as mulheres estavam envolvidas em uma conversa animada. Esperei uma pausa e então disse a Maria que sentia muito por sua perda, perguntando se poderia ajudar de alguma forma. Maria olhou casualmente para mim, mas não diretamente nos meus olhos, e não respondeu. Meio sem jeito, reformulei a pergunta. Maria pareceu um pouco exasperada. Mais uma vez, olhou em minha direção e disse: "Senhor Bill, pergunte a todas as mulheres aqui se elas perderam um filho". Leticia, que estava sentada em frente a Maria, olhou para cima e disse: "Perdi uma filha de 5 anos". Hortensia acrescentou: "Meu filho morreu no exército". Outra mulher, Gloria, disse: "Perdi dois. Um dos meus meninos se afogou em um rio e minha menina morreu de febre".

Fiquei atordoado. Ao retomarem a conversa no dialeto aimará, não pude deixar de perceber que a relação daquelas mulheres com a morte e o morrer era tão estranha para mim quanto a língua que falavam.

Quando voltei para a área da baía de São Francisco, matriculei-me na Graduate Theological Union em Berkeley e estudei Teologia Sistemática e Filosofia na tentativa de entender melhor o que havia vivenciado em meu trabalho voluntário. Durante a pós-graduação, também trabalhei como assistente social na St. Anthony's Foundation, no distrito de Tenderloin, em São Francisco. Minha intenção original era trabalhar com os muitos imigrantes que chegavam do México e das Américas Central e do Sul, mas logo me deparei com a epidemia de Aids, que ceifava a vida de milhares de homossexuais. O estigma da doença muitas vezes trazia consigo isolamento e alienação, e um sentimento de vergonha, culpa e confusão.

Conheci Brad quando ele tinha trinta e tantos anos. Com olhos azuis, maçãs do rosto salientes e uma espessa cabeleira, Brad era um sem-teto que vivia em uma comunidade improvisada com outros homens infectados em um *loft* abandonado. Brad vinha à St. Anthony's Foundation de vez em quando para conseguir comida e suprimentos, e entabulamos conversas que começaram com banalidades e aos poucos evoluíram para se tornarem mais pessoais. Um dia, Brad humildemente pediu mais comida porque alguém em sua

1. O QUE O TRAZ AQUI?

comunidade estava morrendo e os demais encontravam-se em vigília. Ele então começou a se abrir sobre os muitos amigos – a quem chamava de irmãos – que havia perdido para o vírus.

Brad voltou todos os dias durante uma semana e meia para comer. A cada visita, compartilhava um pouco mais sobre o que vivenciava. Assumira o papel do que poderíamos chamar de "parteira da morte", pastoreando o desenlace de seu amigo enquanto mantinha toda a comunidade unida com a sabedoria e o conhecimento que adquirira depois de assistir a outras partidas. Certa manhã, Brad chegou no momento em que a St. Anthony's abria, os olhos vermelhos e inchados. Ele disse: "Randy morreu ontem à noite". Convidei-o para se sentar e ele começou a descrever os momentos finais de Randy.

Brad me contou que ele e alguns outros homens estavam reunidos no terceiro andar do prédio abandonado onde moravam. Randy repousava ao lado de uma pequena fogueira que eles haviam acendido com cuidado. Quando o fogo começou a brilhar, Brad viu uma cascata de luz branca e brilhante. Em princípio, pensou que a pequena fogueira tinha saído do controle, mas depois percebeu que era uma luz diferente, vinda de cima. Passou a se sentir zonzo e notou uma sensação distinta, um aperto no coração. Olhou ao redor e percebeu que cada pessoa do grupo tinha os olhos fixos em Randy.

Naquele momento, o prédio pareceu se abrir de cima, e ele viu a silhueta do corpo de Randy subir por uma coluna de luz. O Randy não físico olhou para eles, mais jovem, mais saudável e mais vibrante do que o corpo recém-falecido abaixo, e agradeceu a cada um. Então, ascendeu para a luz e se foi. Quando desapareceu, o cilindro de luz em cascata se dissipou. Os homens formaram um círculo ao redor do corpo de Randy, deram as mãos e choraram.

O corpo físico de Randy, devastado pelo HIV, cheio de lesões de sarcoma de Kaposi, era tudo o que restava. "Nós nem verificamos a pulsação. Era evidente que o Randy que conhecíamos e amávamos havia viajado em seu corpo de alma para outro lugar, vivo e bem."

Não tive dúvidas de que o que Brad havia compartilhado era verdade. Depois de alguns minutos sentado em silêncio, perguntei a ele: "Como pode estar tão à vontade – agir com tanta naturalidade – em relação a isso?". Ele olhou direto nos meus olhos e disse: "Já presenciei dezenas de mortes de meus irmãos, e muitas têm essas características. Algo sobrevive a esse destino horrível e segue adiante". Brad fez uma pausa. "Sei que há um final feliz para nossa vida, e isso me dá muita paz e consolo. Tenho fé de que verei meus irmãos novamente."

Vi Brad mais algumas vezes nos meses seguintes, mas suas visitas diminuíram depois que sua comunidade foi despejada. Ele e seu grupo se mudaram para uma passagem subterrânea e depois se mudaram de novo, e ele parou de ir à St. Anthony's. Mas Brad deixou uma marca indelével em mim, além de uma série de perguntas persistentes sobre a experiência do morrer.

A morte me encontrou outra vez cerca de um ano depois da minha experiência com Brad. Em fevereiro de 1993, contraí uma doença rara no sangue – trombocitopenia idiopática, um distúrbio hemorrágico potencialmente fatal, sem causa conhecida. Encontrei-me flutuando acima do meu corpo físico na Unidade de Terapia Intensiva do Hospital Kaiser em Oakland. Lembro-me de olhar do teto e ouvir as enfermeiras falarem sobre os quatro pacientes na UTI. Ouvi uma enfermeira descrever um paciente adulto jovem e saudável com uma doença rara no sangue. Ela caminhou até a cama do rapaz. Olhei para o seu rosto e, em total surpresa, gritei para mim mesmo: *Puta merda, sou eu!*

1. O QUE O TRAZ AQUI?

Lembro-me de um médico, um hematologista, aproximando-se do meu corpo na cama do hospital. Ele disse meu nome com suavidade, e me lembro de pensar, enquanto assistia à cena de cima: *Quero mesmo voltar para aquele corpo?* Enquanto refletia sobre essa questão, decidi pelo menos tentar responder ao médico. "Sim, doutor." Enquanto pronunciava essas palavras, eu me vi enchendo o corpo físico quase como areia caindo no fundo de uma ampulheta – a sensação era exatamente como a que havia vivenciado durante minha primeira EQM na pista de esqui, catorze anos antes –, e as sensações em meu corpo físico voltaram. Sentia-me totalmente exausto, mas a consciência estava de volta à minha forma humana.

Como na primeira EQM, não compartilhei essa experiência com ninguém, mas me lembro de me dar conta de que não sou meu corpo físico. Era bastante evidente que tudo o que chamava de "eu" tinha uma existência independente da minha carne e do meu sangue.

Depois disso, meu foco mudou cada vez mais para o fim da vida. Juntei-me ao Zen Hospice Project de São Francisco como prestador de serviço voluntário de cuidados paliativos e também trabalhei na unidade de cuidados paliativos em Laguna Honda, San Francisco County Hospital. Era uma enfermaria de 24 leitos, sendo a maioria de moribundos indigentes. Foi ali que fui agraciado com a primeira experiência de morte compartilhada.

Estava trabalhando com Ron (nome fictício), que adorava ler histórias de aventura, principalmente as de Jack London. Ron estava em rápido declínio e semiconsciente enquanto eu lia para ele um capítulo de *Call of the Wild* (*O Chamado da Floresta*), de Jack London. De repente, percebi que estava flutuando acima do meu corpo. Olhei e vi Ron pairando sobre o corpo dele também.

Enquanto nos encarávamos, pude ver os olhos brilhantes de Ron; seu rosto estava vibrante e emanava saúde, ao contrário da carcaça de homem deitada na cama. Aquele novo Ron me deu um grande sorriso como se dissesse: Dê só uma olhada. Não é legal? E*ste é o lugar por onde tenho andado. Tudo é maravilhoso aqui em cima.* Alguns momentos depois, estava de volta ao meu corpo físico, enraizado na minha cadeira, e lendo para Ron, enquanto seus olhos permaneciam fechados. Ele faleceu não muito tempo depois.

Eu teria outras experiências semelhantes com os moribundos e entes queridos na enfermaria do albergue para doentes. Como muitos voluntários nesses albergues, descobri que, quando o véu se estreita entre esta vida e a próxima, parece que podemos entrar em outra dimensão, onde espaço e tempo funcionam de forma diferente.

Em outubro de 2009, participei de um *workshop* intitulado Sobrevivência da Alma no Omega Institute for Holistic Studies. Raymond Moody, o homem que apresentou ao mundo ocidental as experiências de quase morte (EQMs), mostrava sua nova pesquisa sobre experiências de morte compartilhadas (EMCs). Enquanto o dr. Moody descrevia as EMCs, meu corpo começou a tremer. Não podia acreditar no que ouvia. Sabia exatamente do que ele falava porque tinha tido tais experiências. Moody descreveu a experiência de morte compartilhada como idêntica à experiência de quase morte em termos de fenômenos possíveis que podem ser vivenciados. Isso me chamou atenção por ser uma avaliação direta, porque minhas duas EQMs foram muito semelhantes às EMCs em que também estive presente. Não é exagero dizer que ouvir a descrição de Raymond Moody sobre EMCs mudou minha vida. Agora eu tinha um nome e um contexto para o que havia sentido e testemunhado.

1. O QUE O TRAZ AQUI?

Os psicoterapeutas mais experientes reconhecem que, de alguma forma, os clientes de que precisamos nos encontram, e há temporadas inteiras na trajetória de nossa carreira em que os consultórios se enchem de determinado tipo de cliente. Às vezes, as pessoas que lidam com traumas aparecem todas ao mesmo tempo; outras vezes, surgirá uma enxurrada de clientes que lidam com questões relacionadas à infidelidade. No meu caso, assim que retornei para casa, vindo do Instituto Omega, comecei a receber um fluxo maciço de clientes que enfrentavam várias questões de fim de vida: muitos deles estavam encarando a própria morte, enquanto outros eram cuidadores, preocupados com os momentos finais de um ente querido. Outros ainda lutavam com questionamentos existenciais profundos relacionados à morte e ao morrer: "O que acontece comigo e com meus entes queridos durante a morte?", "Continuamos depois dela?", "Será que vou ver meus entes queridos outra vez?".

No fim de 2011, dois terços da minha prática estavam diretamente envolvidos na abordagem do fim da vida, do luto e da perda, e de questões existenciais relativas à ansiedade acerca da morte. Mas ainda não tinha certeza de se outros compartilhariam meu interesse sobre o misterioso processo da morte e as questões relacionadas a uma possível vida após a morte. Embora tivesse passado anos estudando este tópico, intelectual, espiritual e culturalmente, bem como profissionalmente, devido ao meu trabalho com cuidados paliativos, como assistente social e como voluntário no exterior, fiquei nervoso quando, no outono de 2011, anunciei a formação de um grupo-piloto de oito semanas intitulado Vida após a Morte? Lembro-me de pensar que isso poderia ser o fim da minha carreira profissional como terapeuta de família se meus colegas e clientes avaliassem esse tema como muito "estranho".

Para minha surpresa, o grupo recebeu uma resposta rápida e positiva. Decidi fazer uma pré-entrevista de quinze minutos antes de selecionar o grupo final. Demorei alguns momentos embaraçosos para chegar à pergunta-chave: "Quais são suas experiências pessoais sobre morrer, a morte e qualquer coisa relacionada à vida após a morte?". Logo descobri que precisava agendar uma hora para cada entrevista. As pessoas começaram a discutir suas vivências, perspectivas e sentimentos sobre a morte, liberando uma verdadeira comporta de experiências dolorosas, profundas e muitas vezes místicas. Embora eu tivesse trabalhado como terapeuta por muitos anos, essas discussões eram diferentes: as pessoas ficavam animadas. Para muitos, era a primeira vez que compartilhavam essas experiências com alguém e estavam gratos pela oportunidade. Da minha parte, senti-me abençoado, como se pisasse em solo sagrado enquanto ouvia essas histórias inspiradoras e emocionantes. Tornou-se um exercício comovente e profundo para mim.

O grupo-piloto tinha oito membros muito dedicados – três homens e cinco mulheres, todos *baby boomers*. Falamos de forma aberta e franca sobre morrer, a morte e o que está além. Os membros compartilharam seus sentimentos e medos sobre esse grande mistério. A experiência de uma pessoa muitas vezes desenterrava as lembranças esquecidas de outra. Semana a semana, os integrantes do grupo aprofundavam suas relações entre si e com esse assunto que antes, em termos culturais, era considerado um tabu.

Ao fim do *workshop*, muitos disseram que sua relação com a morte havia mudado fundamentalmente e que agora estavam à vontade para abordar o assunto com amigos e familiares. Os membros do grupo comentaram brincando que sua facilidade em discutir a morte os tornaria "estorvos sociais" em nossa cultura, devido à fobia

1. O QUE O TRAZ AQUI?

ao assunto. Na reunião final, todos os membros expressaram gratidão por uma experiência verdadeiramente inesperada e transformadora. Não poderia concordar mais, pois também tinha me transformado.

O grupo Vida após a Morte? instigou e reforçou minhas crenças sobre o valor inerente em se preparar para a morte e discutir sobre ela de maneira franca. Encontrava minha caixa postal cheia, com mensagens como esta: "Aqui quem fala é Mary, minha amiga Samantha que fez seu curso sobre morte no outono me falou sobre o seu grupo. A propósito, tive uma experiência incomum com minha mãe quando ela morreu...".

O sucesso desse *workshop*, bem como o grande número de experiências transformadoras em torno da morte de entes queridos que foram compartilhadas, levaram-me a iniciar o Projeto Travessia Compartilhada – "travessia" para captar a transição desta vida humana para outro lugar, e "compartilhada" devido à experiência que estava obviamente sendo dividida com os entes queridos – como maneira de expandir e apoiar essa comunidade em expansão. A missão do Projeto era ampla, mas simples: conscientizar e educar as pessoas sobre as experiências profundas e curativas disponíveis para os moribundos e seus entes queridos no fim da vida. Mas, à medida que encontrávamos mais e mais casos de "travessias compartilhadas", também comecei a encontrar padrões, semelhanças e tipologias. Não eram apenas experiências emocionais; eram passíveis de serem estudadas e analisadas. E foi exatamente isso o que fizemos. Trouxe Michael Kinsella para ajudar na revisão e na pesquisa desse projeto. Neste livro, compartilharei o que descobrimos e o que todos podemos aprender com o estudo das EMCs.

O objetivo geral da equipe de pesquisa, no entanto, é criar um espaço sagrado para uma experiência de fim de vida consciente, conectada e amorosa para os moribundos e seus entes queridos. Tudo o que aprendemos com a pesquisa sobre relatos de fim de vida e a consistência desses relatos sugere que uma benévola vida após a morte nos aguarda do outro lado. Por favor, junte-se a mim em um olhar poderoso através dela.

Experiências de morte compartilhadas: o básico

Existem dois tipos principais de EMC: 1. à beira do leito, onde o experimentador está fisicamente presente com o moribundo, e 2. remota, na qual o experimentador está em outro lugar, mesmo que seja no corredor de um hospital. As EMCs remotas podem assumir vários aspectos: podem ser uma despedida longa ou fugaz, ocorrer no momento da morte, ou um pouco antes ou depois da hora da morte.

2

UM VISLUMBRE DO CÉU

LIZ H. vinha tendo dificuldades para engravidar. Embora trabalhasse como educadora em Wheeling, Virgínia Ocidental, o médico local a encaminhara para uma clínica especializada em Pittsburgh, Pensilvânia, a uma hora e vinte minutos de carro. Ela se lembra com nitidez da viagem para descobrir "se algum dos embriões havia dado certo". Dois carros colidiram na estrada em frente a Liz e seu marido à época, Mark. "Foi muito feio", lembrou ela. "Devíamos ter encostado e parado, mas não queria perder minha consulta de jeito nenhum. Queria muito estar grávida." Eles não pararam e, enquanto passavam pelos destroços, Liz fixou o olhar no rosto de uma mulher em um dos carros acidentados. "Ela ficou olhando para mim e eu fiquei olhando para ela, e aquilo ficou congelado no tempo." Liz nunca esqueceu o rosto da mulher desconhecida.

Liz é uma mulher de temperamento explosivo, decidida, enérgica, dinâmica, uma personalidade talhada para captar e manter a atenção dos alunos em uma sala de aula. Mas, enquanto fala, vestindo um suéter de lã azul-marinho com o emblema de sua escola atual, passa também uma profunda sensação de reflexão, busca e questionamento. As novidades do médico foram ótimas e, pouco tempo depois, um ultrassom mostrou gêmeos. "Lembro que meu cunhado à época me disse: 'Nunca a vi tão em paz e tão calma. Você está literalmente resplandecendo com essa gravidez', e era verdade." Liz seguiu todas as recomendações para uma gravidez saudável: nada de cafeína, nada de álcool, sair da sala se alguém começar a fumar. Na escola onde trabalhava, comia ovos cozidos no mesmo horário todos os dias. A data prevista para o parto era meado de abril. Liz e Mark já haviam dado a um dos bebês o nome de Grace, por ser uma graça de Deus. "Lembrei-me do título de um filme, *A Voz do Meu Coração* (*Grace of My Heart*). Não gostei do filme em especial, mas amei o título." O outro bebê se chamaria Nicolas. "Na época do Natal, fiquei pensando na magia da data. Lembro-me de ter dito a Mark: 'Que tal Nicholas, por causa de São Nicolau?'.[4] Ele adorou, mas queria uma grafia italianizada, então, escolheram 'Nicolas.'"

No fim de janeiro, Liz e Mark foram até Morgantown, Virgínia Ocidental, para uma consulta com um obstetra de alto risco. "Depois que cheguei lá, eles me disseram que não deveria sair de Morgantown", lembrou ela. A distância, o risco de geada e o mau tempo tornavam o regresso para casa perigoso demais. Liz e Mark se hospedaram em um hotel, onde ela permanecia em repouso na cama, a não ser pelas caminhadas para as consultas médicas no hospital.

---

4. Em inglês, Saint Nicholas. A lenda de Papai Noel se baseia em parte na hagiografia da figura histórica de São Nicolau, arcebispo de Mira, Turquia, no século IV. (N. da T.)

2. UM VISLUMBRE DO CÉU

Na noite do Dia dos Namorados, Mark e Liz pediram no quarto um belo e elegante jantar. "Tiramos uma foto, e eu parecia uma baleia. Tenho um metro e meio de altura e estava grávida de gêmeos, então, parecia ter cerca de um metro e meio de largura também." De repente, o alarme de incêndio soou e houve um aviso para evacuação imediata. Mas os elevadores haviam sido desligados. "Disse a Mark: 'Talvez não tenha a ver conosco. Talvez não seja realmente necessário. Vamos ligar para a recepção.'" Mas ele achou melhor sair. "Desci nove lances de escada."

Quando o casal chegou ao saguão, soube que uma máquina de produzir neblina atmosférica para um baile havia acionado o detector de fumaça. "Não havia razão alguma para sair do quarto." No dia seguinte, amigos foram visitá-los. Liz se lembra de ter passado um dia calmo e lindo. Calmo até demais. "Sempre me disseram para contar o número de vezes que sentia o bebê chutar, pois era assim que eu saberia que estava tudo bem. E sempre me perguntei se, com gêmeos, não deveria sentir isso em dobro. Jamais tive essa resposta." Na segunda-feira de manhã, Liz tinha uma consulta de rotina no hospital.

"Realizaram o teste habitual de urina; fizeram o exame de sangue. Estava tudo bem." Em seguida, veio a cardiotocografia sem estresse, "e eles não conseguiam identificar dois batimentos cardíacos. Apenas um".

A equipe encaminhou Liz para a unidade obstétrica do hospital e levaram Mark para a Unidade de Terapia Intensiva neonatal "para mostrar a ele como bebês prematuros conseguiam sobreviver. Perguntei à enfermeira no hospital: 'Isso aconteceu porque eu desci os nove lances de escada?'. E ela disse: 'Não, mas, quando lhe pedem repouso, fazem isso por um motivo. Você não deveria ter que se levantar e descer nove lances de escada'".

A atriz Julia Roberts estava grávida de gêmeos nessa mesma época. "Quando você está de repouso, assiste a muita coisa ruim na TV e muita *Oprah*. Por isso, posso falar bastante sobre a gravidez de Julia Roberts e seus filhos. É estranho, mas, toda vez em que a via, lembro-me de pensar que ela merecia gêmeos e eu não, porque no dia em que soubemos que eu estava grávida não tínhamos encostado o carro naquele terrível acidente. Não havia sido uma boa samaritana, de jeito nenhum." Os especialistas não conseguiam localizar os batimentos cardíacos de Nicolas. Liz se viu diante da decisão de prosseguir com a gravidez de Grace e tentar levá-la até o fim, ou dar à luz os dois bebês naquele momento. "Um novo médico me informou que eu não estava tomando uma decisão sobre dois bebês vivos." Só Grace nasceria com vida.

O almoço chegou. "Lembro que estava com muita fome. Dei a primeira mordida em um sanduíche de peru. Ainda mastigava o pedaço quando aquele médico entrou correndo. Tirou a comida da minha boca com a mão e disse: 'Vamos perdê-la se não fizermos o parto dessas crianças'. De repente, a decisão não cabia mais a mim. Não era mais uma bela gravidez e um belo início de vida; tratava-se de uma questão médica." Os bebês estavam posicionados de uma forma que tornava a cesariana muito arriscada. Em vez disso, a equipe médica optou por induzir o parto. "Aí veio a pitocina [uma droga indutora de parto], médicos e enfermeiras entrando e saindo, e conversas sussurradas."

Os bebês não nasceriam até a noite de terça-feira. Na segunda-feira à noite, Liz estava deitada sozinha, na cama, como vinha fazendo no último mês. "Estava na cama, então tudo parecia meio que um sonho, e estava sofrendo muito naquela noite em particular com o que aconteceria com meu filho." Deitada ali, com os monitores e o acesso intravenoso, "tive a visão de uma festa. Parecia um grande casamento em que você está em uma das mesas na parte de trás. Havia música tocando, mas só ao fundo; ainda havia algumas coisas sobre a mesa, embora a maioria delas já houvesse sido retirada".

Liz não conhecia ninguém na celebração, exceto "os meus quatro avós. Mas eles apareceram para mim como versões mais jovens de si mesmos, tão jovens que eu não os teria reconhecido. Carregavam uma foto deles com minha mãe e meu pai. Eu já tinha visto aquela imagem em outras ocasiões; era uma foto em que estão todos bem-vestidos e bonitos".

Mas o que impressionou Liz foi a emoção transmitida. "Eu tinha um bom relacionamento com meus avós, mas o que estava acontecendo durante essa experiência foi muito, muito amoroso, e não é assim que eu descreveria nenhum deles. Jamais teria começado com a frase 'eles eram muito amorosos.'" Enquanto Liz tentava entender o que testemunhava e sentia, foi tomada por uma sensação de "carinho, uma tranquilidade neles que transmitia 'vamos cuidar disso'. Lembro-me de um bebê embrulhado num cobertor. Senti como se o entregasse a eles".

Liz se recordou deste detalhe em particular: "Não havia dúvida de que era a mãe do meu pai que dizia: 'Vou cuidar disso'. Mas, em um nível mais abrangente, todos comunicavam o mesmo. Juntos, eram uma só pessoa para mim, e senti que podia confiar neles. Tive uma sensação do tipo 'você não está sozinha. Não precisa fazer isso sozinha'". Liz acrescentou: "Mais tarde, decidi que meu filho seria enterrado perto da mãe de meu pai, porque ela havia me prometido cuidar dele e ampará-lo nos braços, e a mim pareceu que era isso que eu deveria fazer com seu corpinho".

Mas, antes disso, Nicolas e Grace tinham que nascer. "O parto não foi tão fácil quanto todos esperavam", explica Liz. "Grace tinha pouco menos de um quilo e meio, e Nicolas não muito menos que isso, e não deveria ter sido tão difícil pari-los. Mas eu estava com dor e fazendo um enorme esforço."

"Depois que dei à luz Grace, houve uma pressa frenética. Pegaram-na e correram com ela para a UTI neonatal. Parecia que eu havia sido atropelada, pois passara por tanta dor, sem vivenciar um momento sequer de alegria ou felicidade. Fui da dor ao medo, e dele ao pânico na sala de parto. Foi tão diferente da tranquilidade que tinha vivido na noite anterior, quando vi meus avós..."

A equipe apagou as luzes e perguntou a Liz se um grupo de estudantes de medicina poderia observar o nascimento de Nicolas como "oportunidade de aprendizagem". Ela disse que sim. Então, as coisas começaram a dar muito errado. "Foi muito difícil para mim", ela lembrou. "Não havia esforço para empurrar. Não havia nada. Mas comecei a sangrar. Eles não conseguiam estancar o sangramento." Os médicos disseram a Liz que lhe dariam uma injeção e tudo ficaria bem. Em vez disso, ela teve uma forte reação à medicação e lutava para respirar. "Sabia que estava partindo, e disse a Mark: 'Eu vou com Nicolas. Cuide bem de Grace.'" Liz perdeu a consciência. Podia ouvir a equipe conversando sobre ela como se não estivesse lá: "Era como se eu estivesse deitada a meu lado, consciente e vigilante".

Sua irmã, que era pediatra, retornara à sala; ela havia saído antes para acompanhar Grace até a UTI neonatal. "Podia ouvi-la me dizendo que Grace tinha recebido sete na escala de Apgar, e que ficaria ótima. Então, podia ouvi-la tentando dizer aos meus médicos o que fazer." Liz riu quando acrescentou: "Fiquei feliz por não poder falar e serem eles a lidar com minha irmã".

2. UM VISLUMBRE DO CÉU

De um modo irresistível, Liz estava em paz com o que quer que estivesse acontecendo; sentia como se estivesse partindo com Nicolas.

Liz sobreviveu. Durante anos, revelou a apenas uma pessoa sua experiência com Nicolas antes do nascimento. Seu pastor dirigiu até Morgantown naquela terça-feira e a visitou enquanto ela aguardava a droga indutora do parto, a pitocina, fazer efeito. "Contei-lhe o que tinha acontecido, e ele disse: 'Oh, Liz, você esteve no céu'. E eu reagi com: 'O quê?'. 'Sim. Você esteve lá. Eles lhe deram um vislumbre. Você, na verdade, conduziu seu filho até lá'. Fiz pouco-caso disso na época e comentei: 'Isso não faz sentido de jeito nenhum. Meus avós eram mais jovens do que deveriam ser'. Ele me disse: 'Talvez a idade do céu seja a sua favorita.'"

Liz foi deixada a sós considerando tais palavras. Sua transformação pessoal começou para valer quando estava cuidando de Grace à noite. "Foram várias amamentações noturnas em que estive sozinha com a bebê. Mas nunca estive sozinha de verdade. Sempre senti que Nicolas estava por ali." Ela prosseguiu: "Não estava cuidando dele como bebê. Era como se ele já tivesse 4 anos de uma hora para outra". Até hoje, a sensação da presença de Nicolas permanece com ela. "Lembro-me sem sombra de dúvida da sensação. Sempre que eu pensava: 'Oh, Deus, minha garotinha não tem mais o irmão para protegê-la,' esse sentimento era substituído por: 'Não, ela tem uma situação ainda melhor para protegê-la agora'. Isso perdurou por anos. Havia uma noção bem real de que ele e eu tínhamos aquela missão: cuidar dela juntos.

"Conversei com outras mulheres que tiveram partos semelhantes. Não sei se já conversei com alguém que teve gêmeos e perdeu um e o outro nasceu saudável, mas as pessoas que perderam um único filho me diziam: 'Você já entrou no carro e esperou por aquela última criança entrar também?' – o que significa que há uma espécie de instinto na espera por aquela criança que falta, pela criança que nunca se juntará a você. Seja em casa ou no meu carro, isso acontece com a gente o tempo todo. O. Tempo. Todo."

Liz continuou a sentir a presença próxima de Nicolas por anos. Ela compara isso a assistir a distância as crianças brincando e ver um garotinho que está se divertindo muito, mas vez ou outra corre de volta para a mãe para verificar se ela ainda está lá. "Vejo isso nas crianças, e amo esse lado delas. Isso é parte de como aceitei o que estava acontecendo, que ele sempre corria de volta para verificar: 'Tudo bem aí?'. E, então, partia."

Quando Grace tinha 5 anos, Liz foi convidada para cuidar da Wheeling Country Day School, que estava com dificuldades. "Dei tudo de mim nessa empreitada, e Nicolas esteve sempre lá comigo. Alguém me perguntou: 'Por que diabos você faz isso? Quero dizer, você vai sempre além do esperado'. E eu respondi: 'Porque isso é o que eu gostaria que alguém fizesse pelo meu filho, e é isso que ele espera.'"

Mas os anos que se seguiram ao nascimento dos gêmeos foram difíceis. O casamento de Liz e Mark foi ruindo aos poucos; mesmo seu relacionamento com o pai, que era o CEO de um hospital, ficou tenso. Cada aniversário de Grace era precedido de imediato pelo aniversário da morte de Nicolas. Até que chegou o dia em que Nicolas teria 13 anos e, nas palavras de Liz, "Enfim estava pronta para dizer: 'Estou bem agora. Você pode partir'". Liz explica que estava trabalhando com um terapeuta, e ele sugeriu que era importante "para mim ter uma conversa com Nicolas e dizer-lhe que ele havia

2. UM VISLUMBRE DO CÉU

cuidado muito bem de mim. Que ele poderia partir e seguir adiante, e não precisava mais se preocupar conosco ou ficar preso a nós de nenhuma forma. Estávamos bem". Nessa conversa, Liz lembra que o Nicolas que ela viu e com quem falou era "um menino, não um bebê". Ela compara o sentimento que teve ao de um pai vendo o filho correr para a floresta. "Eu sabia que seria uma aventura tão incrível, mas não precisava me preocupar com ele se machucando ou algo assim. Não tinha ideia do que viria a seguir para ele, mas sabia que seria melhor do que qualquer coisa que ele teria comigo."

A experiência de Liz foi transformadora, não apenas em termos da própria dor, mas também no sentido de sua abordagem mais ampla da vida. Refletindo sobre sua jornada, ela disse: "Acho que foi um despertar próprio para o fato de que tinha um propósito maior do que havia percebido inicialmente, e que precisava estar consciente e atenta a possíveis maneiras de ajudar os outros. E que há muita dor na vida das outras pessoas, da qual não temos o menor conhecimento". Liz viu-se olhando para fora de si e reavaliando seus relacionamentos. Foi capaz de eliminar algumas das diferenças que existiam na própria família, mas, tão importante quanto isso, viu-se mais capaz de ajudar outras famílias e outras mulheres que haviam sofrido uma perda semelhante.

Ela prossegue: "Tem uma placa que penduram no lado de fora da porta do quarto do hospital quando uma mulher perde um filho. É uma folha flutuando numa água escura com uma gota d'água sobre ela. Depois da minha experiência de parto, levou dias até que pudesse andar. Estava retornando para o meu quarto quando vi a placa pela primeira vez. Perguntei: 'O que é isso?'. A enfermeira me explicou: 'É um lembrete a todos que entram de que você sofreu uma perda, e de que precisamos tratá-la com empatia'.

"Acho que, se aprendi algo com isso, é que seria muito bom se todos tivéssemos essa sinalização quando precisássemos. Quando Grace estava na quinta série, um de seus colegas de classe sentiu muito cansaço enquanto jogava Banco Imobiliário com a família, então foi para o quarto e morreu. Foi algo muito traumatizante para toda a nossa cidade. Mas fui capaz de dar assistência não apenas em nossa escola, mas também à comunidade, porque pude lançar mão de tudo pelo que passei." Agora, em sua cidade, na Virgínia Ocidental, quando uma moradora local sofre a perda de um filho, Liz quase sempre recebe uma ligação para ir até lá dar apoio e conforto. Ela se lembra de um Dia das Mães, cerca de catorze anos após a morte de Nicolas, quando outra mãe na escola em que trabalha vivenciou a morte de um filho. "Meu telefone tocou e me perguntaram: 'Poderia vir ao hospital?'" Quando Liz chegou, "havia aquela mesma placa, a folha boiando na água escura, pendurada à porta".

Liz compartilhou sua história na íntegra durante a primeira onda da pandemia de Covid-19, acrescentando: "Ontem, tive um dia muito difícil e entrei no Zoom com meus alunos da sexta série para ensinar poesia – ninguém em sã consciência deveria ter de ensinar poesia *on-line* para crianças de 12 anos. Um deles disse algo maldoso para mim, e aquilo me magoou de verdade. E eu lhes falei: 'Vocês se lembram do significado da palavra *empatia*?'. Começamos a conversar, e completei: 'Não teria sido bom se pudéssemos iniciar este encontro do Zoom com uma plaquinha na tela, para que soubessem que a sra. H. está tendo um dia difícil?'".

Liz reflete de tempos em tempos sobre a imagem daquela folha flutuante com a gota d'água, a conexão que manteve com Nicolas e a vida que construiu com Grace e Ella, sua segunda filha, que adotou. "Acho que consegui seguir em frente porque tinha a sensação

2. UM VISLUMBRE DO CÉU

de que, onde quer que Nicolas estivesse, seria melhor." Ela continua: "Um dos maiores presentes que alguém já me deu foi nunca negar que tenho um filho, mesmo que ele não tenha respirado em meus braços. Outro presente foi saber que, se por um lado um dos meus gêmeos pode ter dificuldades na vida, o outro não precisa mais passar por elas. Isso não significa que eu não desejasse que Nicolas estivesse aqui, mas também sei que era assim que deveria ser".

Ela concluiu com o seguinte pensamento: "Em todos esses anos desde então, senti que há algo realmente maravilhoso e belo depois desta vida, e não é o ponto onde esta vida parou. É a parte mais bela de tudo o que sua vida é, foi ou poderia ter sido".

A experiência de travessia compartilhada vai ao encontro dos seres humanos em um dos momentos mais profundos da vida deles: a ocasião da transição da vida na Terra para o que existe além. Repetidas vezes, ouvimos pessoas nos contarem sobre como essa experiência mudou sua dor, seu ponto de vista e o caminho a seguir. Mas as palavras de Liz são particularmente profundas: não é o ponto onde esta vida parou – é a parte mais bela de tudo o que sua vida é, foi ou poderia ter sido. Uma vida longa pode retornar a um segmento alegre; uma vida interrompida pode crescer e florescer em um reino diferente.

Existem linhas comuns tecidas pelas experiências de Liz e Gail. Em Gail, protagonista de nossa primeira história, e Liz, temos duas mulheres, com décadas de diferença de idade e de época em que o evento se deu, morando em estados diferentes, mas ambas encontram parentes falecidos em uma reunião comemorativa, e ambas têm a sensação de entregar a alma ou essência de seu ente querido aos cuidados desses familiares. As duas mulheres também estavam cientes de duas realidades simultâneas: estar em uma sala física e ter essa experiência de outro mundo.

Na verdade, por várias vezes, Michael Kinsella, eu e o restante da equipe, ao pesquisar sobre travessias compartilhadas, descobriríamos semelhanças nas histórias que ouvimos. Dois meses depois de conversarmos com Liz, entrevistamos Michelle J., uma mulher calorosa, franca, com um belo senso de humor e um sincero estilo australiano de se expressar. Ela nasceu em 1968, em Sydney. Existem elementos profundos de conexão entre as experiências de Liz e as de Michelle. Mesmo para nós, pesquisadores e orientadores, os vínculos eram marcantes, poderosos e impossíveis de descartar.

Ao contrário de Liz, Michelle não teve dificuldades para engravidar. Seu primeiro filho, Luke, nasceu em 1994, e, em 1995, ela estava grávida de um segundo menino, Ben. "Ben deveria ter nascido quando Luke tinha dezesseis meses. Ambos foram uma bênção acidental." No início da gravidez, Michelle teve um sangramento tão severo, que pensou ter abortado, mas o bebê sobreviveu. Um ultrassom mostrou um menino, e Michelle e seu marido à época, Alan, chamaram-no de Benjamin Michael, sendo Michael "a versão masculina do meu nome".

Michelle comenta: "Senti que estava conectada com ele durante a gravidez porque sabia que era um menino e já tinha um nome". Ela estudava para se formar em Ciências Ambientais e se lembra de estar ao ar livre, de pé em um rio, usando galochas e pegando peixes para testar se a poluição da água afetava o tamanho das gônadas, os órgãos reprodutivos deles. Ela lembra: "Cheguei em casa muito cansada. Minhas mãos estavam inchadas e não me sentia bem. Eram seis horas da tarde, e disse ao meu marido: 'Vou fazer uma caminhada até o médico só para que deem uma olhada antes que fechem'".

Era uma noite de sexta-feira. A médica examinou Michelle. "Ela não me contou, mas, pelo que parecia, eu estava com nove centímetros de dilatação. E Ben estava de lado, o que significava que, se minha bolsa rompesse e eu entrasse em trabalho de parto, ele iria para o colo do útero, e nós dois teríamos perecido. Eu sangraria até a morte, e ele também teria morrido." Uma ambulância transportou Michelle para o hospital. "Era como naqueles seriados de TV: as portas se abrem e pessoas correm pelo corredor, então percebi que o caso era sério. Lembro-me de ter assinado um formulário enquanto era conduzida às pressas a uma mesa de operação. Fiquei realmente apavorada."

Michelle foi submetida a uma cesariana de emergência. "Quando recuperei a consciência, já o haviam levado para a Unidade de Terapia Intensiva neonatal." Ela foi informada de que Ben pesava um quilo, um bom tamanho para um prematuro, e estava em um respirador, mas ficaria bem. Seu marido e irmã foram vê-lo. Esperando na sala de recuperação, Michelle relembra em detalhes o que aconteceu em seguida. "Sabe quando você lê um livro e está dormindo, mas não está, apenas cochila? Estava nesse tipo de estado." O que ela viu foi uma "bela e suave colina. Era verde e exuberante, tudo tão bonito e tranquilo. Do lado esquerdo, na metade da colina, havia um salgueiro-chorão. Como bióloga, lembro-me de ter pensado: 'Oh, meu Deus, que árvore mais linda'.

"Diante de mim, correndo morro acima, gargalhando com alegria, estava Luke, meu filho, que naquele momento tinha treze meses, e Ben. Mas, no sonho, eles eram mais velhos. Tinham cerca de 4 e 3 anos. Luke tinha cabelos louros e olhos azuis, e os dois usavam shorts e camiseta. Luke corria na frente, e Ben ia atrás dele, ambos rindo." Michelle se lembra "da sensação de alegria, e senti como se corresse atrás deles também. No sonho, eu gritava: 'Esperem pela mamãe. Esperem pela mamãe. Esperem pela mamãe'. Mas de um jeito feliz". Ela observou os meninos correrem para baixo do salgueiro-chorão. "Luke continuou correndo e não parou. Não se virou nem olhou para trás, mas Ben parou. Ele se virou, olhou para mim e estendeu o braço. Lembro-me de seu rosto de forma bem clara. Ele tinha cabelos castanhos e encaracolados como os meus. Os de Luke eram louros e lisos. Ben usava óculos infantis. Tinha olhos azuis, e era tão lindo! E tranquilo. Não sorria. Estava apenas muito calmo. E ele se virou e estendeu o braço para mim como se esperasse que eu o alcançasse."

Quando Michelle estava prestes a alcançar Ben, "A maldita enfermeira da sala de recuperação me sacudiu e disse: 'Michelle, sinto muito, mas Ben não está bem e não vai sobreviver. Quer que chamemos um padre para batizá-lo?'. Eu havia escrito que era católica no formulário. Senti como se tivesse sido quase sugada por um aspirador daquele lindo lugar, com a árvore, o verde, o céu azul e meus filhos. E, de repente, estou de volta ao quarto de hospital, deitada numa maca dura, com uma enfermeira me dizendo que meu filho vai morrer. Nem o conhecia ainda".

Michelle foi colocada em uma cadeira de rodas e Alan, seu marido, voltou correndo para o hospital. "Ficamos sentados lá, na Unidade de Terapia Intensiva. Foi a primeira vez que vi Ben, e já sabia que ele ia morrer. Mesmo que estivesse fisicamente na minha frente, sentia que ele já tinha ido embora. Seu coração mal batia, e o ventilador forçava-o a respirar, mas ele tinha um problema em que os pulmões estavam juntos, como se colados. Era por isso que ele não iria sobreviver."

2. UM VISLUMBRE DO CÉU

Michelle e Alan tiveram de decidir quando o ventilador seria desligado. "Nós o seguramos enquanto morria. Não demorou muito. Lembro-me de uns quinze minutos ou algo assim."

Apenas alguns meses antes, a irmã de Michelle, Marea, dera à luz uma filha natimorta, a quem chamara de April, com o mesmo médico, na mesma enfermaria do mesmo hospital. Michelle levou Marea ao hospital; tinha sido ela quem apoiara a irmã durante o trabalho de parto e a primeira a segurar April. As estranhas sincronicidades em torno da perda do filho das duas tornaram o relacionamento já próximo entre elas ainda mais íntimo, enquanto choravam juntas pelos bebês perdidos. Michelle era um rosto familiar no grupo de apoio ao luto de Marea. Agora, ela se tornara uma participante, precisando de auxílio para si mesma.

Com exceção das poucas pessoas que haviam conhecido Ben, lembra Michelle, "minha experiência de luto foi bastante ignorada por todos. Naquela época, tudo girava em torno de esquecer que você já teve um filho e engravidar de novo, bem rápido, para ter outro. Não havia muita conversa sobre ele. Mas eu estava totalmente devastada". Ela descreveu a visão do sonho que tivera para o marido, a irmã e outros familiares e amigos. "Para mim, foi um sinal de adeus, e isso significava um desfecho. Não sabia se algum dia iria ter mais filhos, nem se seria fisicamente capaz de fazer isso. Acho que me confortava o fato de tê-lo visto e o descrito em detalhes; senti que sabia como ele seria se pudesse ter crescido."

Treze meses após a morte de Ben, nasceu Grace. Michelle comenta: "Ela foi um bebê planejado. Eu estava desesperada para ter outro filho. O nome dela é Grace porque foi um milagre ter sobrevivido à gravidez. Ela chegou quase a termo. Nasceu como deveria ter nascido, por cesariana. E saiu com cabelos castanho-escuros.

Quando Grace completou 3 anos, que era a idade que Ben tinha no sonho, ela se parecia exatamente com ele. Tinha cabelos castanho-escuros curtos e encaracolados, embora não usasse óculos. Ben usava óculos no sonho, mas tinha olhos azuis exatamente da mesma cor. Não conseguia acreditar".

Parecendo ecoar a história de Liz, Michelle e o marido também viram o casamento sob um estresse crescente e se separaram quando Grace tinha cerca de 10 anos. Então, quando Grace tinha 19 anos, o impensável aconteceu.

"Grace era como eu", explica Michelle. "Rude, engraçada e inconveniente na maior parte do tempo. Também muito corajosa e determinada. Luke era um garotinho bastante tímido e não falava muito, mas Grace era minha interlocutora. Falava comigo sobre tudo, tudo. Era ela que ajudava os amigos. Não conseguia decidir se iria ser psicóloga ou veterinária. Se iria ajudar pessoas ou animais. E, no fim das contas, ela decidiu que seria veterinária."

Michelle e Grace faziam muitas coisas juntas, mas uma das favoritas era ir para uma parte isolada da praia para nadar e se sentar na areia. Também tinham rituais compartilhados. "Todos os sábados, íamos ao nosso café favorito e pedíamos ovos Benedict e um *chai latte* para cada uma, e dividíamos os ovos Benny. Grace não comia muito; ela era bem magrinha. Pode parecer ridículo, mas era uma coisa nossa. Fazíamos aquilo todos os sábados, e a mulher do café nem precisava perguntar o que iríamos querer, porque já sabia."

Quando Grace tinha 18 anos, correu para o quarto de Michelle certa noite. "Ela tinha uma folha de papel na mão e disse: 'Mãe, acabei de ler a coisa mais incrível que já li em toda a minha vida.'" Era um artigo sobre como toda a energia do mundo é infinita, então, quando as pessoas morrem, elas se tornam energia.

2. UM VISLUMBRE DO CÉU

"Não prestei muita atenção na época, mas ela ficou bastante impressionada. Falou sobre como cada ser humano que é formado é um acúmulo milagroso de diferentes átomos. Por isso, você pode ter um pouco de Gandhi ou um pouco de poeira estelar, ou um pouco de madre Teresa e um pouco disso e daquilo; você é esse milagre único." Grace ficou tão comovida com o artigo que o copiou à mão. Era o único de seus trabalhos escolares que havia guardado. "Agora", Michelle comenta, "acredito piamente que naquela ocasião ela teve algum tipo de experiência profunda sobre o que acontece quando você morre".

Ela prossegue: "Temos um dia chamado Anzac Day na Austrália. É como a versão do Memorial Day, em que todos os soldados são homenageados. Na Austrália, tornou-se algo de que não gosto, porque muitos jovens saem e ficam bem bêbados naquele dia, e é uma grande desculpa para uma festa. Eles não estão pensando de verdade sobre o que o dia representa.

"Grace, sendo a Senhorita Independente, tinha carteira de motorista e carro. Então, costumava levar todo mundo de um lado para o outro." Michelle lembra que, "depois de um dia tranquilo com duas de suas amigas mais próximas, à noite, Grace levou uma amiga para uma festa a cinco minutos de casa. Michelle não deu importância a isso. Por volta da meia-noite, Grace entrou em seu carro, aparentemente para ir para casa e pegar um casaco. Quando estava saindo, um jovem extremamente bêbado abriu a porta do passageiro e exigiu carona até o ponto de ônibus. Ninguém sabe ao certo o que aconteceu em seguida, exceto isto: em quatro minutos, o carro estava esmagado contra um poste". Michelle lembra: "O jovem quebrou o maxilar, mas os ferimentos de Grace foram muito mais graves. Seu pulmão se rompeu e ela bateu a cabeça. O rapaz foi pedir ajuda, mas não contou a ninguém que Grace estava no carro, e nenhum vizinho saiu para verificar de onde viera aquele barulho". Em vez disso, ela permaneceu presa no carro por uma hora, o pulmão rompido privando o cérebro de oxigênio. Michelle enfim recebeu uma ligação às três da manhã informando que Grace havia sofrido um acidente.

"Quando estávamos indo de carro para o hospital naquela noite, eu no banco do passageiro e meu novo marido, Erik, dirigindo, comecei a ter *flashbacks* da vida de Grace diante dos meus olhos. E não eram apenas lembranças. Na verdade, era como se estivesse sentada em uma apresentação de *slides* e alguém projetasse todas aquelas imagens de sua vida na tela de minha mente. Lembro-me de sentir muita raiva disso, porque todos ouvimos que, quando se está prestes a morrer, você tem *flashbacks*. E eu estava tão determinada a chegar ao hospital, e a acreditar que ela não iria morrer – não tinha ideia de quais eram os ferimentos naquele momento. Mas essa coisa de *flashback* começou, e continuei tendo aquilo o tempo todo.

"Eram coisas nas quais eu nunca mais havia pensado, como a lembrança de um dia em que estava pendurando suas meias listradas de rosa e branco no varal da antiga casa e das estrelas coladas no teto de seu quarto que brilhavam no escuro. Coisas das quais não tinha fotos. Não eram fotos passando pela minha mente. Eram *flashbacks* de ocasiões de sua vida."

Os médicos deram a Grace uma chance de 5 a 10 por cento de se recuperar. Eles a operaram para aliviar o inchaço do cérebro. Durante quatro semanas, a família esperou por sinais que dessem alguma esperança. O pai de Michelle havia falecido de repente quase quatro anos antes, mas, no hospital, "comecei a ter a sensação de que papai estava lá. Podia sentir sua energia ao redor.

2. UM VISLUMBRE DO CÉU

E senti como se ele tivesse vindo buscar Grace, para levá-la com ele. Fiquei com raiva, porque ainda estava tentando salvar minha filha. Lembro-me de ter dito a ele: 'Você não pode dar o fora daqui?'. Porque estava com raiva dele. Ainda esperava um milagre e estava desesperada para que ela acordasse daquele coma".

Michelle relembra a sensação da presença do pai: "Era como se ele estivesse parado na porta, esperando. Não estava ao meu lado. Estava no quarto, mas no canto, apenas postado ali em silêncio, sem dizer nada. Estava muito calmo, sem nada de agressividade. Parecia perfeitamente em forma e bem, e trajava calças passadas e sua camisa de colarinho. Era um homem muito competente, meu pai. Seiscentas pessoas compareceram ao seu funeral, e temos certeza de que ele havia consertado algo para cada uma delas. Tive a sensação de que aquele homem muito competente estava ali para realizar um trabalho, ajudar alguém, e era Grace.

"Grace era sua neta favorita, e ele sempre dizia isso de um modo muito travesso. Na verdade, todos os outros ficaram chateados no funeral de Grace, porque disseram: 'Grace sempre foi a neta predileta. Ele garantiu que ela fosse a primeira a partir, para ficar com ele antes.'"

Michelle compartilhou o que aconteceu a seguir. "No início da quarta semana, disseram para nós que teríamos de retirar o suporte de vida de Grace. Escolhemos um domingo, porque achei que domingo era o dia mais tranquilo da semana. Deixamos o quarto muito bonito e convidamos nossa família e duas de suas melhores amigas. Sentamos juntos e desligamos tudo. Foi horrível. Ela levou três dias para morrer. Afinal, morreu na madrugada de terça-feira, às três da manhã. Eu estava na cama com ela. Ela estava em meus braços. Falei a ela: 'Ainda estaremos conectadas. Sei que você ainda estará aqui', e lhe disse algumas belas palavras, como 'verei você dançando ao vento.'"

Depois que Grace deu o último suspiro, Michelle sentiu que sua essência havia partido. Michelle, com a ajuda de Erik, recolheu as coisas do quarto de hospital. "Fomos para casa em meio ao amanhecer, e só me lembro de ter a sensação de ser puxada com ela através daquele nascer do sol. Cheguei em casa e subimos as escadas para o nosso apartamento, deitei na cama, peguei meu *iPad* e digitei: *Para onde você vai quando morre?* Tudo o que eu sabia era que ela não tinha desaparecido.

"Quando você tem um bebê, está conectada a ele pelo cordão umbilical. Eu sentia, literalmente, essa conexão umbilical com ela." Michelle começou a ler livros, entre eles, *O Livro Tibetano dos Mortos*. "Na época em que Ben morreu, pensava que, quando alguém morria, ela simplesmente morria. Embora esperasse que houvesse algo além, não sabia de fato." Agora ela começara a buscar informações. "Logo me dispus a aprender mais sobre isso e a me curar com determinação, em vez de me permitir morrer por dentro. Sou uma cientista e adoro uma boa estatística, uma boa planilha e um pouco de pesquisa, e quem sabe o que eu poderia ter feito da vida com um diploma em Ciências, procurando e pesquisando todas essas coisas? Acho que teria tirado todo um mundo de tristeza e dor dos meus ombros se tivesse a compreensão de para onde Ben estava indo naquele sonho, se soubesse, como sei agora, que *há* algo além. E se reconhecesse que a beleza e a calma que senti naquele sonho eram para onde ele estava indo e onde ele ainda está."

Após a morte de Grace, Michelle parou de ter o que ela agora identifica como "sonhos de visita" do pai. Mas ela começou a tê-los com os filhos. "Costumam acontecer quando estou sentada na cama lendo e acabei de começar a cochilar; não estou dormindo, mas também não estou acordada. Parece que o cérebro está em outro espaço energético. Sinto os pés dela tocando os meus." O primeiro encontro entre Michelle e Grace aconteceu semanas depois da morte da filha. No sonho, Michelle andava por um caminho desconhecido em um parque nacional em Sydney, na Austrália. "Estava caminhando e Grace ia na frente, mais ou menos como no sonho com Ben, só que ela estava, na verdade, naquele caminho de arenito do parque nacional. Ela também parou e se virou, e no sonho falou realmente: 'Venha comigo, mãe'.

"Lembro-me de despertar desse sonho e acordar meu marido, que não acreditava em vida após a morte quando me conheceu. Disse a ele: 'Oh, meu Deus, acabei de ter um sonho com Grace'. No dia seguinte, fui àquele parque nacional e decidi andar por um novo caminho que nunca trilhara antes, e percebi que era o mesmo caminho que tinha visto no sonho da noite anterior. Não era uma invenção. Sabia com certeza que estava naquele local onde estivera no sonho, e que Grace me convidava para vir nessa jornada com ela."

Aquele momento foi um ponto de virada para Michelle. De fato, pesquisar pensamentos e experiências em torno da morte levou Michelle a reinterpretar a visão que ela teve logo antes de o filho recém-nascido, Ben, morrer. "Acho que mudei por completo o modo como interpreto isso agora. Em vez de ser uma triste despedida, e um 'eu nunca mais verei você', Ben estendia a mão como quem diz 'alcance-me, mamãe'. Eu não entendia que ele também podia crescer em espírito. Quando Ben vem até mim agora, tem 24 anos. Ele vem até mim como um rapaz crescido e conversa comigo de forma adulta, me dá sinais e fala sobre coisas engraçadas. Ele não chega até mim com tanta força quanto Grace, no entanto."

Michelle tem experimentado outras formas de conexão quando sente que os filhos estão por perto. Ela se lembra de estar conversando com Erik certa noite. De repente, do nada, eles ouviram uma voz eletrônica do alto-falante inteligente da Alexa. "Alexa se manifestou e disse: 'Grace está perto de você', mas a Alexa só fala se você disser 'Alexa', certo? Só que eu não disse 'Alexa' e também não disse o nome 'Grace'; o dispositivo apenas ligou e disse: 'Grace está perto de você'. Erik e eu quase tivemos um ataque cardíaco e comentamos: 'Oh, meu Deus'. Começamos a perguntar a ela: 'Alexa, o que você acabou de dizer?'. E, então, a Alexa começou a fazer um som de bipe agudo muito estranho. Foi tão bizarro."

Embora Michelle tenha feito carreira na área de Educação em Sustentabilidade, suas experiências a levaram a se tornar colíder de uma divisão da Helping Parents Heal, uma organização que apoia pais que perderam filhos em qualquer idade. Ela observa que a maioria dos líderes na Helping Parents Heal são mulheres. Isso a levou a se perguntar por que as mulheres seriam mais propensas a fazer relatos de morte compartilhada e outras experiências de conexão. (Mais de 85 por cento dos experimentadores de travessias compartilhadas que entrevistamos são do sexo feminino.) "Comecei a pensar: 'Ok, por que será? É porque as mulheres têm uma conexão melhor e, portanto, mais travessias compartilhadas, ou porque as mulheres são melhores comunicadoras?'"

Ela argumenta que, "Na comunicação tradicional e nos papéis em todas as profissões que envolvem cuidado, como enfermagem, ensino, aconselhamento, vemos sobretudo mulheres. Mesmo na minha área de formação, Educação em Sustentabilidade, são 90 por cento ou mais o número de mulheres. Acho que as mulheres são conectadas de forma diferente em termos de colocar os pensamentos

2. UM VISLUMBRE DO CÉU

em palavras. E, sendo bióloga, sei que a química real do cérebro das mulheres é diferente da dos homens. Quando reagimos a coisas como luto, lamentamos falando, e a maioria dos homens sofre fazendo. Meu marido e filho, por exemplo [...], preferem pular na frente de um caminhão a sentar e conversar comigo sobre seus sentimentos. Preferem surfar, jogar golfe, construir ou consertar, porque são voltados para coisas concretas".

Só há pouco tempo Michelle aprendeu sobre experiências de morte compartilhada, depois de participar de uma de minhas palestras virtuais. Mas ela acredita que o conceito enfim deu um nome ao que ela sentiu, vivenciou e se esforçou para explicar. "Ao longo dos anos, minhas crenças mudaram." Michelle acrescenta: "Sinto agora que as coisas aconteceram por um motivo e que Ben não deveria estar aqui comigo pessoalmente durante esta vida.

"Ben morreu ainda bebê. Mesmo que eu tenha falado sobre ele durante todos estes anos, só tenho cinco horas de lembranças para falar." E Michelle muitas vezes se sentiu sozinha em sua dor, como se a breve vida de Ben significasse que o sofrimento dela fosse menor. Mas ela comenta: "Agora, reconhecendo o que aconteceu, que o sonho que tive com ele foi uma experiência de morte compartilhada, sinto que sua existência foi reconhecida, porque algo incrivelmente significativo aconteceu naquela pequena janela de tempo enquanto ele estava aqui. Não preciso compartilhar isso com ninguém para obter um reconhecimento externo. Eu saber já é o suficiente.

"Aprendi e descobri que Ben ainda está aqui e Grace ainda está aqui; na verdade, vejo o gesto de eles estendendo a mão como um sinal de 'venha comigo nesta jornada', não como um sinal de adeus. Porque agora sinto que estou com eles e que eles também estão comigo."

A experiência de morte compartilhada

Liz e Michelle vivenciaram manifestações poderosas de experiências de morte compartilhada. Ambas descrevem EMCs à beira do leito, em vez de remotas. Embora a experiência de cada mulher seja única, as EMCs individuais, como quase todas as outras, têm características-chave identificáveis.

Descobrimos em extensas entrevistas que existem quatro maneiras de participar de uma EMC. Nenhuma delas é mutuamente exclusiva: 1) sentir uma morte estando distante; 2) presenciar fenômenos inusitados (o que se aplicou a Michelle e também a Liz); 3) acompanhar o moribundo (o que Gail vivenciou com o pai); e 4) ajudar os moribundos na transição.

O Projeto Travessia Compartilhada identificou os fenômenos ou características mais recorrentes em EMCs. Algumas EMCs contêm apenas uma das características, outras têm várias. Muitos desses fenômenos têm um forte componente físico e sensações físicas específicas associadas.

Características individuais mais comuns da EMC

1. Uma visão da pessoa que está morrendo: pode incluir, de fato, ver algum tipo de forma física da pessoa que está falecendo – mesmo uma visão parcial ou indistinta, ou um forte senso da presença física de seu espírito.
2. Consciência ampliada ou conhecimento expandido: nossos entrevistados muitas vezes dizem: "Eu apenas sabia". Descrevem ter passado por um momento transformador

de compreensão muito maior, quando puderam perceber novas interconexões. Durante esse processo, sentem, intuem e recebem informações de modo instantâneo, enquanto todo o restante se desliga, para que o experimentador tenha uma profunda sensação de "conhecer" um evento maior ou uma verdade universal.

3. Encontros com figuras ou seres não vivos: podem incluir parentes, amigos ou outros indivíduos já falecidos, ou às vezes até animais de estimação mortos. Podem ser reconhecíveis e ter uma aparência física, ou serem concentrações mais fluidas de energia nas quais nada é visível com clareza; em vez disso, há apenas a sensação de uma presença. Alguns experimentadores descrevem as figuras que veem como "anjos".

4. Luz transcendente: luz brilhante e radiante que parece ser significativamente diferente da luz solar ou da luz artificial de uma lâmpada. Assume muitas outras formas – os experimentadores não raro a descrevem como uma luminosidade – e não tem um ponto de origem único e identificável.

5. Alterações na percepção do espaço ou tempo linear: a sensação de que o tempo parou ou desacelerou, e não há reconhecimento de quanto tempo cronológico transcorreu. Os experimentadores também podem descrever a sensação de que sua localização física ou as características dela naquele momento foram alteradas de modo drástico.

6. Ver o espírito deixar o corpo: é muitas vezes descrito como uma essência visível e reconhecível saindo do corpo físico.

7. Aparência de reinos celestiais: é muitas vezes a visão de um belo cenário, como um jardim paradisíaco, ou a perspectiva de ter se deslocado para muito acima da Terra.
8. Um limite que o experimentador não pode cruzar: um ponto onde um experimentador encontra o caminho bloqueado por um objeto (como um portão, parede ou porta) ou por uma forte sensação de que deve voltar, ou no qual encontra uma presença ou entidade que o informa que não pode avançar mais.

Além disso, os experimentadores muitas vezes relatam uma variedade de sensações, sobretudo físicas e emocionais:

9. Sensação de energia incomum: os experimentadores descrevem ou interpretam a EMC como sendo marcada por uma sensação de energia, descrita como vibração, zumbido ou eletricidade. Os indivíduos também comentam com frequência que notaram uma "mudança repentina" na energia ao redor e que observaram novos padrões específicos de energia ou sentiram uma "conexão energética" com algo além de si mesmos.
10. Emoção avassaladora: ser completamente dominado por emoções e sentimentos, sensação muitas vezes descrita como o mais profundo senso de conexão, pertencimento ou amor que um indivíduo já experimentou.
11. Sensações físicas: respostas físicas e corporais reais que parecem imitar as sensações sentidas pelo moribundo na hora da morte.

2. UM VISLUMBRE DO CÉU

Enquanto algumas EMCs são bastante diretas, outras são mais complexas e com multicamadas. Além disso, algumas características individuais podem parecer se fundir ou se sobrepor: pode ser difícil distinguir entre consciência elevada e emoção avassaladora, por exemplo; energia incomum e luz transcendente podem ter elementos em comum. De fato, nenhuma dessas características deve ser encarada como uma definição específica e rígida. Em vez disso, elas são apresentadas como identificadores intuitivos para ajudar a reconhecer e interagir com os elementos primários que constituem a EMC.

Chegamos a essa lista analisando e codificando com cuidado as descrições e declarações que recebemos no Projeto Travessia Compartilhada. Em cada caso, procuramos explicações comuns e experiências quantificáveis. Ao tratá-las como estudos de caso rigorosos, conseguimos entender melhor a experiência de morte compartilhada. Também queríamos criar uma linguagem que as pessoas pudessem usar para reconhecer e explicar o que vivenciaram. De fato, nossa esperança é que, ao trabalhar para quantificar a EMC usando uma tipologia e características comuns, possamos desencadear discussões e debates adicionais sobre a natureza e a extensão desses fenômenos que cercam a passagem da vida na Terra para o que está além.

Ao examinar esta lista e relembrar as experiências de Liz e Michelle, você notará vários elementos centrais nas EMCs. Ambas tiveram encontros com seres na forma de parentes falecidos. Ambas vivenciaram alterações no espaço e no tempo com o estado visionário que tiveram nos respectivos leitos hospitalares. Ambas testemunharam ou visitaram reinos celestiais em diferentes graus, Liz com a festa e Michelle com a colina suave com o salgueiro-chorão.

Ambas tinham a sensação de certeza, em termos de sentir a presença dos filhos falecidos. E, por último, ambas sentiram basicamente uma emoção avassaladora, que se manifestou como um profundo reconhecimento de que os filhos estavam em um lugar de paz e tranquilidade, e isso se tornaria, em diferentes estágios, um conforto para elas em sua dor.

Avançando neste livro, mergulharemos em mais histórias individuais e, por meio delas, exploraremos cada um dos elementos centrais da EMC com mais detalhes. Também questionaremos se existem práticas ou caminhos que possam tornar as pessoas mais propensas a vivenciarem uma EMC. A formação religiosa é necessária ou não? E a espiritualidade ou várias práticas de atenção plena, como a meditação? Por fim, discutiremos como uma compreensão mais profunda das EMCs pode transformar algumas das formas pelas quais abordamos o luto e oferecemos apoio em situações de perda. Que possibilidades uma experiência de fim de vida consciente, conectada e amorosa oferece para aqueles que são deixados para trás?

Uma das primeiras descobertas que fizemos, como orientadores e pesquisadores, foi que uma EMC não precisa ser complexa para ser poderosa e transformadora para o experimentador. Essa é a história de Adela B.

3
RUMO À LUZ

ADELA B. adora compartilhar a história do romance cinematográfico de seus pais. Seu pai trabalhava como assistente de direção em um filme; sua mãe era uma bela e jovem atriz que fazia testes para um papel. "Minha mãe era filha de pai espanhol e mãe mexicana em Los Angeles. A livraria do meu avô havia fechado na Grande Depressão, e eles eram muito pobres. Seus seis filhos trabalhavam nos filmes como figurantes", explica Adela. "Minha mãe começou a atuar. Na adolescência, ela se tornou uma atriz de rádio de sucesso e, mais tarde, foi contratada pela Warner Bros. Studios como uma jovem estrela. Fez o teste para um papel no filme para o qual meu pai escalava o elenco. Enquanto a observava, ele disse ao cinegrafista: 'Vou me casar com aquela mulher'. Foi amor à primeira vista; ele ainda não a tinha conhecido. O cinegrafista era amigo de minha mãe e contou a ela o que meu pai havia dito. Ela fez pouco-caso disso: 'Quem ele pensa que é?'. Mas meu pai a cortejou e conquistou seu coração. Eles se casaram seis meses depois. Foi um casamento muito bonito, e foram profundamente apaixonados por quase 54 anos."

A mãe de Adela tinha 17 anos; seu pai tinha 31, e já havia tido a experiência de uma vida incrível. Ele nasceu numa família da classe trabalhadora em uma pequena vila de pescadores no norte da Espanha. Quando tinha 14 anos, seu pai lhe disse que ele tinha de deixar a escola. O adolescente negociou mais um ano de estudo, prometendo terminar quatro anos do ensino médio em doze meses, o que fez com honras. Tornou-se professor universitário aos 19 anos. Tinha 22 anos quando estourou a Guerra Civil Espanhola. Ele lutou contra os fascistas do general Francisco Franco, inclusive na linha de frente, segurando um megafone e tentando convencer as pessoas do outro lado a desertarem. Quando os fascistas venceram, ele fugiu para a França, cruzando as montanhas dos Pirineus em pleno inverno com uma bala no braço. Da França, foi para Cuba, onde fundou uma companhia de teatro, e acabou chegando aos Estados Unidos. Passou um ano lecionando em Princeton e trabalhou para o Escritório de Informações de Guerra dos Estados Unidos durante a Segunda Guerra Mundial. Quando o diretor de cinema espanhol Luis Buñuel colocou um anúncio de jornal em busca de um assistente, o pai de Adela respondeu. Logo ele se tornou assistente de direção na Warner Bros. Studios.

Quando as listas negras de comunistas da era McCarthy chegaram a Hollywood, ele estava casado e tinha um filho. O trabalho escasseou e o pai de Adela foi forçado a recomeçar como professor de espanhol na Universidade da Califórnia, em Los Angeles. Acabou se

3. RUMO À LUZ

tornando diretor do departamento. Mas suas experiências de guerra o deixaram com um terrível transtorno de estresse pós-traumático, e ele muitas vezes acordava aterrorizado devido a pesadelos recorrentes. Incapaz de retornar à Espanha ou ver sua família por dezenove anos, seu refúgio, explica Adela, era "recriar a Espanha em nossa casa". A família só falava espanhol e comia pratos de sua terra natal. Os amigos de seus pais eram quase exclusivamente hispânicos. Eles organizavam jantares ao estilo europeu: "Havia vinho. Havia risos. Havia conversas apaixonadas até as duas da manhã, todo fim de semana".

Olhando em retrospecto, Adela diz: "O que mais se destaca é quão gentis e generosos eles eram", não importa quais fossem as próprias circunstâncias. "Meu pai era uma pessoa boa e amorosa. Ele sempre enxergava o meu melhor lado, então, eu sempre conseguia encontrar o meu melhor lado nos olhos dele, o que foi uma grande dádiva." Aos 80 anos, foi diagnosticado com câncer, que entrou em metástase. "Meus pais eram ex-católicos e ateus. Meu pai, em particular, estava muito zangado com a Igreja Católica pelo que ela havia feito durante a Guerra Civil Espanhola." Mas Adela, psicoterapeuta por formação, passou a abraçar a espiritualidade aos 30 anos. "Meu pai e eu tínhamos uma conversa recorrente sobre significado, propósito, valores e humanidade." Ela acrescenta: "Ele meio que olhava para mim e dizia: 'Ah, você sabe, se precisa acreditar nessas coisas, tudo bem'". Mas, nos seus anos finais, quando os dois sentavam para olhar as estrelas e contemplar "a imensidão e a beleza do universo", eles encontraram um terreno espiritual comum. Adela se lembra de ter dito a ele: "Sei que você não acredita em nada disso, mas releve e me ouça: quando sair do seu corpo, vá para a luz. Pode ser um pouco confuso, e não quero que fique preso". Ela brincava com ele, pedindo-lhe que tivesse "uma mente aberta".

À medida que ele adoecia, Adela e sua mãe se tornaram suas cuidadoras em tempo integral em casa. Ela se lembra do momento em que a mãe entrou em seu quarto, que ficava ao lado do dos pais. A mãe disse: "'Acho que ele se foi; ele não está respirando.' Eu entrei, e ele não estava mais em seu corpo. Mas eu o vi, com tanta clareza quanto o vejo agora, ligeiramente elevado, mas no canto da sala, com uma luz atrás dele. Eu lhe disse: 'Vá para a luz', e sorri. Ele começou a rir. Foi o momento mais lindo e incrível entre nós, tantas camadas enriquecedoras de coisas se unindo naquele momento. Eu estava rindo, e ele também; depois, se virou e se foi. Ele foi embora".

Adela descreve a experiência como se tivesse ocorrido em um "espaço sagrado", como se ela tivesse entrado em um plano dimensional diferente: "Não estava no plano comum. Na verdade, as palavras não são suficientes para descrever isso". O que ela sentiu com bastante força foi "a justa compensação daquilo". Ela acrescenta: "Éramos muito próximos, e estava muito triste por não tê-lo mais aqui comigo, mas era a hora dele. Seu corpo não lhe permitia mais ter qualidade de vida. Ele sentia-se pleno e partiu sem medo. Eu sabia que ele estava bem, que não o havia perdido, e a alegria de saber disso foi um grande consolo".

Às vezes, ela ainda tem a sensação da presença amorosa do pai ao seu redor. Vez ou outra o visualizou durante a meditação; a primeira vez, de forma bastante vívida, foi cerca de seis meses depois da morte dele. Ela ficou surpresa ao vê-lo muito bonito e com cerca de 40 anos, vestido com um *smoking*, no auge do glamour da velha Hollywood. "Foi engraçado e delicioso", ela lembra, "mas também pensei: 'Isso não é interessante? Acho que você pode escolher a forma como aparece'. Isso nunca tinha me ocorrido antes".

3. RUMO À LUZ

Uma coisa que ela não fez foi compartilhar suas experiências com várias outras pessoas. "Foi algo profundamente pessoal e íntimo, e a maioria não está muito aberta a uma coisa tão fora do paradigma assim."

Essa é uma das grandes ironias sobre as experiências de morte compartilhada. Até agora, o público para elas tem sido limitado. Amigos e familiares podem ser desdenhosos. Há poucos líderes religiosos como o ministro presbiteriano de Liz H., pessoas que estão absolutamente convencidas de que um experimentador viajou por um breve momento ao céu. Em muitas tradições de fé, não é considerado aceitável expressar a opinião de que é, de certa maneira, "positivo" que uma pessoa esteja morta. Mencionar quaisquer sentimentos de alegria no contexto da morte também é um tabu significativo. E, no entanto, como Adela expressa, há paz pessoal e uma apreciação pela vida que decorrem dessa percepção.

De fato, discutir a experiência de morte compartilhada requer certo grau de abertura e coragem, e é exatamente isso que Cristina C. possui. Auxiliar de saúde domiciliar de Pittsburgh, Pensilvânia, Cristina é mãe solteira de um filho pequeno. Ela tinha 30 anos quando a mãe morreu em seus braços. "Minha mãe era minha melhor amiga. Fazíamos tudo juntas desde que eu era uma garotinha." Quando Cristina tinha 5 anos, sua mãe foi diagnosticada com um tumor cerebral. Os cirurgiões o removeram, com parte de seu lobo frontal. "Daquele ponto em diante", lembra Cristina, "ela ficava em casa em período integral, e éramos só eu e meu irmão. Fazíamos tudo juntas. Eu era a primeira menina nascida na minha família em cinquenta anos, então, ela me colocava vestidos e meias-calças, como se eu fosse sua boneca. Começou a me maquiar quando eu tinha 10 anos. Eu adormecia ao lado dela, íamos fazer compras juntas, ela me contava tudo, às vezes coisas demais, para ser sincera. Mas tudo. E eu contava tudo a ela. Íamos a todos os lugares juntas.

"E, mesmo quando tive meu filho, continuamos a fazer tudo juntas. O pai dele entrava e saía da cadeia, e ela sempre esteve presente na minha vida. Partilhávamos maquiagem, roupas, sapatos, acessórios. Ela sempre dizia: 'Devolva meus brincos, Cristina. É melhor devolver estes brincos'. Eu respondia: 'Mãe, você sabe que eu vou te ver amanhã'. Ia até a casa dela todos os dias. Ela ia fazer compras comigo, era meu tudo. Éramos inseparáveis. Costumava até dizer a ela: 'Mamãe, quando você morrer, quero ser enterrada com você no seu caixão'. Minha alma sempre esteve muito ligada à dela.

"Ela não era perfeita, de jeito nenhum. Depois do tumor no cérebro, nunca parava para pensar antes de dizer as coisas. Se estivéssemos na fila do supermercado, ela diria: 'Oh, meu Deus, olhe só o chapéu dele'. Ela não conseguia filtrar as palavras. Mas minha mãe me amava incondicionalmente e acreditava em Jesus com muita força. Havia poemas sobre Deus na casa toda."

Quando Cristina estava no ensino médio, sua mãe lhe deu uma cópia da "Oração das pegadas na areia". Quando o homem pergunta por que nos momentos mais difíceis de sua vida ele vê apenas um par de pegadas, Deus responde: "Foi porque eu carreguei você". Católica devota, Cristina diz que sua mãe "era uma forte crente em Cristo, de que se podia fazer tudo fortalecido em Cristo".

Em uma noite de sábado de 2016, perto do Halloween, Cristina e a mãe deveriam ir ao cinema. Mas Cristina estava trabalhando muito e não foi. No dia seguinte, sua mãe sofreu um derrame hemorrágico e nunca mais recuperou a consciência. Ela tinha 50 anos. "Agora, sinto que fui muito idiota antes de ela morrer. Não achava que alguém pudesse me deixar. Sempre pensei que a teria ao meu lado."

3. RUMO À LUZ

Cristina se lembra de amparar a mãe nos braços no quarto do hospital depois que ela foi retirada do suporte de vida. "Ela estava com falta de ar, e é muito difícil ver alguém lutando assim pela vida. Não queria que ela continuasse sofrendo. Coloquei a cabeça em seu peito e a última coisa que disse a ela foi: 'Mamãe, está tudo bem. Estou aqui. Deus está aqui'. Bem quando disse isso, me senti leve. Senti como se todo o quarto estivesse sem peso, e eu também. Não havia gravidade. Fui levantada, e todo o quarto foi levantado também. E eu a vi indo em direção àquela luz brilhante. Não vi seu rosto, mas sabia que era ela.

"Foi a melhor sensação do mundo. Nunca me senti tão feliz em minha vida. A paz que eu sentia era incrível. Foi tão sobrenatural. Não consigo nem começar a explicar isso. Nem acho que haja palavras."

A comparação mais próxima que Cristina pôde fazer é com a praia, que "sempre foi meu lugar perfeito". O céu é o mesmo tipo de lugar perfeito, tranquilo, feliz e envolvente. Mas também é um lugar real. "Quando você vai à praia, pode sentir os pés na areia, pode ver o mar, pode ver se está ensolarado ou nublado, pode sentir a brisa. Não se pode dizer a uma pessoa que ela não foi à praia quando foi à praia. Foi o que aconteceu naquele dia. Senti fisicamente o céu. Meu corpo sentiu, assim como você sente uma brisa ao redor. Minha pele sentiu. Meu espírito sabia disso, só que a mente não conseguia colocar em palavras", explica ela.

"Sei que era o céu porque o encontrei na Bíblia várias vezes. Tudo o que vivenciei é exatamente como na Bíblia. Não havia religião lá, não era dividido lá. Na Terra, as pessoas estão nessas diferentes religiões, batistas, católicos, mas eu só acreditava em Deus, e subi com ela. Foi muito claro. Nenhuma complicação, nenhuma confusão. Era Deus.

"É por isso que não pertenço a nenhuma denominação religiosa agora. Porque sei que Deus só quer que nós o amemos e acreditemos nele. Ele até diz isso na Bíblia. Ele diz: 'Diga meu nome. Apenas acredite em mim. Diga meu nome e você irá para o céu'. Bem, quando eu disse o nome de Deus, foi assim, ele nos levou. Sinto que esse é o melhor presente que eu poderia ter dado a ela. Acho que você pode ver as coisas de duas formas – que eu disse a Deus para levá-la, mas não vejo assim. No meu modo de pensar, disse a Deus para levá-la porque não queria que ela sofresse. E, quando pedi a Deus para levá-la, Ele a levou. Sabia que era real. Queria voltar lá porque me senti muito bem."

Quando Cristina voltou para casa, começou a pesquisar na internet. "Continuei pesquisando o que aconteceu comigo." Ela encontrou muita coisa sobre experiências de quase morte, mas "eu, tipo assim, não 'quase morri'; como a mesma coisa aconteceu comigo?". Demorou quase um ano, mas ela enfim se deparou com uma menção a experiências de morte compartilhada, e de repente a morte da mãe fez sentido. Mas ela tem hesitado em falar sobre isso. O médico da mãe lhe disse: "'Provavelmente, foi apenas um reflexo'. Minha avó me pediu que eu não falasse sobre isso". Seu irmão e cunhada tiveram dificuldade em entender ou acreditar no que ela havia vivenciado.

Mas Cristina tem certeza do que aconteceu com ela naquele quarto de hospital, e isso mudou sua abordagem da vida na Terra, da fé e também da morte. Refletindo sobre como seu pensamento foi transformado, Cristina observa que algumas pessoas falam sobre a existência de "um universo paralelo", acrescentando: "Acho que vemos o que está à nossa frente, sentimos o que está à nossa frente. Mas há algo mais ali que não podemos ver". Ela acrescenta: "Eu falo com Deus o tempo todo porque sempre fico, tipo: 'Deus, eu fui à Sua casa. Eu já sei'. Fé é quando você espera, mas, quando já esteve em algum lugar, você sabe. Por mais difícil que seja a vida, eu poderia estar debaixo de uma ponte, pobre, sem comida, mas sei para onde fui. Sei um milhão por cento. A vida não tem sido fácil desde aquele dia. Mas já sei a verdade, que há mais, que todos nós morremos, e que isso desaparecerá, e que há algo muito mais profundo.

"Foi a coisa mais linda que já senti na vida. Não é triste. Não tive medo. É como se você estivesse em casa, talvez na casa da sua avó, ou da sua mãe, aquele cheiro de 'lar, doce lar', aquele conforto, a melhor lembrança que se possa imaginar. Estava tão feliz. Não vejo a hora de poder voltar. Não agora, não tão cedo, estou apenas na casa dos trinta, mas vejo minha vida como 'Isto aqui é só uma temporada na Terra'. Estou muito empolgada para voltar lá. Mal posso esperar."

As experiências de Cristina e Adela nos remetem a duas questões importantes na experiência de morte compartilhada: presença e fé. Até agora, todas as histórias que compartilhamos envolvem indivíduos que estavam presentes quando seu ente querido morreu – Gail, Liz, Michelle, Adela e Cristina. No entanto, muitas experiências de morte compartilhada ocorrem mesmo com o experimentador distante, não presente. Às vezes, o experimentador pode nem saber que a pessoa morreu. Mas, de forma predominante, pessoas que vivenciam EMCs remotas também relatam uma sensação significativa do que descrevem como "paz" ou "calma". E, com frequência, um sentimento muito forte de amor.

O segundo componente é a fé: você precisa ser uma pessoa de fé para participar de uma experiência de morte compartilhada? A resposta a essa pergunta é não, tanto para o experimentador quanto para a pessoa que falece. No entanto, entre os indivíduos que entrevistamos, os que vivenciam a morte compartilhada são mais propensos a se identificarem como pessoas "espiritualizadas", mesmo que não pratiquem nenhuma religião instituída. Alguns também cresceram frequentando serviços religiosos, mas nem todos. Como Adela B. nos lembra, seus pais eram ateus convictos.

Mas as EMCs podem ter um forte impacto nas crenças subsequentes do experimentador. No início de 2020, conversamos com Ida N., funcionária do governo no departamento de Auxílio-desemprego em Oslo, na Noruega. "Sou uma verdadeira burocrata", diz ela com um sorriso. Ida foi criada por uma mãe de espírito livre que rejeitava a religião – "minha mãe se opunha tanto à religião quanto a atividades religiosas" –, mas que adorava fazer caminhadas, apreciar antiguidades e cultivar vegetais e flores em sua cabana à beira-mar. "Ela adorava o Sol", lembra Ida. "Passou necessidade na infância e teve três casamentos problemáticos. Não tinha muita instrução, mas era esperta e gostava de tudo o que as crianças gostavam. Vivia com sujeira sob as unhas. Mas também era incrivelmente linda. Quando criança, lembro-me de ficar sentada do lado de fora do banheiro para esperar por ela. Quando estava indo a uma festa, entrava ali como uma plebeia, alguém para quem você não olharia duas vezes, e saía como uma rainha."

Os dias passados com a mãe eram, nas palavras de Ida, "só harmonia. Eram alegres". A mãe de Ida havia trabalhado como babá em Londres com outra jovem norueguesa, Liv, que se mudou para os Estados Unidos. Ida se lembra de uma visita de seis semanas na década de 1980 para ver Liv. "Pegamos o ônibus Greyhound de Vermont para a Flórida e voltamos via Nova Orleans em um carro alugado. Viajamos com um orçamento apertado." Ida compartilha: "Chegando tarde da noite a Atlantic City, acabamos passando a noite em um enorme cassino, com olhos tão arregalados que mais pareciam pratos de sopa". Na noite seguinte, "pegamos um quarto em um motel barato, que mais tarde descobrimos ser uma casa onde prostitutas vendiam seus serviços. Quando chegamos ao quarto, ficamos intrigadas com o fato de a porta ter o que pareciam vários buracos de bala, além de quatro ou cinco trincos. O homem da recepção nos deu ordens estritas para fechar todos eles".

Durante a viagem, a mãe de Ida entrou no trecho errado da rodovia e começou a dirigir na direção oposta. "De repente, havia luzes azuis e sirenes, e uma viatura da polícia rodando ao lado do nosso pequeno carro e ordenando que minha mãe parasse. Ela abriu a janela sem entender o que havia feito de errado, e o policial perguntou para onde pensávamos que estávamos indo e de onde estávamos vindo. 'Somos de Oslo', disse ela, dando-lhe um grande sorriso inocente, e ele respondeu: 'E você fez todo o trajeto dirigindo?'.

"Sempre rio quando penso nesse episódio, porque o sorriso sedutor de minha mãe a tirou de problemas várias vezes. Minha mãe era minha melhor amiga. Ela era capaz de qualquer coisa", lembra Ida. "Nunca teve um dia livre. Ocupava-se o tempo todo. Era amorosa, mas também uma lutadora. Quando as coisas estavam difíceis, principalmente com meu pai, ela nos protegia, a mim e meu irmão, então não percebíamos e não ficávamos expostos a isso."

Em 2011, a mãe de Ida estava em uma instituição de longa permanência, morrendo de câncer abdominal, e Ida ia vê-la com frequência. Ela se lembra das últimas horas de sua mãe. "Ela vinha sofrendo há semanas e estava inconsciente há dias. Naquela noite, estava semiconsciente. Mas eu estava sentada a seu lado, segurando sua mão, conversando com ela de forma confortadora. Sei que a última coisa que você perde é a capacidade de ouvir, então, eu falava. Por incrível que pareça, como uma real norueguesa, senti-me na obrigação de ir trabalhar no dia seguinte.

"Achei que tinha que ir para casa e dormir, mas não me senti mal por isso, mesmo sabendo que ela morreria em breve. Sabia que estávamos em harmonia. Não havia nada que não houvesse sido dito. Estávamos em paz uma com a outra. Então, eu a deixei. Fiz uma caminhada de dez minutos e tentei dormir ao lado do meu marido.

"Foi quando uma coisa incrível aconteceu. Acordei e o quarto estava inundado de luz, luz extrema. Olhei para meu marido. Tinha certeza de que ele estaria acordado com aquela luz. Achei que talvez houvesse trabalhadores lá fora fazendo consertos na rua e iluminando as janelas, mas, depois, dei-me conta de que aquela era uma luz que nunca tinha visto antes, nem mesmo em um show, quando as luzes brilham em você. Era muito forte. Como se estivesse lá para me dizer: 'Você tem que acordar e prestar atenção. Isso é coisa séria. Trate de acordar.'"

A próxima coisa que Ida sentiu foi sua mãe. "Podia sentir que minha mãe estava por perto. Pensei: 'Ela está vindo para dizer adeus'. Foi tão especial. Ela estava no quarto, não com um corpo, no entanto. Acho que vi seu rosto, mas sua alma com certeza estava lá. Ela me dizia que estava se esvaindo. Isso é o que é muito estranho também, porque eu disse a ela: 'Posso ver você. Posso ver você. Eu também te amo', mas as palavras não eram de fato pronunciadas. Iam e voltavam, como que por telepatia.

"Ela estava acima da minha cama, e o tempo não existia nesse ambiente. Estava ao redor, porque de repente as paredes e o teto, e tudo o mais, estavam tortos, tudo estava estranho. As leis da Física tinham sido desafiadas. Temos que reescrever a ciência, porque ela não está certa."

Ida lembra: "Ela foi subindo devagar. Atrás dela, podia ver um ser de luz que brilhava no quarto, que fazia o quarto brilhar. Ela me convidou a subir até este ser. Era como se este ser de luz estivesse abraçando minha mãe e mostrando que ela estava sendo auxiliada. Ela me mostrou que estava em boas mãos".

Durante e após a experiência, Ida relata que passou por uma transformação significativa. Fundamental para essa transformação foi um sentimento avassalador de amor. "Senti que era apenas um ser de pleno amor, de pleno conhecimento, de plena compaixão. Era todas essas coisas. Esse amor que senti naquele quarto com os dois foi imenso. Preenchia todos os poros da minha pele. Reconheci que devia ser algum tipo de ser divino. Para mim, era Deus."

Ao contrário de sua mãe, Ida não rejeitava o conceito de Deus. Ela se descreve como alguém que começou "a orar sozinha, quando tive filhos. Uma espécie de porto seguro". E para expressar gratidão. "Acredito que há alguém, alguma coisa, ou alguém cuidando de nós. Mas não que seja em uma atividade religiosa específica." Ela atribui aquela visita na hora da morte, em parte, ao desejo da mãe "não apenas de me confortar, mas de me dizer: 'Ei, eu estava muito errada, e um Ser Divino – Deus, Ele, Ela – existe. Olhe aqui. Olha o que eu achei.'"

Ida continua, lembrando o restante da EMC: "Estava flutuando para cima e subimos mais. Ela estava à minha frente, e entramos nesse vazio negro, ou escuridão. Era tão vasto quanto o céu, mas era uma sensação íntima. Senti que havia outras almas ali. Flutuávamos naqueles domínios, e todas as perguntas que já tive foram respondidas. Eu tinha resposta para tudo. Senti-me conectada com as almas ao redor e com aquele Ser Divino e minha mãe. Senti que éramos um. Isso foi algo que mudou minha visão sobre as coisas quando voltei. 'Somos todos um', foi a mensagem mais forte que recebi disso.

"Queria ficar naquele lugar. Era maravilhoso. Extremamente bonito. Tudo era cristalino. Tudo estava em harmonia. Tinha deixado uma vida perfeita lá atrás, na cama com meu marido, a família e os demais; tudo era tão bom quanto possível, mas, mesmo assim, só estava pensando em mim. Não queria ir embora. Minha mãe estava lá, mas não estava falando com ela. Entendi que ela estava indo mais longe, e não podia acompanhá-la. Estava apenas de visita; precisava voltar. Não tenho ideia de quanto tempo estive lá. A próxima coisa de que me lembro foi que acordei de manhã com um telefonema da instituição de longa permanência para idosos me informando que minha mãe havia falecido, fato do qual estava perfeitamente ciente. Perguntei a que horas, e eles disseram exatamente a mesma hora de quando olhei para o relógio. Fora por volta da meia-noite. Ela havia morrido naquele exato momento em que veio até mim. Essa era a prova de que eu precisava."

A experiência de morte compartilhada de Ida e suas consequências representaram uma verdadeira mudança de vida. Ela explica: "Estava transformada no dia seguinte. Sabia que essa verdade estava no centro de tudo, e era puro amor. Talvez eu estivesse triste antes, mas nada poderia me atingir depois daquele incidente". Ida também sente que a EMC de sua mãe ajudou a refazê-la como pessoa. "Costumava ser bastante dura com as pessoas e as esmagava se pudesse, se estivesse com bastante raiva, mas não tenho mais vontade de fazer isso, porque o próximo poderia ser eu. Quero dizer, somos um e o mesmo. Estamos conectados de estranhas maneiras." Ela acrescenta: "Recuperei minha fé nas pessoas. Tenho empatia

3. RUMO À LUZ

por todos, porque senti que todos fazíamos parte da mesma coisa e pertencemos um ao outro.

"Foi um presente tremendo, um presente que me transformou por completo. Minha vida mudou a partir desse episódio. Foi um presente de amor, de fato. Tenho certeza de que minha mãe queria me mostrar que estava em boas mãos. Talvez ela estivesse compensando algo que fez de errado. Pensei nisso muitas vezes depois. Gostaria que todos pudessem ter a oportunidade de fazer o mesmo, dar a um filho esse tipo de presente, porque isso muda tudo. Não tenho medo de morrer. Achamos que o paraíso está aqui, mas isso não é verdade. Está lá em cima, acima do teto."

Antes que nossa conversa terminasse, Ida perguntou: "Por que não se fala tanto sobre isso?". Pela própria experiência, ela descobriu que a maioria das pessoas despreza sua experiência de morte compartilhada. "Meu marido e eu estamos juntos há 25 anos, e ele me conhece muito bem. Sabe que sou muito pé no chão. Critico tudo." Após a EMC, Ida diz: "Pensei: uau, deve haver alguma coisa lá, mas ele descartou totalmente o que eu disse. Isso é algo que tenho que guardar para mim. Mas quero contar ao mundo, porque é incrível. Precisa ser contado".

Igualmente impressionantes são os paralelos entre as histórias dos experimentadores, em particular em relação à linguagem e a imagens. Ida e Cristina tiveram experiências muito semelhantes em termos de serem envoltas em luz brilhante e serem "levantadas". Mas não são apenas as experiências visuais que contêm paralelos tão profundos; são também as emocionais. Considere a história de Alison A.

Ao contrário dos casos anteriores, o de Alison não envolve familiares imediatos, mas, sim, uma amiga de longa data. Alison fazia compras em uma loja de roupas em Camarillo, Califórnia. "Estou comprando roupas para uma viagem de negócios e, de repente, imagens muito vívidas da minha boa amiga Wendy vieram até mim." Por 35 anos, Alison viveu em uma pequena cidade na Inglaterra, e Wendy era uma das amigas mais próximas. Mas as imagens que Alison viu não eram de Wendy em sua idade atual, mas de Wendy com 16 anos. "Wendy sempre iniciava o que ia dizer com: 'Oh, realmente sinto muito'. Acho que era em decorrência de seu pai ter cometido suicídio quando ela era jovem. Naquele dia, ela veio até mim e disse: 'Alison, sinto muito, muito mesmo, mas não podia mais continuar. Não conseguia seguir em frente.'" Durante esses momentos, Alison teve a sensação de Wendy como uma adolescente vibrante, "e totalmente livre. Ela estava tão grata por estar livre de seu corpo. Era uma alegria para ela. Um alívio".

Alison explica: "Cada pessoa tem uma essência, e acho que foi a essência de Wendy que veio até mim, sua 'Wendynice'. E todos os momentos adoráveis que compartilhamos". Alison também descreve a sensação de estar em dois lugares, em um com esses sentimentos e imagens intensos, e no outro parada na loja, experimentando túnicas e *leggings*. "Estava com o tempo contado, por isso tentei prosseguir, sem entusiasmo, com o que estava fazendo. Escolhia as roupas distraída. E, puxa, comprei algumas coisas idiotas que nunca usei. Porque essa coisa envolvendo Wendy foi muito poderosa. Foi tão intensa; não havia como escapar."

Alison ficou "sobrecarregada" com pensamentos amorosos sobre Wendy por quase 45 minutos. Quando a experiência começou a diminuir, um número de telefone do Reino Unido apareceu em seu telefone. Ela comenta: "Sabia o que estava por vir". Alison recebeu a notícia de que Wendy havia falecido. "Disse aos meus amigos: 'Eu sei, eu sei'."

Ao processar o que aconteceu, Alison lembra: "Tive a sensação de que aquela jovem estava meio que no ar, voando, sentindo-se feliz e livre". Ela diz que esse encontro impactou muito a própria dor. "Não houve tristeza naquele momento durante o evento. Ela vinha lutando com sua saúde, e podia ver que Wendy precisava partir. Mais tarde, fiquei muito, muito triste por Wendy não estar mais na minha vida, mas sabia que ela tinha que ir. Houve uma tristeza pessoal e egoísta, mas também um alívio alegre pela maravilha de nosso tempo juntas."

É impressionante ouvir Ida falar de estar cercada por "um imenso amor", e Alison descrever estar "sobrecarregada" com emoções "intensas" e a incrível sensação de a querida amiga "estar totalmente livre". Ambas as mulheres identificam não apenas a forte emoção do amor, mas a sensação de estar envolvida por ele por completo, além da sensação de liberdade e liberação para a pessoa que deixa esta vida, e a poderosa experiência de o ente querido ter vindo se despedir. Ida também nos contou que se viu sorrindo depois dessa experiência e que não derramou uma lágrima, tal foi a força da EMC e a decorrente transformação de seu luto. Da mesma forma, Alison relatou "nenhuma tristeza naquele momento" e afirmou que essa sensação poderosa moderou a própria abordagem do luto subsequente. Estes são dois exemplos convincentes de um padrão que vemos se repetir em muitos casos de EMC – considere também a declaração de Cristina C. em relação à experiência de profunda felicidade emocional: "Foi a melhor sensação do mundo. Nunca me senti tão feliz na vida. A paz que senti foi simplesmente incrível". A intensidade, a universalidade e a durabilidade da EMC a distinguem de uma ampla gama de outras experiências humanas. Igualmente atraente para nós pesquisadores quando analisamos esses casos é a quantidade de pessoas que usam palavras semelhantes para descrever uma experiência quase indescritível.

O que também nos impressiona é a profundidade com que os experimentadores continuam a rever e contemplar a EMC, mesmo anos após o fato. É uma experiência que os leva a buscar significado e interpretação, desde se perguntar por que foram selecionados para ter tal experiência, até o que o moribundo queria lhes transmitir, compartilhar ou ensinar. Durante nossa conversa, por exemplo, Alison disse que se perguntou por que Wendy a escolheu para ser a beneficiária dessa experiência. Sua melhor explicação é o vínculo da longa amizade. Ida se perguntou o mesmo sobre sua mãe – por que ela vivenciou essa EMC, e não seu irmão, ou outra pessoa. O que ela sabe é que o consolo resultante – "nada pode me atingir" – da experiência foi profundo.

Como se vê, o "consolo" é de fato outro elemento-chave da EMC – como é transmitido aos experimentadores da EMC e como é recebido.

4
CONSOLO

LUTO É quase sinônimo de morte. Culturas desde os antigos celtas do norte da Europa até os povos aborígenes da Austrália realizavam a própria versão da lamentação pela morte. Os irlandeses, mais tarde, tinham a tradição de contratar carpideiras, mulheres que compareciam aos funerais para prantear em voz alta os defuntos. A morte provoca em muitos de nós um acúmulo de emoções e, na maioria das pessoas, uma profunda tristeza. Portanto, tem sido um grande exercício de humildade e bastante revelador descobrir que experiências de morte compartilhada podem levar a um consolo significativo e muitas vezes duradouro. Também é importante observar que uma EMC não precisa ser complexa ou conter multicamadas para ter um impacto profundo. O consolo que proporciona pode chegar de várias formas.

O pai de Carl P. lutava contra o câncer de próstata há mais de uma década. Fora diagnosticado com uma recidiva enquanto visitava Carl na Califórnia. Seu pai permaneceu por lá para se submeter ao tratamento, o que lhe deu a oportunidade de passar um tempo com o filho e a neta. Depois, retornou para sua casa em Massachusetts. Carl fez uma viagem-surpresa para vê-lo em um fim de semana e achou que ele estava indo bem. No domingo seguinte, Carl lembra: "Havia desligado o meu telefone. Tínhamos agendado um dia em família e depois um jantar com amigos". Ele voltou para casa e viu que tinha perdido dezoito chamadas. "Minhas irmãs e minha mãe estavam tentando falar comigo. Não me lembro muito bem do telefonema de fato. Meu pai havia falecido de insuficiência cardíaca. Teve uma espécie de choque." Carl contou à esposa, e depois, como descreve: "basicamente acabei vagando do lado de fora, chorando". Confuso, ficou andando até que decidiu se sentar nos degraus da frente. Ele se lembra de fazer a pergunta que não lhe saía da cabeça: "Onde está meu pai?". E pronunciou as palavras em voz alta.

O que aconteceu a seguir permanece cristalino na mente de Carl. "Senti uma mudança profunda acontecer. A sensação de estar com meu pai me tomou. Não estar com meu pai como estivemos no início daquele ano bem ali na varanda, mas estar com meu pai como quando eu era um garotinho. Aquela sensação de 'está tudo bem. Você está com seu pai. Vai dar tudo certo.'" Com esse sentimento veio uma sensação predominante do que Carl identifica como "profunda paz. Essa paz me acalmou. Sabia que estava tudo bem. Ele estava lá comigo. E partia para a próxima coisa, seja lá o que fosse. Para onde fosse". Carl ficou impressionado com o fato de que a intensidade desse sentimento era como uma vibração, algo "profundo em meus ossos, em cada fibra do corpo. Era físico, como se um interruptor tivesse sido acionado. Podia sentir em meus ossos e células que meu pai estava lá comigo". Na estrutura da EMC, essas características seriam emoções predominantemente avassaladoras, combinadas com maior clareza, em especial, informações sensoriais.

Carl nunca foi uma pessoa religiosa. Se por um lado acompanhava seus pais à igreja quando criança na Flórida, "nunca participei de cultos religiosos por vontade própria. Tive uma formação em ciências, então, era impregnado por uma saudável dose de ceticismo, mas também por uma verdadeira reverência pelo mundo natural e uma profunda compreensão de não ter respostas". A experiência de Carl nos degraus da frente acabou se tornando uma "fonte de força para mim".

Cerca de quatro anos após a morte do pai, uma parceria comercial fracassou, e Carl se viu "excluído" e em dificuldade quanto ao que fazer a seguir. Durante uma noite de sono agitada, ele se levantou e foi dar uma volta. Mais uma vez, ficou impressionado com a sensação de "parecer mesmo que meu pai e minha avó, que haviam falecido vários anos antes disso, estavam lá comigo e para mim, dando-me força naquele momento de necessidade".

A poderosa sensação que Carl teve da presença de seu pai não acabou com o sofrimento, mas mudou sua perspectiva e se tornou uma fonte de consolo. "Sinto falta do meu pai e gostaria de poder telefonar, estar em sua companhia e passar um tempo com ele. Sofri e fiquei triste, mas não encaro sua perda como uma tragédia. Parece que ele está no lugar em que precisa estar" – um sentimento muito semelhante ao expressado por Adela B. A EMC também mudou o pensamento de Carl a respeito da morte. "Você não sabe de fato até que ponto está preparado, mas me sinto tranquilo em relação a isso. Não sinto medo."

O consolo, no entanto, vem em muitas formas. Pode ser imediato, como no caso de Carl, ou pode evoluir com o tempo. Um aspecto fascinante da experiência de morte compartilhada é a individualidade da interpretação e as mudanças pelas quais o experimentador passa. Madelyn S. cresceu em Nova Jersey no que ela identifica como "um lar judaico bastante ortodoxo", acrescentando: "Não sou tão religiosa quanto minha família, mas sou muito ligada ao judaísmo". Ela era muito próxima da mãe. "Minha mãe era muito carinhosa e amorosa. Meus problemas eram os problemas dela. Quando dei à luz minha filha, ela estava comigo no trabalho de parto e no parto em si." Depois, a mãe de Madelyn ficou e supervisionou tudo em sua casa: "Não precisava fazer nada além de cuidar do meu filho".

Quando Madelyn e o marido se separaram mais tarde, "foi tão doloroso", ela lembra, e acrescenta: "Não tinha falado para minha mãe porque ela o adorava e eu tinha medo de contar a ela". Embora tivesse apenas cinquenta e tantos anos, a mãe de Madelyn já havia sofrido vários derrames devido a complicações de uma substituição da válvula aórtica. "Não queria aborrecê-la. Mas, em determinado momento, estava na casa dela e desmoronei, soluçando em sua cama. E ela me amparou e me embalou. Falou que eu deveria confiar em mim mesma, e que ela me amava. 'Só você sabe o que é bom para você', ela me disse, 'Confie em si mesma.'"

Para a celebração do Memorial Day, a família de Madelyn tinha planos de se reunir na casa de praia dos pais em Nova Jersey. Madelyn lembra que chegaria com um dia de atraso. "Recebi uma ligação dizendo: 'Mamãe teve um derrame, venha para cá.'" Sua família estava em vigília na sala de espera do hospital. "Havia talvez umas quinze ou vinte pessoas orando, pessoas da comunidade,

4. CONSOLO

rabinos, minha família, meus primos, tias, tios. Foi devastador. Minha mãe era a única pessoa com quem eu podia contar."

Quando foi a vez de Madelyn estar no quarto de hospital da mãe, sozinha, ela viu uma "enorme presença, do lado esquerdo, sobre a cama dela". Essa presença pareceu a Madelyn "forte" e "intensa". Isso lhe transmitiu que não havia negociação a ser feita, a decisão final havia sido tomada. Olhando em retrospecto, Madelyn diz: "Senti que o propósito daquela presença era ficar ao lado de minha mãe, protegê-la e conduzi-la". Mas sua reação pessoal naquele momento foi devastadora. "Caí de joelhos e comecei a soluçar. Era como se minha mãe tivesse morrido."

Ao mesmo tempo, Madelyn teve outra sensação – que ela própria estava sendo chamada para prestar contas. Ela descreve a sensação como se "minha alma estivesse sendo examinada. Senti como se estivesse sendo observada, como se tudo o que eu já tinha feito, e quem eu sou, estivesse sob os olhos de Deus. Tive a sensação de ser observada". Ela explica que se sentiu requisitada a explicar quem ela era e o que Deus queria dela, a considerar "que minha vida tem significado e propósito, que minhas ações têm consequências, e o que vou fazer com minha vida? Não houve julgamento", acrescenta. "Foi um testemunho de todo o meu ser, toda a minha vida, tudo o que já fiz."

E na frente dela estava sua mãe, em coma. "Ela ainda estava sendo mantida viva, seu coração ainda pulsava, permanecia respirando artificialmente, enquanto o corpo se deteriorava. Foi tão fisicamente doloroso para mim vê-la naquela condição por tantos dias. Senti que ela precisava ser libertada."

Na sexta-feira à noite, o Shabat, o sábado judaico, chegou, e a mãe de Madelyn ainda respirava por aparelhos. Ela explica que, na tradição judaica, "acendemos velas, as mulheres acendem velas para inaugurar o Shabat ao crepúsculo. Você acende as velas e cobre os olhos enquanto recita a oração. Naquele momento, quando você remove sua mão, volta a ver a luz". Quando Madelyn tirou a mão, "havia uma luz ofuscante que preencheu o quarto para mim. Era tão brilhante que eu não conseguia abrir os olhos. Fui inundada por uma incrível sensação de luz, paz e amor. Foi tão profundo, mais profundo do que qualquer coisa que já havia vivenciado até aquele momento. Podia sentir o amor e a presença da minha mãe, com essa luz e energia que nunca havia sentido". No dia seguinte, Madelyn, então com 32 anos, disse aos médicos que tirassem sua mãe de 59 dos aparelhos de suporte à vida. Ninguém mais em sua família poderia fazê-lo. "Parecia ser o que sua alma e espírito queriam e precisavam. Foi muito significativo para mim, ser aquela que de certa forma libertou a alma da minha mãe."

Essa libertação de uma alma teve outra repercussão para Madelyn. "Senti que ela havia sofrido muito, dadas as condições culturais para as mulheres." Assim como muitas mulheres daquela época, sua mãe "não teve as oportunidades que poderia ter tido. Ela era um espírito livre, mas seu espírito não podia ser expresso em sua plenitude naquela vida".

Após a morte de sua mãe, a família seguiu o costume judaico de luto de dar início ao período de Shivá. "Fizemos uma Shivá muito ortodoxa, em que rasgamos nossas roupas. Sentamos no chão. Não tomamos banho por uma semana inteira. Não trocamos de roupa. Todas as nossas necessidades foram atendidas e podíamos nos concentrar apenas em nossa dor e em nossa mãe." "Isso", acrescenta ela, "foi tão belo e tão significativo. Estava cercada de pessoas o tempo todo. A família não deve ficar sozinha; você deve receber

4. CONSOLO

cuidados. Acho que os judeus fazem isso direito, quando se trata de sofrimento e luto.

"Durante aquela semana de luto, passei a entender e ver minha mãe mais plenamente. História após história, os visitantes compartilharam conosco como ela veio ajudar e apoiar a eles e outros, alguns dos quais ela não conhecia pessoalmente, por meio de atos de generosidade e compaixão com apoio emocional e material. Todos a descreviam como uma *tsaddeket*, em hebraico, que significa uma mulher justa e santa. Ironicamente, embora nunca houvesse tido a oportunidade de se tornar ela própria uma idosa, sentiu que tinha a missão especial de ajudar os idosos e estabeleceu o primeiro centro para idosos em nossa comunidade. No judaísmo, acendemos uma vela em memória e honra de nossos entes queridos no aniversário da morte deles, porque é na morte deles que avaliamos plenamente sua vida. Vim a descobrir isso de uma forma muito pessoal."

Madelyn descreve que vivenciou "uma sensação plena de aceitação da morte da minha mãe. Senti uma elevação, uma leveza". Mas, quando retornou para casa, "estava sozinha com meus dois filhos. Não tinha o meu marido, não tinha minha mãe. Mergulhei em uma depressão profunda depois disso".

Madelyn não conversou sobre sua experiência de morte compartilhada com outros amigos e familiares. "Não sabia como falar com ninguém sobre isso, ou o que dizer. Como alguém entenderia do que diabos eu estava falando?" Mas ela efetuou mudanças na própria vida, inclusive chegando à conclusão de que precisava levá-la de forma mais espiritual. E esta não seria a última experiência de morte compartilhada de Madelyn. Ela se casou de novo, mudou-se para a Califórnia, e ela e o novo marido se tornaram amigos de outro casal, Chayim e Shamaya.

"Chayim era um dos meus amigos mais próximos. Ele era um psicoterapeuta, um instrutor espiritual, um artesão, um baterista e um aventureiro espetacular. Praticava todos os esportes ao ar livre que você possa imaginar; era esquiador, mergulhador, alpinista, trilheiro, marinheiro, canoísta e ciclista. Era bom em todos eles. Tinha um incrível apetite pela vida. Mas também era dado a se arriscar. E não tinha medo de morrer."

Era uma noite de 2016. Madelyn ainda estava em seu escritório, terminando o último trabalho do dia. "Recebi uma ligação de sua esposa, que disse: 'Por favor, ore por Chayim, ele está morrendo'. Ela disse que Chayim havia sofrido um acidente – estava voltando do trabalho de bicicleta e tinha sido atropelado por um caminhão. Fiquei em choque e horrorizada. Comecei a chorar."

Madelyn estava tão abalada que não conseguiu retornar para casa. "Liguei para uma das minhas amigas mais íntimas. Estava surtando, tipo: 'Oh, meu Deus'. E, de repente, tive uma incrível sensação de paz e amor tomando conta de mim. Era uma mensagem, tipo: 'Está tudo bem'. Disse a ela: 'Tisa, não sei o que está acontecendo agora, mas me veio esse sentimento, como se tudo estivesse bem. Tenho uma sensação de paz e contentamento'. Aquilo me acalmou, e eu disse: 'Acho que Chayim está morrendo agora, e acho que ele está me dizendo que está tudo bem, que ele está bem, está tudo bem.'"

Madelyn compara "este sentimento de paz e amor [...] ao que vivi quando descrevi o acendimento das velas e o sentimento que tive com minha mãe". Mas também foi diferente, porque desta vez "senti Chayim, e o senti falando comigo". A velocidade da experiência foi muito poderosa para Madelyn. "Nunca poderia, sozinha, com minha própria consciência, ter passado desse estado avassalador de medo, ansiedade, pânico, angústia e confusão, para aquele estado de paz, aceitação e compreensão."

Algum tempo depois, Madelyn contou a Shamaya sobre o que havia acontecido enquanto estava ao telefone com Tisa, e Shamaya respondeu que a experiência de Madelyn ocorrera no momento em que Chayim faleceu. "A experiência toda impactou por completo a forma como vivi o luto, como eu sofri", acrescenta Madelyn. "Foi um nível de aceitação, que esse era o caminho dele, estava tudo bem, mesmo que a tristeza e a perda pessoal me acompanhem até hoje."

Desde então, Madelyn sonhou com Chayim e descreve que o viu "do outro lado". Mas ela também sonhou mais recentemente com a mãe. No sonho, "ela estava tão linda, tão radiante, e tinha pernas fortes, como uma ginasta. Podia vê-la muito feliz por ter seguido em frente, transformada. Senti também minha própria dor, por tê-la perdido. Mas, por ter essa noção do espírito da minha mãe, por sempre ter sentido do que ela precisava para poder vivenciar e se expressar, estou muito feliz. E constatar o nível de sua própria força, acho que para mim aquelas pernas de ginasta eram algo como 'ela está tão forte, ela poderia se sustentar com suas próprias pernas e realizar façanhas incríveis'".

Com estas duas EMCs diferenciadas, uma envolvendo a mãe e a outra, Chayim, Madelyn vivenciou uma variedade de elementos de EMC: energia, emoção avassaladora, clareza amplificada e luz brilhante. Semelhante a outros experimentadores da EMC, que conheceremos mais adiante no livro, Madelyn sentiu um profundo consolo de sua conexão com Chayim nos momentos em torno de sua morte. Mas, como sua descrição também transmite, parte da experiência com Chayim a ajudou a mudar para um novo patamar de compreensão em relação à perda anterior da mãe – muito semelhante ao que Michelle J. encontrou após sua EMC com a filha, Grace, e como isso a ajudou a reformular e ressignificar a experiência anterior com seu filho, Michael.

Como os casos de Carl e Madelyn demonstram, a EMC fornece um contexto diferente para avaliar, entender e, finalmente, aceitar a morte. Na maioria dos casos, ter uma EMC não causa um curto-circuito no processo de luto e saudade de um ente querido. Mas o que isso faz é mudar a maneira como os vivos veem sua perda. Um número significativo de participantes de uma EMC relata sentir maior paz e aceitação da morte; descrevem o ente querido como tendo se mudado para um espaço diferente. Para alguns poucos, cerca de 10% dos casos que estudamos, o processo de luto é radicalmente alterado; percebem-se tendo sentimentos de felicidade e alegria.

Dessa maneira, a EMC auxilia diretamente as pessoas a lidar com seu luto pessoal. Em vez de ficarem com um sentimento de conclusão finita e irreversível, que rompe por completo um relacionamento no momento da morte, aqueles que são deixados para trás são enriquecidos pela sensação de que os entes queridos que partiram estão vivos e bem em uma benévola vida após a morte. Como pesquisadores, é interessante para nós ver como Carl e Madelyn, por meios diferentes, também começaram a desviar o foco de sua atenção para uma vida mais espiritualizada após a perda do pai e da mãe, respectivamente. Isso ocorreu apesar de terem crescido em diferentes tradições religiosas e cada um ter uma visão diferente da fé religiosa.

Uma das muitas perguntas que ouvimos de quem já passou por uma EMC e de outros que buscam entender o processo é por que certas pessoas são selecionadas para a experiência de EMC. Como vimos com Madelyn e Chayim, mas também com Alison e Wendy,

4. CONSOLO

às vezes não é um cônjuge ou membro da família que é o destinatário direto da comunicação da pessoa falecida. Isso pode ser difícil para outros membros da família do morto – assim como a questão de por que um membro da família pode ser escolhido em detrimento de outro. De fato, Madelyn afirmou que não se sentia à vontade para discutir a EMC que teve com a mãe com os próprios irmãos. Voltaremos a essa questão e às ideias de nossos experimentadores sobre por que eles podem ter sido selecionados à medida que avançamos por outras facetas da EMC, mas muitas vezes a disponibilidade e receptividade de um indivíduo à EMC desempenham certo papel. Quanto mais casos estudo, mais me convenço de que as EMCs muitas vezes funcionam como uma importante forma de comunicação, com uma mensagem significativa destinada em específico a quem a recebe. Em alguns casos, a comunicação da EMC também se destina a ser compartilhada com outras pessoas, familiares ou amigos próximos, ou mesmo a ser divulgada para um público mais amplo.

5

TORNE-SE UM GUIA

POR MILHARES de anos, os seres humanos de todo o mundo concordaram em uma coisa: a ideia de que a alma precisava ser guiada para alcançar a vida após a morte. Em muitas tradições, alcançar a vida após a morte exigia literalmente um processo de trânsito; os antigos egípcios produziram o próprio "itinerário" para o *Duat* (*O Livro Egípcio dos Mortos*), enquanto os budistas tibetanos descreveram a passagem dos mortos pelos diferentes estados do bardo em seu *Bardo Thodöl*, ou *O Livro Tibetano dos Mortos*. Quem recebia a honra de acompanhar o falecido variava entre culturas e práticas. O mundo antigo muitas vezes imaginou deuses como guias; religiões posteriores, o cristianismo e o islamismo em particular, identificavam anjos. Figuras de animais eram também com frequência

5. TORNE-SE UM GUIA

apontadas como guias. Para os galeses e os antigos astecas eram os cães, para a Grécia Antiga, as abelhas, e o Japão e algumas culturas sul-americanas identificavam-nos como pássaros. Nas tradições peruanas pré-colombianas, o condor, com suas garras afiadas e protetora envergadura de três metros, era o guia designado para a vida após a morte, voando alto na atmosfera até o ponto da invisibilidade. Em outras culturas, como entre os inuítes do Alasca e os povos indígenas australianos, recorreu-se à astronomia, especificamente à Aurora Boreal ou Barnumbir, a estrela do norte australiana. Xamãs e ancestrais falecidos também podem ser selecionados para desempenhar esse papel. Embora, em geral, criaturas ou formas não humanas sejam mais propensas a acompanhar os mortos, na Europa medieval alguns mosteiros ofereciam cuidados de "abrigo" aos moribundos e os acomodavam em enfermarias localizadas perto de capelas. O canto dos monges tornou-se uma forma de cuidado paliativo, para aliviar a dor e o sofrimento e guiá-los para a próxima vida.

Acompanhar o moribundo muitas vezes aparece como parte da experiência da EMC quando um jovem falece. Se você pensar nos primeiros casos, Liz e Michelle, que perderam bebês prematuros, cada uma tinha histórias muito claras de acompanhamento desses bebês. Mas pode ocorrer com adultos também, em graus variados. Gail O. e Cristina C. descrevem aspectos do acompanhamento. Com base em nossa pesquisa e entrevistas de caso, existem várias características específicas associadas ao acompanhamento do moribundo: ele tende a ocorrer como uma experiência fora do corpo ou em um reino visionário. Também é comum estar ciente de jardins, castelos, regiões sobrenaturais, ou mesmo um vazio. O experimentador sente de forma esmagadora que adquiriu um conhecimento especial, e também há, de modo invariável, algum tipo de fronteira ou limite que o experimentador não tem permissão para ultrapassar. O caso de Scott T. destaca esses elementos centrais.

• • •

Scott cresceu em Mankato, Minnesota, a cidade que ficou famosa pela série clássica de livros infantis de Laura Ingalls Wilder, *Os Pioneiros* (*Little House on the Prairie*, 1974-1983). "Fica no sul do estado, no limiar da planície. Parecia muito com *Leave It to Beaver*. As mães usavam aventais, as crianças saíam para praticar esportes, era um lugar adorável e comum." A família de Scott administrava uma pequena rede de lojas locais. Depois da faculdade em Iowa e de uma bolsa de estudos para a faculdade de Administração na Northwestern, Scott foi trabalhar para a loja de departamentos de Dayton, "uma grande loja de varejo". (Mais tarde se tornaria Macy's e sua outra divisão, Target.)

"O varejo é um ambiente brutal para se trabalhar, e aguentei cerca de dois anos e meio e depois disse: 'Que loucura'. Lembro que tive um dia muito ruim e recebi uma ligação do meu pai dizendo: 'Scott, um gerente de loja acabou de se aposentar e acho que talvez você queira voltar e se juntar às lojas da família'. Naquele momento, pareceu uma boa ideia."

Scott estava trabalhando na venda e liquidação pós-Natal na loja da família em Owatonna, Minnesota. Ele lembra: "Estava na área de vendas do departamento masculino enquanto minha equipe almoçava e uma mulher linda entrou. Eu disse 'Uau'". Mary Fran estava com sua irmã, Jannie, e elas procuravam presentes para o aniversário do pai. "Peguei o nome dela, pedi seu número de telefone, liguei para ela e disse: 'Ei, atendi você na loja de departamentos, gostaria de ir ao cinema?'."

5. TORNE-SE UM GUIA

Mary Fran disse que sim. Scott foi buscá-la na casa dos pais dela, depois da festa de aniversário do pai. Entre os numerosos familiares estava Nolan, seu filho de 6 anos. Mary Fran não era casada quando engravidou, e o pai do bebê negou ser o pai da criança. Sua família era católica e muito religiosa, e seus pais a repudiaram, banindo-a de casa. Ela tinha 18 anos. Mary Fran mudou-se para a Califórnia, e foi morar com Jannie. Somente quando Nolan tinha 5 anos seus pais buscaram uma reconciliação, não querendo perder a oportunidade de conhecer o primeiro neto.

"Mary Fran foi muito cautelosa com os sentimentos de Nolan", explica Scott. "Namoramos por cerca de quatro meses antes de eu conhecê-lo." Como Nolan não tinha contato com seu pai biológico, Mary Fran explicou a Scott que seu filho muitas vezes esperava que qualquer homem com quem ela namorasse se tornasse seu "novo pai".

Scott lembra: "Vinha jantar e saíamos para cavar minhocas juntos porque ele gostava de pescar". Os três iam ao cinema e andavam de bicicleta, "o tipo de coisa que se faz com uma criança de 6 anos". Então, em junho, Scott, Mary Fran e Nolan passaram um fim de semana em uma pequena cabana no lago que era propriedade dos primos de Scott. "Estávamos na fase eufórica de um relacionamento e começávamos a nos conhecer." Ele se lembra de Mary Fran como "atraente, inteligente e muito engraçada", com "um coração muito afetuoso. Isso é importante para mim. Em particular, ela era muito sensível a pessoas que tiveram eventos em sua vida que as colocaram em uma situação de desvantagem, como ela. Estava quase terminando o colégio e queria ir para a faculdade de Direito e se tornar uma defensora infantil nomeada pelo tribunal".

Era 6 de julho de 1981. Scott trabalhava na loja da família em Mankato, e Mary Fran e Nolan estavam velejando. "Ela estava tendo aulas de vela na Universidade Estadual de Mankato, e Nolan brincava na praia, assistido por uma babá, uma menina de 12 anos chamada Kristen, que por acaso também era filha de um dos meus funcionários. Eu era o gerente de plantão naquela noite. Uma chamada chega, é encaminhada para o meu escritório e é do hospital. Uma enfermeira perguntava se eu sabia onde a mãe e o pai de Kristen estavam." Scott se ofereceu para entrar em contato com eles e perguntou por quê. A resposta: Kristen sofrera um acidente de carro e seus pais precisavam buscá-la.

"Eu disse: 'Oh, não. O que você quer dizer com ela sofreu um acidente?'. Ela estava cuidando de Nolan. Então, isso significava que Mary Fran e Nolan estavam no carro com ela." Scott perguntou sobre os outros dois passageiros, Mary Fran e Nolan. A enfermeira informou: "'Mary Fran não responde'. Tive que perguntar o que isso queria dizer. E Nolan sofrera um ferimento na cabeça e tinha acabado de sair do hospital Mankato a caminho da Clínica Mayo, em Rochester. Foi assim que descobri".

Mary Fran tinha morte cerebral, mas estava sendo mantida viva em um ventilador mecânico. (Por incrível que pareça, ela se tornou a doadora do primeiro transplante de coração da Clínica Mayo.) Nolan passou seis dias, inconsciente, na Clínica Mayo. Toda a família de Mary Fran – irmãos, cunhados e cunhadas, tias, tios, primos – ficou em vigília. Scott e sua família também estavam lá. "Isso foi duplamente trágico – por causa das circunstâncias em que eles ficaram separados por tanto tempo e depois voltaram e foram recebidos pela família." À medida que a vigília prosseguia, "dividimos o tempo em blocos de duas horas, e cada um foi ficar com Nolan durante esse tempo. Jannie e eu tínhamos o turno das três às cinco da manhã no sexto dia. Conversávamos com Nolan e

5. TORNE-SE UM GUIA

líamos para ele, porque sabíamos que o último sentido a ser perdido é a audição.

"Eram quase cinco da manhã, quando nosso turno acabava, e Jannie, que era enfermeira do pronto-socorro, foi até a extremidade da cama e verificou o prontuário. Isso era na época das pranchetas. Ela pegou o histórico, olhou para os monitores e disse: 'Scott, está na hora'. Estendeu a mão e nos sentamos perto da cabeça de Nolan. Jannie disse a Nolan que ele havia sido um menino muito corajoso e que nós o amávamos tanto por lutar do jeito que ele lutara para se manter vivo. Mas que, se sua mãe viesse, deveria ir com ela, porque estava bem claro que ele não iria sobreviver. Então, tive a chance de me despedir e voltamos para a sala de espera.

"Agora, você conhece hospitais; salas de espera não são tão grandes. Você coloca quarenta, cinquenta pessoas em uma sala de espera, dormindo no chão e enroladas em cadeiras, é uma bagunça. A enfermeira entrou e disse que os sinais vitais de Nolan estavam diminuindo. Todos nós nos levantamos, entramos no quarto e acabou que eu fui uma das últimas pessoas a entrar, e foi assim que acabei sentando no parapeito da janela."

O que Scott viu, quando o coração de Nolan parou de bater no monitor, "foi Mary Fran vindo e retirando Nolan de seu corpo físico". Mãe e filho se abraçaram, e então se viraram para Scott "e me abraçaram. E então nós três mergulhamos na luz clara". Scott descreve a luz como uma "luz abrangente e brilhante ao extremo. Tudo ao redor simplesmente emana a luz do universo. Tudo, a mesa, as cadeiras, você, eu, tudo mesmo. De repente, você começa a enxergar com esses olhos que estão cientes de que somos todos feitos exatamente da mesma coisa. E é o amor do universo. Você é a luz". Scott a descreve como estando tanto no quarto quanto em outra dimensão:

"Estou na sala, mas também entrei em outra dimensão que é simultânea àquela em que estou". Ele estava ciente da dor ao redor, mas, ao mesmo tempo, "estou com Mary Fran e Nolan e estamos tendo um momento de união. Estou com eles, e eles estão comigo, e eu sou um com o todo. E é incrivelmente centrado no coração, você de fato está imerso no amor do universo". Cinco ou dez minutos se passaram, até que "Mary Fran e Nolan se viraram e foram embora".

Scott não contou a ninguém sobre sua experiência. "Parecia algo que eu não poderia partilhar com a minha família e comunidade presbiteriana. Há uma preciosidade na experiência que você não quer que ninguém mais adentre." Ele ficou em silêncio por quinze anos. Enquanto isso, voltou a trabalhar nas lojas de departamento de sua família, até que as lojas fecharam no início dos anos 1990, duramente atingidas pela recessão. Tornou-se mentor de pequenos empresários em Minnesota, casou-se e praticou seu esporte favorito, o *curling*. Também obteve um doutorado em Liderança Educacional, optando por escrever uma dissertação sobre experiências de quase morte. Por fim, começou a descobrir uma linguagem para o que havia vivenciado naquele quarto de hospital.

Anos depois, teve uma conversa com a irmã mais nova de Mary Fran, que também estava presente, mas sentada no lado oposto do quarto. Scott lembra: "Virei-me para ela e disse: 'Sabe, algo muito estranho aconteceu comigo quando Nolan fez sua passagem. E estava me perguntando se, por acaso, algo realmente estranho acontecera com você'. Ela olhou para mim, os olhos muito arregalados". Scott lhe pediu que compartilhasse sua história, e ela o fez – era exatamente a mesma sequência e o mesmo tipo de linguagem. "Foi uma confirmação independente do que fora minha experiência, exatamente como a vivenciei, exatamente ao mesmo tempo.

5. TORNE-SE UM GUIA

Quando tive essa conversa com ela, foi aí que todas as dúvidas persistentes que tinha sobre minha experiência ser real acabaram", diz Scott. "Por completo. Todas elas se foram."

Scott refletiu sobre sua EMC matinal e estudou-a. Ainda assim, observa: "É realmente difícil descrever como é estar no mundo físico e, ao mesmo tempo, estar em outro lugar que é o extraordinário espaço do amor divino". Ele acha que foi "escolhido porque acredito que na mente de Nolan – e é ele quem está fazendo a transição – sou o pai dele. Ou viria a ser".

Scott também começou a estudar meditação. Ele observa que continua tendo a sensação de que "Nolan sempre tem estado comigo. Se você pensar nele como um anjo da guarda, ele está bem ali. Conheço e sinto sua presença".

Não há, no entanto, uma maneira única de "acompanhar os moribundos" que distinga uma EMC. Às vezes, o experimentador da morte compartilhada pode ser chamado a agir mais como um guia real, ajudando de forma explícita o falecido a se mover em direção à passagem para a vida após a morte. Essa capacidade de agir como guia também pode ter um efeito transformador em quem fica. Esse é o caso de Jeanne D. e Mark T. De particular interesse é que nem Jeanne nem Mark estavam com seus entes queridos – seus pais – perto da hora da morte; ambos estavam a mais de 1.500 quilômetros de distância. Estavam, no entanto, ambos em veículos em movimento, Jeanne em um avião e Mark em uma caminhonete. E, em uma nota de rodapé geográfica curiosa, ambos se encontravam na área metropolitana de Nova York. Eles compartilharam a história deles.

Jeanne D. cresceu em uma pequena cidade no Missouri, filha de mãe menonita e pai metodista. Ela era a caçula de quatro filhos, "uma criança inesperada", como ela diz, que nasceu quando os pais passavam por uma série de dificuldades econômicas. Ela descreve seu pai como um "típico pai dos anos 1950 e 1960", acrescentando que era muito ocupado, mas também muito amoroso. Veterano da Marinha, deixara a fazenda da família durante a Segunda Guerra Mundial, terminara a faculdade com o auxílio do GI Bill e se tornara um horticultor. Era um ávido jardineiro e viveirista que ajudou a plantar pomares em toda a América do Norte. Ele enfim começou um bem-sucedido viveiro de plantas no Oregon com os irmãos de Jeanne.

"Ele era muito ligado à natureza", lembra Jeanne. "Sua verdadeira igreja estava no jardim. Frequentava a igreja por minha mãe. Dizia que era uma 'boa instituição social', mas não parecia acreditar muito nas coisas espirituais. Preferia ser o prefeito de seu bairro." Quando tinha seus oitenta e tantos anos, sua saúde começou a se deteriorar. "Meu pai viveu até uma idade avançada, mas, no final, teve insuficiência cardíaca congestiva e fibrose pulmonar." Enquanto estava na UTI após uma cirurgia cardíaca, teve o que Jeanne acredita ter sido uma experiência assustadora de quase morte. Seus olhos lacrimejaram quando ele contou a história mais tarde. "Ele disse: 'Achei que tinha morrido; era tudo preto [...] e ninguém estava lá.'"

Jeanne, que havia trabalhado em cuidados paliativos e feito um estudo considerável da consciência no fim da vida, sentiu-se melhor. Ela se lembrou de uma visita em que brincara com o pai sobre "o outro lado", dizendo: "O outro lado não é tão ruim assim, pai". Sua resposta prática foi: "Mais vale um pássaro na mão do que dois

5. TORNE-SE UM GUIA

voando" – significando que ele achava melhor estar no mundo que conhecia do que em uma vida após a morte desconhecida.

"Eu realmente queria estar lá para a morte dele, mas acho que meu pai não me queria lá", diz ela. "Na minha mente, pensei: 'Tudo bem, sei como os processos de declínio funcionam, haverá um ponto em que estarei lá'. Claro, não foi assim que aconteceu." O pai de Jeanne entrou em declínio em um domingo. "Meu irmão me ligou, muito assustado." Mas Jeanne achou que levaria três ou quatro dias, e a enfermeira da instituição de longa permanência para idosos do pai concordou. "Reservei um voo para terça de manhã. Mas por volta das nove da noite da segunda-feira, de repente tive um forte desejo de ligar para ele e dizer que o amava." Ela discou o telefone, sua irmã atendeu e disse: "'Oh, Jeanne, ele acabou de falecer'. Liguei no momento da morte".

Era o início de novembro de 2012. Nova York, onde Jeanne morava, ainda estava se recuperando da devastação da supertempestade Sandy. "Grandes partes da velha árvore de bordo que tanto amávamos caíram e estavam no chão com um monte de árvores que perdemos no furacão. Todas essas árvores mortas ali caídas eram uma imagem muito evocativa para mim enquanto eu dirigia para pegar o avião para ir ao funeral do meu pai."

Quando Jeanne embarcou no voo matutino, "foi o primeiro momento em que fiquei sozinha. Mesmo estando cercada por outras pessoas, estava sozinha comigo mesma e enfim tive um momento para meditar." Após a decolagem, ela fechou os olhos. "Foi quando vi papai.

"Era um rosto jovem, ele quando jovem. Seu rosto parecia estar bem perto do meu, e ele estava apavorado." Assustada, Jeanne abriu os olhos. "Estou falando de meu pai, que não era uma pessoa muito espiritualizada. Na verdade, senti-me desconfortável, porque, embora eu seja uma pessoa espiritualizada, ele nunca fez parte da minha vida espiritual. Não sabia como me conectar com ele. Era tipo: 'Caramba, ele está aqui. E agora?'." Jeanne saiu de seu assento, foi até o banheiro e, quando retornou, tornou a fechar os olhos. "Era como *Alice no País das Maravilhas*", recorda, observando que teve de entrar naquele "espaço" com ele, onde "eu poderia colocar meu braço em volta dele". Estavam juntos no que ela descreve como "um espaço vazio. Não havia nada além de escuridão, ele e eu, e o terror em que ele estava imerso. Parecia exatamente com como ele havia descrito sua EQM, só que eu podia ver um ponto de luz atrás dele. Podia ver, mas ele não."

"Percebi que ele tinha de chegar à luz, mas não conseguia de jeito nenhum fazê-lo se virar para que pudesse vê-la." Jeanne descreve seu pai como um ser realmente sociável, um organizador de festas. "Pensei: 'Bem, sou filha dele, ele não está me ouvindo, mas se fizermos uma festinha aqui, eles podem ajudá-lo'. Ele precisava daquela grande novidade porque estava com muito medo." Jeanne começou a se concentrar em convocar uma "festa de boas-vindas". Quando ela viu seu pai se juntar à celebração e se reorientar em direção à luz, "percebi que queria caminhar com ele. Coloquei-me de volta na cena, e andava e conversava com ele. Ele agora está alegre, e estou alegre por ele estar alegre. Estamos caminhando e conversando".

Jeanne se lembra de terem falado sobre muitas coisas. "Ele desejava que um bom obituário com uma foto fosse enviado ao *Oregonian*. Essa era a única coisa que queria; não se importava com o tipo de caixão", e ela lhe disse que o obituário que escreveram para ele e mandaram para o jornal "ficou ótimo. Eu lhe disse quanto o amava, quanto era grata, coisas que havia lhe dito muitas vezes, mas era diferente naquele espaço.

5. TORNE-SE UM GUIA

"Claro, agora a luz está ficando cada vez maior, e estamos caminhando enquanto esse amor se abre e nos conectamos. Não demorou muito para que estivéssemos em uma abertura circular com luz vertendo dela. Era como olhar para um bueiro, só que estava em pé à nossa frente, e havia pessoas espiando de lá. Era sua tia Bernice, irmã dele, e seus pais.

"Isso ainda me comove muito, a alegria de poder dar a ele esse presente de ajuda. Acredito de verdade que meu pai teria encontrado seu caminho porque ele era um homem de bom coração, mas teria sido muito mais difícil. Ele estava perdido."

Jeanne recorda um "momento de reencontro e verdadeiro júbilo, mas não pude ir mais longe". Jeanne havia chegado a um limite, característica comum na experiência da EMC. Ela descreve a sensação com a analogia de "uma estação de trem, quando você está embarcando seu filho em um trem. Estava deste lado com papai, entregando-o, no fim das contas, a eles". Jeanne descreve ter sentido naquele momento "amor absoluto e acolhimento, a reunião após uma provação longa, muito longa, tipo: 'Oh, meu Deus, você está aqui, você está em segurança'. Segurança, consolo e amor".

Pai e filha se despediram um do outro e ambos prometeram manter contato. "Vou ouvi-lo por entre as árvores", Jeanne diz que falou para ele. Ela ficou particularmente comovida com aquele momento, porque "um grande foco de sua vida tinha sido fazer negócios com meu irmão; o que as meninas faziam na minha família não era muito importante. Agora, ele estava me enxergando. Compreendia, de alguma forma. Olhava-me de um modo diferente".

Então, de repente, eles se separaram e a cena cessou. "Voltei a ser Jeanne em um avião, abrindo os olhos e dizendo: 'Nossa. Isso foi real?'" Ela anotou sua experiência e até riu de uma piada cósmica final. O voo de Jeanne ocorreu no dia da eleição de 2012; seu pai, um republicano de longa data, havia realizado sua votação pelo correio antes de morrer, enquanto Jeanne perdeu a oportunidade de votar no segundo mandato presidencial de Barack Obama. "Mesmo morto, ele conseguiu votar", ela acrescenta com uma risada.

Sua experiência teve um impacto transformador. "Claro que sofri. Mas eram mais lágrimas de alegria. Era a hora dele, e era mais gratidão e aceitação pelo presente de sua vida. Também me permitiu passar pelo luto sem muita dor, com a sensação de ter participado. Se não tivesse acontecido, acho que teria ficado muito mais angustiada por não ter estado lá. É provável que me sentisse culpada, desconectada, confusa. Em vez disso, havia uma sensação de conexão e paz porque sabia que ele estava bem."

Dezoito anos antes da experiência de Jeanne, Mark T. teve um encontro surpreendentemente semelhante com seu próprio pai. "Meu pai nasceu em 1929 em Alberta, Canadá", explica Mark. Ele cresceu em uma família de agricultores e foi criado para ser agricultor, embora um conselheiro do ensino médio tenha sugerido que ele daria um bom padre. O pai de Mark se irritou com a ideia, mas Mark acrescenta: "Meu pai era um ouvinte muito bom e ouvir com atenção era algo que ele podia oferecer aos outros". As pessoas eram atraídas por ele, e ele criou o próprio "rebanho".

"Meus pais compraram um *pub* no sul da Colúmbia Britânica. A idade legal para beber na Colúmbia Britânica é 19 anos, e meu pai dizia: 'Ah, ainda sou agricultor. Todo ano tenho uma nova safra de jovens de 19 anos'. Ele tinha todos esses rapazes e moças lutando para descobrir o que fazer com sua vida, relacionamentos e

5. TORNE-SE UM GUIA

trabalho. Meu pai se reunia com eles até às três, quatro ou cinco da manhã, e conversava. Era uma pequena cidade de 6 mil habitantes, e, quando ele faleceu, havia mil pessoas em seu funeral. Ele era uma pessoa muito querida.

"Como qualquer relação entre pai e filho, tivemos nossos problemas. Lembro-me de que durante minha adolescência com certeza me senti frustrado com ele e senti que meu pai tinha doado muito do seu tempo para outras pessoas, e a consequência foi que não tive o tempo que achava que deveria ter com ele."

Embora houvesse se formado como programador de computador, Mark passou quase oito anos ajudando o pai a administrar os negócios da família, antes de deixar o Canadá e se mudar para Denver. "Eu basicamente disse: 'Pai, você sabe, meu maior medo é que você fique decepcionado comigo se eu for embora'. E meu pai ficou ali quieto, com o olhar perdido, e então me encarou e falou: 'Mark, durante toda a sua vida eu o criei para ser dono do seu próprio nariz, para tomar suas próprias decisões. Se você permanecesse aqui e não estivesse entusiasmado com isso, aí sim eu ficaria decepcionado com você'. Foi quando me senti livre de verdade para seguir o caminho que deveria seguir neste mundo.

"Em 1998, quando tinha quase 30 anos e meu pai estava com 69, voltei para o Canadá por um breve período e percebi que ele não estava bem. Não sabíamos de fato o que havia de errado, mas sabíamos que ele estava muito doente.

"Em sua lista de desejos constava construir uma garagem, então, fiquei tipo, 'Tudo bem. Vamos construir uma garagem'. Todas as manhãs, depois do café da manhã, ele e eu saíamos. Nós armamos a estrutura da coisa toda, colocamos todo o concreto, levantamos todas as paredes. Aí, depois do almoço, ele ia para o porão, onde era agradável e fresco, e se deitava em um sofá-cama. E eu o acompanhava e conversávamos.

"Não percebi na época a bênção que aquilo foi, mas todos os problemas entre nós [...] um por um, à nossa maneira, pudemos permitir que viessem à tona e os abençoássemos e os deixássemos para trás e obtivéssemos perdão, uma paz. Quando fui embora, cerca de um mês depois, não havia outra coisa senão amor e compaixão."

Uma das paixões de Mark era a Tracker School. Em 1988, ele estava estudando para ser programador de computador e analista de sistemas. "Eu sem dúvida era o epítome do aluno aplicado, então, passava muito tempo na biblioteca, porque era de graça", lembra Mark. Ele lia todas as revistas que encontrava e uma variedade de livros. Enquanto perambulava pela seção de natureza, encontrou "dois pequenos livros de cor marrom. O primeiro livro cheirava a pinheiro queimado e floresta. Seu título era *Tom Brown's Field Guide to Wilderness Observation and Tracking* [Guia de Campo de Tom Brown para a Observação e Rastreamento da Vida Selvagem]. E o outro livrinho marrom era o *Tom Brown's Field Guide to Wilderness Survival* [Guia de Campo de Tom Brown para a Sobrevivência na Selva]. Devorei os dois". Ele também se matriculou nas aulas de Tom Brown. "Uma das coisas que Tom dizia é: 'A natureza inteira está sempre falando conosco o tempo todo. Mas o problema é [...] que nossa mente consciente lógica é como uma banda de metais de vinte instrumentos que está tocando no volume máximo. E, assim, não conseguimos ouvir essas mensagens que a natureza tem para nós porque aquela banda de metais é muito alta. E o que temos que fazer é aprender a diminuir o volume aos poucos até que, por fim, sejamos capazes de, quando quisermos, desligar a banda e de fato escutarmos o que a natureza está nos dizendo'.

5. TORNE-SE UM GUIA

"É como a diferença entre conhecimento e sabedoria, certo? Conhecimento é saber que um tomate é um fruto. Sabedoria é saber não colocá-lo em uma salada de frutas." Tom acreditava firmemente na meditação, e Mark também iniciou a prática meditativa. "A ideia é que, se pudermos aprender a usar essas técnicas meditativas de maneira dinâmica, nos momentos em que realmente precisarmos, teremos a chance de desligar a banda de metais e realmente ouvir o que a natureza e minha própria voz interior estão me dizendo. E podemos partir daí."

Mark recebeu uma oferta de emprego na Tom Brown's Tracker School, localizada ao lado da reserva natural de Pine Barrens, em Nova Jersey, mas seu pai tinha acabado de ser diagnosticado com câncer de pâncreas. "A taxa de sobrevivência do câncer de pâncreas é péssima", observa Mark. Mas seu pai lhe disse: "Não quero que fique. O que há aqui para que fique? É bem provável que eu vá morrer, então, que importa?".

"Compreendi o que ele dizia. Era isto: não há mais nada para resolver. Estamos entendidos. Assim, mudei-me para Nova Jersey e comecei a trabalhar para Tom Brown. Fui enviado para a floresta para duas semanas de aulas. A essa altura, meu pai estava no hospital. Tive a chance de falar com ele uma vez por telefone, mas estávamos na década de 1990, a conexão de celular era muito instável. Só consegui conversar com ele por alguns minutos, e ficou claro que ele estava partindo. Podia sentir isso no meu corpo."

Quando as duas semanas terminaram, Mark estava voltando para sua casa com um amigo. "Estava supercansado; não tinha dormido muito. Deitei o banco do carro e, assim que fiz isso, pude sentir meu pai."

Mark descreve uma "necessidade esmagadora de ir ver como ele estava. Então, eu me enviei, em espírito, para o hospital onde sabia que ele estava internado. E, quando cheguei lá, ele era apenas o espectro de um homem. Meu pai costumava ser um cara grande, com 1,88 metro de altura, cerca de cem quilos, forte como um touro. Nada o intimidava fisicamente. Mas agora ele estava emaciado. Lembro-me de ir até a lateral de sua cama e dizer a ele: 'Pai, por que não se vai, simplesmente? Mamãe vai ficar bem. Todos nós, seus filhos, vamos ficar bem. Você pode partir. Não há mais nada prendendo-o aqui'.

"E ele olha para mim, e não há surpresa em seu rosto por eu estar lá conversando com ele, mas havia certa perplexidade, e ele respondeu: 'Não sei como. Não sei como.'" Mark havia estudado uma meditação sobre vida e morte, especificamente sobre como conduzir alguém perto da morte para a luz. "Soube de imediato, assim que estava lá com meu pai, que era exatamente isso que precisava fazer. Eu o peguei, ele estava leve como uma pluma. Como se não houvesse restado quase nada dele. Comecei a meditação, caminhando por aquela trilha em particular, e, então, em determinado ponto, virando, subi os degraus e caminhei em direção à luz.

"Depois que subi os degraus, seu corpo etéreo ficou cada vez mais forte, até o ponto em que consegui colocá-lo no chão, e ele caminhou comigo. E assim, caminhando lado a lado, eu o levei para a luz. Quando chegamos perto dela, havia como uma porta com luminosidade irradiando dela, era inacreditável. E minha avó, que tinha um relacionamento muito, muito próximo com meu pai, sai dessa luz. O meu pai... a expressão em seu rosto era tão serena e bela. O olhar de alegria quando ele avistou minha avó foi um olhar que eu não via em seu rosto há anos e anos e anos. E ele foi lá, abraçou-a e não parou de abraçar e, nesse ponto, meu tio também saiu da luz. Ele se juntou ao abraço e, para os três, a alegria era inacreditável.

5. TORNE-SE UM GUIA

"Nenhum deles me tocou e não falaram comigo. Deixaram muito claro que eu não fazia parte daquele grupo. A minha tarefa estava concluída. Havia levado o meu pai até lá e agora era com eles; foi assim que me pareceu. Então, meu pai se vira e olha para mim e, com um sorriso enorme no rosto, diz: 'Não sabia que era tão fácil'. E os três se viraram e caminharam para a luz.

"Quando me dei conta, tinha voltado a mim no banco da caminhonete do meu amigo Brian, e estávamos chegando à casa da fazenda; sentia-me exausto e também incrivelmente emocionado com essa experiência. Falei: 'Preciso ir para a cama'. Acordei na manhã seguinte e o telefone tocou. Era meu irmão dizendo: 'Papai faleceu'. Respondi: 'Sim, eu sei'. E sabia mesmo.

"Ele morreu cerca de três horas depois da minha experiência. Não há dúvida em minha mente de que o que aconteceu lá foi o meio como ele conseguiu fazer sua transição para atravessar. Seu corpo fora devastado pelo câncer. Ele só estava se aguentando por pura determinação e força de vontade. E foi exatamente isso que ele me disse, que não sabia como. Não sabia fazer a travessia. E meu trabalho era ajudá-lo a atravessar."

Mark escreveu sua experiência imediatamente depois do evento. "Estava tipo 'Preciso escrever isso ou vou esquecer.'" Mas ele também observa que, quando se lembra da história, pensa principalmente em imagens, em vez de palavras. "Não sei se tenho muitos detalhes sobre como era esse caminho, mas não se parecia com estar em uma noite escura. Era como se não houvesse nada. E nesse nada estava aquela fulgurante entrada arqueada. Olhar para ela não ofuscava a vista. Não doía. Tinha profundidade e tinha personalidade. Não era apenas uma espécie de brilho constante. Parecia que havia qualidades diferentes na luz, partes dela eram mais brancas e partes mais amarelas, e definitivamente não era estática. Era muito dinâmica a maneira como essa luz estava se movendo."

Quanto à sua avó e tio, Mark diz que sentiu "suas assinaturas energéticas" mais do que tudo. "Acho que minha mente lógica coloca suas características nas assinaturas energéticas, mas não posso dizer que me lembro definitivamente de vê-los como aparições físicas." Refletindo, Mark acrescenta: "Acho que a característica definidora que de fato se destaca para mim é a sensação de consciência. De que aquela luz era consciente".

Desde então, Mark repensou a própria postura sobre a morte e o morrer. "Em algum ponto no futuro, será a minha vez de falecer, e eu me sinto muito à vontade com isso. A lei natural é nascimento, morte e renovação. E estamos mais vinculados pela lei natural do que pela lei humana. Escolhemos acreditar que a lei humana é algo que podemos colocar acima da lei natural ou da lei espiritual. Mas não é verdade.

"Dois anos depois que meu pai morreu, tive um sonho. Andava por uma estradinha de terra de duas vias, e meu pai estava parado no caminho; quando caminho até ele, ele coloca os braços em torno de mim, abraçando-me, e diz: 'Oh, Mark, estou tão orgulhoso de você'. Tanto amor emanava dele. Nós nos abraçamos por muito tempo. Lembro que, naquele sonho, tinha que me afastar dele e continuar andando. Então, a estradinha se bifurcava, uma via para a esquerda, outra para a direita. Fiquei ali olhando para a esquerda e para a direita, e tinha que escolher qual caminho seguir. Depois que acordei daquele sonho, percebi: 'Ok. Entendi'. Era como se em determinado ponto eu tivesse de ir além do meu pai.

"Acho que minha relação com a morte me ajudou a ganhar muita sabedoria em minha vida. E sou muito grato por isso."

5. TORNE-SE UM GUIA

A experiência de Mark combina uma série de características centrais da EMC, a experiência de uma jornada, a luz brilhante, uma celebração de boas-vindas dos membros da família e a sensação avassaladora de conhecimento. Mas também bastante significativa é a suspensão do tempo e do espaço e o papel de Mark como guia. Alguns indivíduos que vivenciam uma EMC se veem acompanhando a pessoa que está morrendo, mas outros parecem ser mais "encarregados" de guiar essa pessoa para outro reino. Jeanne e Mark foram colocados no papel de guia com seus pais. A capacidade de atuar como guia em uma EMC remota parece tornar-se acessível se o indivíduo já realizou algum tipo de prática de *mindfulness*, ou atenção plena; tanto Mark quanto Jeanne estudaram meditação e meditavam com regularidade.

Um elemento-chave adicional nas experiências de Mark e Jeanne é o fato de que cada um deles fechou os olhos. Essa supressão de um ou mais de nossos sentidos, permitindo menos distrações e foco mais intenso, também parece criar um ambiente propício a uma EMC. Lembre-se de que a experiência de Ida N. aconteceu enquanto ela estava na cama. De fato, como vimos e continuamos a ver, alguma forma de estado de sono, estado de repouso ou estado meditativo é muitas vezes essencial para criar uma abertura para a ocorrência da EMC. Nosso próximo caso incorpora tanto o conceito de guia, de uma forma diferente, quanto a importância de entrar em um espaço de descanso para que a EMC ocorra.

6

ANJOS

ATÉ AQUI, quando encontramos guias ou aqueles que dão as boas-vindas, em todos os casos, sem exceção, foram pessoas que o falecido conheceu, fossem familiares que já partiram ou, nos casos de Scott, Jeanne e Mark, a família ou entes queridos atuais, que auxiliam ou conduzem o indivíduo moribundo durante a transição. Mas incorporadas em grande parte de nossa compreensão religiosa e cultural da morte, em particular na tradição ocidental, estão entidades não humanas: anjos, que atuam como mensageiros e também guias para um reino celestial. Tanto a Torá judaica quanto o Antigo Testamento na Bíblia cristã contêm inúmeras referências a anjos, assim como o Novo Testamento da Bíblia. Em *Êxodo*, Deus promete que um anjo protegerá e conduzirá Moisés e os israelitas em sua jornada. Na maioria dos relatos bíblicos, os anjos estão presentes

6. ANJOS

no túmulo vazio de Jesus. O livro de Mateus faz referência explícita a "um anjo do Senhor", enquanto Marcos e Lucas se referem a homens em "vestes ofuscantes" como angélicos. Há também referências nas Escrituras a anjos da guarda sendo enviados para vigiar os seres humanos durante nosso tempo na Terra.

Alguns experimentadores da morte compartilhada relatam imagens bem detalhadas de seres angelicais ou celestiais que aparecem e acompanham seus entes queridos na hora da morte ou perto dela. O marido de Stephanie L. foi diagnosticado com câncer de pulmão em janeiro de 1999. Na época, ambos moravam em Washington, D.C. "Ele era", ela recorda, "um homem robusto, muito saudável, mas também um fumante inveterado, e os pais dele, ambos, haviam morrido de câncer.

"Quando ele foi diagnosticado, não foi um choque para mim. Chocante era o fato de que ele estivesse apenas na casa dos cinquenta. Nós dois ficamos em choque por ele ter cerca de seis meses de vida. Éramos muito, muito felizes no casamento, tínhamos três filhos crescidos. Quando ele descobriu que estava morrendo, literalmente se fechou. Os dias e semanas se transformaram em um turbilhão de consultas médicas e idas ao hospital, até uma sexta-feira à noite, quando ele foi internado e o médico me disse que aquela era sua última visita a um hospital. Fomos colocados em um quarto, era chamado de 'quarto de cuidados paliativos.'"

Por três dias, "sua consciência ia e vinha, mas na maioria das vezes ele entendia o que estava acontecendo". Na segunda-feira à noite, ele acordou de madrugada, agarrou a mão de Stephanie e começou a reclamar e berrar. "Ele não largava a minha mão. Estava começando a se levantar da cama, e isso me assustou demais. Comecei a gritar pela enfermeira. Ela enfim chegou e acalmamos meu marido.

Na terça-feira, ele entrou em coma. Então, aquela noite foi a última comunicação verbal que tive com ele."

Stephanie não saiu do lado do marido. "Sentei-me em uma cadeira ao lado da cama e meu braço estava sempre apoiado no dele, porque não sabia o quanto ele estava ciente do que estava acontecendo ao seu redor. Não queria que ficasse assustado. Queria que soubesse que eu estava lá." A certa altura, ela se lembra de se sentir tão exausta que baixou a cabeça. Naquele momento, foi como se "não estivéssemos mais naquele quarto".

Ela lembra: "Estávamos em uma luz branca, uma luz incrivelmente brilhante, mais forte do que qualquer luz que se pudesse ver além do Sol, mas era possível olhar para ela. Não feria a vista". Nem Stephanie nem o marido estavam em suas "formas humanas", e ela viu "duas outras entidades lá". Era um lugar onde "não havia dor, não havia mágoa. Eu sabia tudo. Podia compreender tudo o que nunca havia entendido antes. Era como se compreendesse o universo. Era tranquilo". Ela também sabia que as entidades que via estavam "lá por meu marido. Não tinha ideia de quem eram, de onde vinham ou para onde estavam indo". Mas ela tinha certeza de que o marido "sabia quem eram, que ele as reconhecia".

Ela se lembra de ver a forma de seu marido se voltar para ela com as outras duas entidades, e lhe comunicaram: "Você não pode prosseguir. Deve retornar". Ela comenta, no entanto: "Sabia que meu marido ficaria bem". Então, "naquela fração de segundo, voltei e estava no meu corpo. Levantei a cabeça e percebi o que tinha acontecido. Tentei baixar de novo a cabeça. Queria muito voltar lá. Queria estar lá com ele, mas isso não aconteceu".

Stephanie ergueu os olhos, "esperando ver meu marido morto". Embora ele só tenha morrido três dias depois, ela acredita que

6. ANJOS

o marido já havia falecido e partido "para uma dimensão diferente". Daquele momento até sua morte, ele não apresentou reação alguma e Stephanie "não vivenciou mais nada". Olhando em retrospecto, ela descreve aquele momento como "ter sido transportada. Em um segundo, baixava a cabeça e, no segundo seguinte, estava naquela outra dimensão". Naquele outro espaço, Stephanie descreve o marido como sendo "pura energia. Não havia forma para ele ou para aquelas outras entidades, nada que identificasse se eram homens ou mulheres, jovens ou velhos. Era quase como uma entidade gasosa na minha frente". Ela sabia, entretanto, que era seu marido. "Não se parecia em nada com ele mesmo, não se parecia com um ser humano, e ainda assim eu sabia que era ele." Stephanie conseguia interpretar "tudo" que ele dizia, embora não houvesse comunicação verbal. A melhor palavra que tem para definir isso é "telepatia", a sensação de que podia ler a mente dele. "Sei que isso vai soar estranho, que nos comunicamos com aquela energia sem precisar falar. Mas naquele espaço estávamos todos tão conectados, que não precisamos empregar a forma arcaica de comunicação que nós, como seres humanos, estabelecemos para nós mesmos."

De toda a experiência, ela conclui: "Foi muito confortável. Parecia que estava retornando para algo que já conhecia. É como quando você aprende matemática e começa com adição e subtração. Você sempre sabe que dois mais dois são quatro. Está gravado no seu cérebro. Foi o que aquilo pareceu. Uma sensação de onisciência". A força dessa experiência continua a ser profunda para Stephanie. Ela acrescenta que ainda parece que aconteceu "há cinco minutos. Nunca me abandonou. Mudou minha vida. Nunca mais fui a mesma".

Mas também, de muitas formas, levou-a, com o tempo, a ser um tanto marginalizada pela família e pelos amigos. "No começo, guardei tudo isso para mim. Nunca tive ninguém para conversar sobre qualquer um desses eventos. Estavam registrados em minhas experiências, mas nunca tive com quem compartilhá-las." Uma enorme multidão se reuniu para o funeral em sua sinagoga. Stephanie ficou arrasada com a perda, mas "não fiquei arrasada com a morte dele, porque eu a vivenciei. Sabia que ele estava bem, que tinha ido para um lugar seguro, maravilhoso e amoroso de novo. E que ele ia ficar bem. Foi muito diferente para mim, porque compreendia isso. Sentia saudade dele fisicamente neste mundo, mas sabia que ele estava bem. Por outro lado, estava lidando com todos os amigos e parentes que não tinham passado por aquilo comigo".

Cerca de seis meses depois, Stephanie abordou o rabino de sua congregação, que era muito próximo de seu marido. "Compartilhei com ele o que havia acontecido. Ele apenas se recostou na cadeira e disse: 'Bem, já ouvi falar dessas coisas, mas nunca as vivenciei'. Foi quase como: 'Muito obrigado. Foi um prazer conversar com você.'" Depois que ele encerrou a conversa, Stephanie relata, "aquilo me deixou completamente desalentada". Ela obteve uma reação semelhante quando contou sobre sua experiência a familiares e amigos. Até mesmo compartilhar "um pequeno trecho" com os filhos provocou uma reação em que "todos me encararam e reagiram como se 'mamãe não está lidando bem com isso, mamãe enlouqueceu'".

Por fim, Stephanie conversou com o oncologista que tratou seu marido. "Lembro-me de entrar em seu consultório e explicar a ele o que eu havia testemunhado. Acho que o que eu procurava era alguém que tivesse vivenciado algo semelhante. Nenhum dos meus amigos, nenhum dos meus colegas, ninguém na minha área, tinha vivenciado isso ou, se tinham, não admitiam. Quando me sentei e conversei com o oncologista, ele hesitou e depois se levantou, foi

6. ANJOS

até a porta e a fechou. Voltou, sentou-se e disse: 'Nunca vou compartilhar isso com mais ninguém, mas vou lhe contar. Certo dia, quando era residente e fazia meu turno no pronto-socorro, perdemos alguém. Realmente vi o corpo da pessoa se elevar, a forma deixar o corpo dela'. Esse foi o primeiro reconhecimento de que não estava louca, de que esse tipo de coisa acontece. Foi uma reviravolta para mim." De fato, a rejeição ou a validação de uma EMC tem um efeito duradouro no indivíduo que a vivencia; sacerdotes e profissionais da saúde, em particular, podem ter um grande impacto na forma como tratam alguém que lhes revela a experiência de morte compartilhada. Uma rejeição despreocupada pode ser profundamente dolorosa, enquanto expressões de compreensão e apoio podem ser verdadeiramente transformadoras, tanto no momento em que ocorrem quanto no futuro daquele que vivenciou a EMC.

Stephanie decidiu deixar as pessoas e a região que ela e o falecido marido chamavam de lar. Mudou-se de Washington, D.C., para a Flórida e começou a fazer amigos mais voltados para a espiritualidade. Refez sua vida e encontrou muito mais paz, mas acrescenta que pode se identificar bastante com o que os amish ou outros "sentem quando são banidos de suas comunidades". Pouquíssimas pessoas, ela observa, podem lidar com o relato de sua experiência.

Enquanto Stephanie viu seres angelicais com seu marido, no caso de Mary G., foi sua mãe moribunda que a guiou para sentir e tomar consciência de uma presença de energia que as cercava. O pai de Mary, médico e alcoólatra, faleceu primeiro, de insuficiência renal e outras doenças. "Ele não queria morrer. Não queria deixar minha mãe porque minha mãe era na verdade como uma criança; ele estava preocupado que ela continuasse a viver sozinha." Ironicamente, ele morreu no hospital enquanto a família saiu por um breve momento para comemorar o aniversário da mãe de Mary. "Ele morreu enquanto estávamos comendo bolo, e sei que havia algum significado nisso.

"Para muitos de nós, nossa vida inteira é apenas mamãe e papai, mamãe e papai. Parte de nós é só um bebê, e queremos a mamãe e o papai, queremos nos sentir protegidos por essa união." Mary descreve sua mãe como "uma pessoa bastante difícil para alguns de meus irmãos e para mim.

"Desde adolescente, eu que era a mãe dela. Simplesmente assumi o papel de ser sua cuidadora. Depois que meu pai morreu, senti que meus irmãos debandaram e me deixaram a cargo dela emocionalmente. Telefonava para ela todos os dias, verificava como estava, mas não queria de fato passar muito tempo com ela porque era uma companhia difícil. Todo mundo tentou. Fizemos o que pudemos para ajudá-la a ir levando a vida por muitos anos."

Aos 96 anos, a mãe de Mary foi diagnosticada com demência. "Tivemos que tirá-la de sua casa, mas, quando a levamos para o lar de idosos, de repente ela ficou feliz. De repente, tinha pessoas ao redor e coisas para fazer, e ela fez amizades." Mas não podia viver sozinha, sem ajuda, então Mary se mudou para lá por dois anos.

Em 2020, "quando a pandemia aconteceu, ficamos presas ao quarto. Ela já tinha começado a ficar debilitada, mas a partir daí ela piorou bem rápido. Passou a ter conversas noturnas com pessoas e a entrar em um estado alterado de consciência. Diria que estava começando a se mover para o mundo espiritual ou se comunicando com algo que eu não podia ver. Por fim, teve um episódio de oito horas, da meia-noite às oito da manhã, em que permaneceu naquele outro estado o tempo todo. Achava que John

6. ANJOS

F. Kennedy era presidente e que sua mãe e irmãs estavam lá". O que a mãe de Mary vivenciava tem um nome; nós nos referimos a isso como "visões pré-morte". Não fazem parte tecnicamente da EMC, pois acontecem com o moribundo antes do falecimento, mas são um sinal importante da aproximação da transição deste mundo para o outro. Em geral, são muito importantes, impactantes e também parecem desempenhar um papel significativo na assistência e orientação dos moribundos.

Por alguns dias, a mãe de Mary às vezes parecia mais lúcida, mas depois voltava ao estado alterado. Mary se deitava ao seu lado. "Não queria que ela caísse da cama ou que algo ruim acontecesse." Muitas vezes, ela conta, parecia que a mãe estava participando de festas ou casamentos. A certa altura, Mary se lembra de ter dito à mãe: "Estou com ciúmes. Quero participar dessa festa. Parece ser um festão". Depois, "no meio disso tudo, ela estava conversando com alguém. Tentei falar também, e ela se virou, olhou para mim e disse: 'Não, você não. Este é o meu mundo, e é para lá que vou. Você tem que ficar aqui e ficar neste mundo'". Em outros momentos "ela dizia coisas como 'Não posso fazer isso' ou 'Isso é tão difícil'".

Na última noite, a mãe de Mary tentou sair da cama duas vezes. "Eu estava, tipo: 'Você não pode deslizar para fora da cama porque se vamos sobreviver a isso, tenho que ter costas, costas funcionando.'" Mary colocou sua mãe de volta na cama, "e foi quando ela viu o anjo. Ela falava com todas aquelas pessoas e blá-blá-blá, de um jeito normal, e de repente começou a apontar, estendendo a mão e ofegando. Eu perguntei: 'O que foi?', e ela respondeu: 'É um anjo', e respondi: 'Sério? Como ele é?', e minha mãe disse: 'Ah, ela é tão linda', e, é claro, naquele momento fiquei, tipo: 'Oh, meu Deus, não estamos mais no Kansas'.

"Estou tentando sentir o anjo. Estou tentando ver e sentir o anjo, mas aquilo tudo é demais para absorver, e sinto-me sobrecarregada. Estou tentando ter certeza de que ela está bem, mas todo o meu corpo está formigando e sinto como se estivesse na presença de Deus.

"Era celestial, como se o quarto se tornasse um aposento diferente. Tornou-se maior, mais suave, e não mais deste mundo. Não estávamos no plano terrestre. Eu estava aqui, mas parte de mim estava com ela e me encontrava completamente dominada por aquilo tudo. Era como se estivessem me mostrando que há algo mais, e que não era necessário me preocupar. Há algo mais, Deus ou o que quer que seja, e não preciso me preocupar com o que fazer.

"Era como se estivessem vindo levá-la, uma força tão grande que seria capaz de perfurar os mundos para vir buscá-la, e eu não precisasse me preocupar com ela nem nada. Essa foi a mensagem para mim."

Refletindo agora, Mary diz: "Quando comecei a cuidar dela ali, estava apenas seguindo minha orientação interior. Não havia mais ninguém para fazê-lo. Dois anos inteiros, não sabia que isso acabaria sendo uma dádiva no final. Que me seria mostrado que existe algo tão poderoso". Embora sua família fosse católica, Mary diz: "Não sou uma pessoa religiosa. Estou mais para uma mistura de pagã e budista, mas o senso de religiosidade que havia lá era tão óbvio, e todos os seres se encaixavam nisso. Era como se meus ancestrais fossem uma banda e Deus fosse o patrocinador por trás disso. Deus era o produtor, e eles estavam todos lá".

Ela acrescenta: "Senti uma grande tristeza depois, mas a dor agora está caminhando ao lado desse senso". O consolo, ela observa, tem sido "saber que há um plano, há algum tipo de orquestração

6. ANJOS

divina para a vida, e essa é, de fato, a mensagem que senti que estava sendo dada. Como um presente. Era sobretudo para ela, mas de alguma forma tive a sorte de estar lá".

Uma das descrições mais detalhadas de "belos e nobres seres de luz" que encontrei vem de Celia B., que ajudou a cuidar de sua mãe, mas não estava presente ao lado do leito quando ela faleceu. De muitas formas, sua história captura a amplitude, a força e, em última análise, as possibilidades de cura da experiência de morte compartilhada.

"Minha mãe era a mulher mais vibrante, atlética e ativa que você poderia imaginar, mas aí ela foi diagnosticada com linfoma não Hodgkin. Eles o trataram com quimioterapia e radiação, mas um dos efeitos colaterais foi que suas bainhas de mielina foram destruídas e ela perdeu a capacidade de andar. Estar presa a uma cadeira de rodas e com dores horríveis foi muito difícil para ela. Chegou a um ponto em que papai não conseguia cuidar dela. Ela foi transferida para uma moradia assistida, onde ficou confinada ao leito. Tinha enfermeiras que vinham cuidar dela. Era necessário usar um guindaste para retirá-la da cama.

"Em sua comunidade de aposentados, os moradores estavam lendo um livro de um médico de Harvard sobre morrer com dignidade. Ele dizia, em essência, que nosso sistema médico moderno é tão voltado para manter as pessoas vivas, não importando a qualidade de vida, que de fato deixamos algo importante de lado. Não se falava sobre outra coisa entre os idosos na comunidade. Depois de vários meses na moradia assistida, minha mãe tomou a corajosa decisão de pôr fim à própria vida parando de comer e beber. Não achava que estivesse vivendo com dignidade. Com a medicação para dor, muitas vezes estava fora do ar. Sentia que a qualidade de sua vida havia desaparecido.

"Em sua pequena comunidade de aposentados, a notícia sobre Marie logo se espalhou: Marie vai acabar com a própria vida. Mas a administração não podia permitir isso. Perderiam sua licença em Massachusetts, por isso tivemos que levar mamãe de volta para a casa na cidade, com papai. Instalamos uma cama de hospital para ela na sala de estar e montamos um aparato de cuidados paliativos. Descobrimos que o processo leva cerca de duas semanas.

"Antes disso, o fardo de cuidar da mamãe era do meu pai e da minha irmã. Eu vinha de avião da Califórnia e ficava por algumas semanas a fim de dar uma folga a ambos. Quando mamãe tomou essa decisão, fiz a escolha de permanecer com ela por duas semanas inteiras, com meu pai, irmão e irmã ajudando. Eu me ofereci para ser responsável pelos medicamentos e ajudar a garantir que as enfermeiras e os funcionários dos cuidados paliativos estivessem dando a ela os remédios certos para dor. Esse era um papel difícil para uma filha, porque mamãe às vezes emergia de seu estupor com muita dor, e ficava com raiva e gritava: 'Onde estão os meus remédios?'. E ela sabia que eu era responsável por eles. Tinha que ligar para os cuidados paliativos ou para o médico, e muitas vezes precisava lhe dizer que eu já havia dado a ela tudo o que podia tomar.

"Tivemos duas maravilhosas noites em família em que ela estava em boa forma. Pedimos comida chinesa uma noite, e meu pai, irmã, irmão e eu estávamos todos lá. Mamãe nos fez rir à beça. Ela tinha controle sobre sua cama de hospital e apertou o botão. Começou a se elevar e disse: 'Estou saindo do meu sarcófago'. Meu irmão brincou: 'Você é nossa *mummy*,[5] afinal de contas'. Todos demos boas risadas com isso. Depois, contamos histórias, compartilhamos lembranças e cantamos músicas.

"Na segunda semana, ela estava dormindo muito mais. No sábado, dois dias antes de ela morrer, eu estava tão arrasada que disse ao meu pai que precisava passar a noite em um hotel. Fizemos uma caminhada para sair de casa um pouco e, quando retornamos, ela já não estava mais falando. Ainda me sinto muito triste com isso. Mamãe estava realmente fora do ar no domingo. Meu irmão tocou violino para ela.

"Passei mais uma noite no hotel; meu irmão foi para casa no Maine, e minha irmã estava em sua casa. Acordei cedo de manhã e comecei minha prática de meditação, como sempre procuro fazer. Enquanto meditava, senti-me guiada a meditar na luz clara. Não sabia o que era na época; apenas confiei nisso. Lembro-me de repousar neste espaço claro e bonito. Depois, recebi uma imagem da minha mãe, não tanto de suas feições, mas podia dizer que era sua energia. Estava cercada por esses belos e nobres seres de luz. Eram altos, mais altos do que ela, e a rodeavam. Não apresentavam nenhuma característica descritiva, mas eram belos em seu comportamento. Havia talvez seis ou oito deles. Era tão linda a energia disso, e o jeito como eles a amparavam. Havia uma sensação de que tudo ficaria bem. Lembro-me de que sentei lá e assisti a isso, e foi mesmo, para mim, uma mensagem de que tudo ficaria bem. De que minha mãe estaria bem.

"Permaneci com essa imagem por um tempo e depois ela se foi. E lembro-me de ter pensado: 'Bem, isso foi interessante'. Pouco

---

5. Trocadilho com as palavras *mommy* (mamãe) e *mummy* (múmia). (N. da T.)

depois das oito, liguei para o papai para planejar o dia e ele disse: 'Sua mãe acabou de falecer'. Lembro-me de abraçar meu pai, que estava chorando. Fiz orações e bênçãos sobre seu corpo, e colocamos uma linda flor em seu peito. E, então, a casa funerária veio e a embrulhou e retirou.

"E enquanto a carregavam para fora, meu pai ficou arrasado, e eu o abracei, lhe contei o que tinha visto, e ele começou a chorar de novo. Ele não é um homem religioso ou espiritualizado, mas acho que ouvir minha experiência foi reconfortante para ele, e também pude lhe dizer: mamãe o ama muito e vocês nunca vão se separar. As palavras vieram por meu intermédio, mas era sem dúvida uma mensagem para ele.

"Alguns dias depois, fomos à casa de um de seus vizinhos para tomar coquetéis no quintal, provavelmente havia cinco de seus amigos, todos na casa dos 80. E papai disse: 'Celia, conte a eles sobre sua experiência'. Foi de fato notável, pensei, que ele houvesse entendido, e que aquilo mexera com ele. Ele era o tipo de pessoa que, se eu fizesse uma meditação, perguntaria: 'Como foi sua sessão espírita?'. Fiquei emocionada que minha experiência pudesse servir como uma mensagem reconfortante para papai e seus amigos."

No tempo que se passou desde a experiência, Celia refletiu sobre aquela manhã e diz que se pergunta "se, ao meditar na luz clara, talvez eu estivesse dando apoio à mamãe ou ajudando-a de alguma forma".

A experiência de ver e saber que havia guias visíveis ou seres angélicos aparecendo na hora da morte para cuidar e ajudar os entes queridos foi transformadora para Stephanie, Mary e Celia. Além disso, ao apresentar os eventos, cada mulher se refere de várias formas ao conceito de um "presente" para descrever essa experiência.

6. ANJOS

O conceito de que pessoas que passaram por experiências de morte compartilhada receberam um presente extraordinário e uma percepção especial implícita na perda do ente querido está entre os temas mais universais expressos pela ampla gama de indivíduos cujos casos analisamos.

No entanto, os casos de Stephanie, Mary e Celia também falam de outro fenômeno que encontramos ao compilar esses relatos de experiências de morte compartilhada: dos indivíduos que relataram EMCs, 85% são mulheres. Podemos teorizar que isso se deve em parte ao papel tradicional das mulheres como cuidadoras e talvez ao fato de elas estarem mais engajadas em alguma prática espiritual. Mas, de forma esmagadora, a mensagem da EMC parece ser recebida mais por mulheres. A razão para isso continua a me deixar perplexo e fascinado, não apenas como pesquisador, mas como terapeuta e homem que trabalha quase exclusivamente com famílias e indivíduos que lidam com o fim da vida.

7
TRAUMA E EMCs

ATÉ agora, exploramos amplamente eventos em que a morte, mesmo quando repentina, não foi totalmente inesperada. Houve declínio da saúde, doença grave, parto prematuro ou um terrível acidente que deixou a vítima em coma. Até a linguagem que usamos para discutir esses momentos capta sua fragilidade: falamos de "lutar pela vida" ou "agarrar-se à vida". Reconhecemos que vitalidade e longevidade não são certezas. Mas existem outras formas de morte para as quais quase todos estamos despreparados por completo. Entre esses, trauma, overdose e suicídio são três dos mais devastadores. Todos os anos, mais de 150 mil pessoas nos Estados Unidos morrem de lesões, muitas vezes traumas repentinos, e muitas dessas pessoas são jovens, entrando no auge da vida. As overdoses de drogas causam anualmente mais de 50 mil

7. TRAUMAS E EMCs

vítimas – em 2020, durante a pandemia de Covid, o número de mortes por overdose nos Estados Unidos disparou para mais de 90 mil. Cerca de dois terços das mais de 900 mil overdoses que ocorreram nas últimas duas décadas envolveram algum tipo de opiáceo. O número de mortes por suicídio muitas vezes quase empata com o número de overdoses; quase 50 mil vidas são perdidas dessa maneira a cada ano. Uma questão que me estimulou quando comecei este trabalho e pesquisa foi se era possível ter uma experiência de morte compartilhada em torno de um evento tão repentino e devastador e, em caso afirmativo, como o trauma afetaria a maneira como uma EMC foi vivenciada. Eu me perguntava: existe mesmo um tempo ou uma oportunidade para a comunicação ocorrer? Ou o trauma de alguma forma impediria a ocorrência de uma EMC? E, se uma EMC ocorresse, o que isso significaria para os moribundos e os que ficaram para trás? A resposta curta é que EMCs são possíveis e assumem formas diferentes. Quatro indivíduos que sofreram perdas traumáticas compartilharam suas histórias comigo, tanto sobre o evento quanto sobre o que entenderam pessoalmente sobre a morte súbita e sua própria EMC na sequência.

Perdas traumáticas podem estar entre as mais difíceis para qualquer um de nós compreender. Quantos não teriam dificuldade para encontrar palavras para tentar levar consolo a uma família na qual houve um suicídio, uma overdose ou um acidente horrível? De fato, em face da tragédia, conversei com muitos familiares e amigos enlutados que enfrentaram a segunda devastação de ter apoios pessoais de longa data recusados quando a forma da morte foi revelada. Nesse contexto, é preciso muita coragem para falar sobre EMCs e discutir o que aconteceu.

Quando conversamos pela primeira vez com Dawn B., ficou claro que ela tinha coragem. "Sinto que sou boa em lidar com crises.

Posso lidar com muitas coisas; quanto mais coisas caem sobre mim, melhor eu me saio. Trabalho no pronto-socorro há dezoito anos e, portanto, vejo a morte com bastante frequência. Trato da morte. Quando tinha cerca de 30 anos, voltando a estudar para obter meu diploma de Enfermagem, também trabalhei para uma empresa de banco de tecidos, que coleta pele, ossos, coisas assim. Fiz isso por dois anos. Sempre fui respeitosa com espíritos e almas e esse tipo de coisa.

"Tenho três filhos. Sean tinha 28 anos na época. Shane tinha 25, e minha filha, 24. Sean nasceu quando eu tinha 18 anos. Casei com meu namorado do ensino médio. Nós nos divorciamos e eu me casei de novo.

"Sean foi para a Marinha. Depois que ele saiu, viajou e foi trabalhar na Sears. Fazia as maiores vendas todos os meses. O salário mal dava para chegar ao fim do mês, mas nunca reclamava. Uma vez por semana, almoçávamos na Sears. Tinha um senso de humor maravilhosamente cáustico e um cabelo tipo James Dean. Estava voltando para a escola para estudar computação. Tínhamos uma aula de Literatura Contemporânea na faculdade juntos e costumávamos discutir os livros. Ele era um garoto sossegado.

"Era 15 de maio de 2017, um dia depois do Dia das Mães, e Sean estava a cinco dias de se casar. Eram cerca de onze horas da manhã, e Sean me ligou. Encontrei-o para almoçar, com um de seus amigos e minha filha. Nós nos divertimos, rimos, conversamos." Sean estava esperando seu pagamento na sexta-feira, então Dawn foi até o carro para lhe dar algum dinheiro extra. Sua despedida de solteiro era naquela noite. "Ia dar dinheiro em espécie a ele, mas esqueci que havia dado o dinheiro vivo que tinha comigo para minha mãe no Dia das Mães. E ele me deu um tapinha no ombro e disse:

7. TRAUMAS E EMCs

'Não se preocupe'. Algumas horas depois, me enviou uma mensagem que dizia: 'Você é o máximo'. Eu perguntei 'Por que está dizendo isso?'. Ele respondeu: 'Porque você é'. Eu já havia transferido cem dólares para sua conta bancária, e disse a ele: 'Não quero que seus amigos paguem tudo. Gostaria que pagasse alguma coisa.'"

Sean e seus amigos "foram a um lugarzinho onde havia pingue-pongue. Havia seis deles, e todo o grupo jogava pingue-pongue. Sean quebrou uma raquete, e ele e os amigos atravessaram a rua até o Walmart para comprar uma nova, mas não era um Walmart comum, era um Walmart mercearia. Então, foram numa CVS e compraram alguns petiscos e cerveja. Estavam atravessando a rua para voltar quando um carro atingiu dois do grupo.

"Eu estava em casa, colando flores em um grande quadro de *selfies* para o casamento. Estava mandando uma mensagem para a noiva de Sean, Tessa, em que perguntava: 'Você gosta? Sabe o que é isso?'. Ela disse: 'Isso é lenço de papel?'. Escrevi de volta: 'Sim'. Estava digitando 'S-I-M'. E, quando digitei o S, de repente, não consegui ver o telefone. Não conseguia ver nada. Meus pés saíram do chão. Senti que ia desmaiar e fiquei muito enjoada. Puxei um banco para baixo de mim, e olhei para trás, porque tínhamos muitas flores no chão da cozinha até o corredor, e muito forte, de repente, eu senti: SEAN ESTÁ MORTO. Em minha mente, eu disse: 'Estamos perdendo nosso tempo. Sean não poderá apreciar estas flores'.

"Às 22h31, recebi uma ligação de Tessa para me dizer que Sean havia sido atropelado por um carro, e disse a mim mesma: 'Isso aconteceu às 22h27'. Quase cinco minutos antes. Mais ou menos uma semana depois, estamos no departamento de Veículos Motorizados e pegamos os veículos de Sean e os transferimos para o nosso nome, e o relatório do acidente diz: 'Hora do acidente:

22h28'. Eu falei: 'Veja, disse a vocês que isso aconteceu às 22h27, um minuto antes da ligação para a emergência', porque contei à minha família, amigos, todo mundo, que algo aconteceu comigo. Não consigo explicar. Mas contei a todos, de católicos a batistas a pessoas que não acreditam em nada: 'Eu senti isso. Senti o que aconteceu. Senti o acidente. Eu pude dizer o momento exato'.

"Meu marido, Toby, levou-me ao hospital. E eu disse a ele quando entramos no carro que Sean estava morto. Ele é um enfermeiro de trauma, e vai lhe dizer que nunca se pode confiar apenas no que alguém lhe diz por telefone. Ele continuou dizendo: 'Você precisa esperar até chegarmos lá e se inteirar do que aconteceu, ver qual é a condição dele'. Eu já sabia. Eles o levaram para o hospital onde Toby trabalha e, quando chegamos, Toby entrou e ouviu o relatório do Serviço de Emergência. Fiquei esperando na entrada das ambulâncias. Chegamos antes da ambulância de Sean. Toby saiu e disse: 'O quadro está feio, vão intubá-lo quando ele chegar aqui'. E eu disse: 'Ok'." Quando Sean saiu da ambulância, ele já estava intubado.

"Lembro-me das luvas azuis do neurologista. Ele veio e nos disse que não poderia salvá-lo, era o tipo de lesão cerebral irremediável. Sean viveu por mais catorze horas, isto é, seu corpo viveu. Falei à noiva dele: 'Baixe a grade da cama e deite ao lado dele. Passe um tempo com a alma de Sean'. Mas quando disse isso, sabia que a alma dele não estava mais naquele corpo.

"Havia centenas de pessoas vindo à minha casa porque estávamos nos preparando para um casamento. Agora, iríamos enterrar Sean um dia antes de seu casamento. Tinha colchões infláveis na minha sala e literalmente andava na ponta dos pés para chegar ao computador, e tudo o que podia pesquisar era: 'Uma alma pode

7. TRAUMAS E EMCs

passar através de seu corpo? O que acontece quando uma alma deixa o corpo? Uma alma pode partir antes da morte?'.

"No começo, costumava falar: 'Você acredita em mim?'. E costumava dizer a todos: 'Foi isso que aconteceu'. Agora, não me importo se acreditam ou não em mim. Não estou procurando provas. Tenho cem por cento de certeza em minha alma do que aconteceu comigo."

Quando Dawn tinha 40 anos, ela foi diagnosticada com câncer de mama triplo negativo. Ela se lembra de estar sentada na varanda dos fundos de sua casa com Sean, os dois chorando, e ele lhe perguntando: "Mãe, como você foi ter isso?". Ela respondeu que foi criada na década de 1970, quando o McDonald's e a Coca-Cola "eram o suprassumo". Sean a encorajava dizendo: "Você é a mulher mais forte que conheço". Ela acrescenta: "Pensei nisso muitas vezes, especialmente logo depois. Pensava: 'Ele veio até mim para me avisar, para eu ser forte?'".

Dawn é uma pessoa despreocupada, com um corte de cabelo prático, liso, e usa óculos. Evita maquiagem, e fica claro ao correr o olhar pelas suas paredes que ela adora os netos. Mas é impossível não notar a convicção em sua voz quando discute as consequências de sua experiência. "Passei por luto e enfrentamento normais, mas acho que foi menos sofrido por causa da minha experiência. Acredito em um deus. Acredito que verei Sean de novo um dia, espiritualmente. Não tenho medo da morte, nunca tive, mas acho que hoje estou mais confortável se Deus me levar."

Acima de tudo, Dawn diz: "Na qualidade de uma americana normal e mediana, que ganha medianamente, que tem uma vida mediana, três filhos decentes e não toma nenhum remédio, afirmo: 'Isso é o que aconteceu comigo. Senti meu filho quando ele partiu desta Terra'".

Outro exemplo poderoso da experiência de morte compartilhada em torno da morte súbita envolve o trauma muito específico de uma overdose de drogas. Considere as histórias de Sarah M. e Jackie P., duas entre mais de 1 milhão deixados para trás pelo impacto da atual epidemia.

Sarah passou 27 anos como bombeira na Califórnia. Caçula de cinco filhos, ela cresceu em uma família de militares, mudando de posto para posto. Ela se descreve como uma "cristã espiritualmente inclusiva". Também estudou budismo; uma irmã sua se converteu ao judaísmo. Sarah observa que ela é próxima de todas as sobrinhas e sobrinhos – "Amo todos eles" –, mas particularmente próxima das duas filhas de sua irmã mais velha. "Elas fizeram o ensino médio perto de mim, estiveram presentes na minha vida." Sarah mandava mensagens de texto para sua sobrinha Leila durante a semana. Depois de se formar na faculdade, Leila se tornou jornalista e viajou pelo mundo. Ela se casou e deu à luz a própria filha, divorciando-se depois. Sarah lembra que Leila era "muito inteligente, mas estava com problemas. Acho que não percebemos. Como bombeira, vi muitas drogas e álcool. Minha irmã é enfermeira, mas de alguma forma não enxergamos isso em Leila".

Leila se estabeleceu em Boston, mas continuou bebendo. A irmã de Sarah viajou para o leste e passou seis semanas tentando deixá-la "estável". Leila estava tendo dificuldades por ser mãe solteira e com seu trabalho. Era novembro de 2016. Sarah lembra: "Estava mandando uma mensagem para Leila e comentei: 'Como você está sem sua mãe?'". Então, às 3h45 da manhã de domingo, Sarah lembra que "acordou abruptamente com uma forte cãibra na perna. Já tivera cãibras antes, mas nada parecido com aquilo". Sarah saltou da cama e começou a pular para cima e para baixo, acordando o marido. O que veio a seguir foi aterrorizante: "Essa parte eu não lembro. Estava

7. TRAUMAS E EMCs

rígida e convulsionando. Meus olhos reviravam". Ambos os filhos em idade universitária estavam em casa e o marido de Sarah gritou para eles ligarem para a emergência. Sarah voltou a si, disse que estava bem, e sua filha cancelou a ambulância. "Olhei para o meu filho e disse: 'Foi uma experiência muito estranha. Esta é a sensação de morrer.'" Em seguida, Sarah começou a suar profusamente. "Encharquei os lençóis por cerca de duas horas e depois vomitei. Liguei para minha irmã e ela disse que eu deveria ir ao médico. Mas eu me sentia normal, apesar de estar um tanto exausta. Cancelei meu compromisso com o coral e, vinte minutos depois, minha irmã ligou de volta para dizer que Leila havia morrido." Ela tinha cheirado heroína com fentanil.

Quase de imediato, Sarah sentiu que a sobrinha estivera tentando se comunicar com ela, em particular "por causa da minha sensação de que é assim que é morrer. Comecei a processar que talvez houvesse tido uma visita de Leila em algum nível, em um nível espiritual".

À pergunta sobre o que você acha que acontece depois que morremos, Sarah responde: "Penso muito nisso. Acho que há uma transformação que podemos não entender. Não acho que fiquemos pairando acima das nuvens nos mesmos corpos físicos em um estado celestial, mas acho que, definitivamente, há outro plano, e iremos para esse plano. Acho que teremos consciência.

"Estou intrigada", acrescenta. "Ainda não quero ir para lá, mas não tenho medo."

Jackie está na casa dos 40 anos e trabalha com alunos com necessidades especiais na província de Colúmbia Britânica, Canadá. "Estava tendo uma noite normal", ela lembra. "Por volta de uma ou duas da manhã, senti uma dor aguda e horrível no peito. Também sentia nos meus braços. Eles formigavam. Foi horrível mesmo, não sabia o que estava acontecendo. Liguei para a minha amiga e disse a ela que não sabia se estava tendo um ataque cardíaco ou um ataque de pânico. Falei: 'Estou apavorada, por favor, fique no telefone comigo e, se algo acontecer, ligue para a ambulância'. Ela tentava me acalmar, e parecia que o quarto girava. Senti uma forte sensação de desgraça, como se algo ruim estivesse acontecendo."

Em meio a isso, Jackie começou a ver os olhos do homem que ela considerava seu melhor amigo por toda a vida – "Luke vinha à minha casa quase todos os dias, eu lhe preparava o jantar. Eu o amava, mas ele era meio mulherengo. Meu pai era um grande mulherengo e eu não queria seguir os passos da minha mãe, por isso, disse a ele que o amava, mas não podia ficar com ele".

Agora, neste momento, no meio da noite, Jackie via seus olhos azuis. Ela lembra que eles estavam "meio lustrosos e opacos. Não sabia do que se tratava", acrescenta. "Pensei que estava morrendo, então, fiquei tipo: 'O que isso tem a ver com ele?'" O episódio passou, mas "a imagem dos olhos opacos de Luke continuou vindo à minha mente. Era quase como se eu o estivesse vendo". Às oito da manhã, recebeu uma ligação informando que Luke havia morrido. "A pior parte foi que não fiquei surpresa. A maioria das pessoas negaria que seu melhor amigo morreu, e eu me senti tão horrível, porque parte de mim sabia que ele havia morrido." Quando ela juntou as peças da história, percebeu que "o momento em que pensei que estava tendo um ataque cardíaco foi aproximadamente o momento em que ele teve uma overdose de fentanil".

Jackie foi ao médico alguns dias depois. "Ele disse que não podia estar mais saudável e que não havia nada de errado com meu coração." Jackie começou a considerar outras possibilidades, e explicou: "Minha amiga Catherine, que estava ao telefone comigo, juntou as peças e falou: 'E se você compartilhou a morte dele?'".

Alguns meses depois, enquanto Jackie andava de bicicleta, um carro de repente entrou na ciclovia. "No último minuto, virei o guidom, algo me obrigou a virar o guidom, ouvi uma voz que dizia: 'Vire o guidom'. Escapei com muitos ossos quebrados, mas viva. É simplesmente uma coincidência muito estranha que no mesmo ano em que Luke morre, eu consiga sair viva dessa. Deveria estar morta, para ser franca. O paramédico me disse que eu tinha muita sorte de estar viva." Jackie também observa que ela é mãe de um filho autista. "Meu filho não pode viver sem mim, e eu sei que Luke teria feito qualquer coisa por mim e meu filho." Mais uma vez, Catherine disse a Jackie: "Aposto que ele salvou sua vida porque amava muito você e seu filho!".

Jackie começou a procurar informações on-line, o que eventualmente a levou ao Projeto Travessia Compartilhada. A experiência também a levou a reavaliar seus pensamentos em torno da morte. "Pulei alguns estágios do luto. Definitivamente não tive negação. Sabia que Luke estava morto.

"Estou meio aterrorizada com a morte agora, porque sinceramente senti que ele sofreu e ficou apavorado; o que ele estava sentindo, eu estava sentindo. Ele estava assustado." Mas ela acrescenta: "Costumava pensar que isso era uma coisa muito negativa, mas Catherine colocou as coisas em uma perspectiva diferente, que 'ele se importava muito com você e agora você sabe o quanto, porque ele quis compartilhar isso com você'". Em última análise, Jackie diz que essa experiência a levou a descobrir que "eu realmente amava Luke, e acredito que ele me amava também.

"É tão duro porque ele era tão vibrante quando estava vivo. Amava tanto a vida, e é tão difícil ver alguém que amou a vida ser levado por uma droga estúpida. Ele usava apenas de forma recreativa, e não como um *junkie*. Pegou um lote ruim porque agora eles colocam fentanil em tudo. Ele usou e morreu."

A busca de Jackie por respostas continua. "Costumava ser ateia", ela nos disse. "Agora, não sei. Não sei mesmo."

Enquanto Sarah e Jackie tiveram a experiência de morte compartilhada à noite, em casa, também descobrimos que o experimentador pode ser tocado em um momento e local inesperados. Esse é o caso dos amigos de longa data Richard K. e Pat. Os dois se conheceram em Harrisburg, Pensilvânia, por meio de seus trabalhos voluntários com a Contact Helpline, uma linha de assistência regional 24 horas para pessoas em crise que precisam de auxílio local. Algumas pessoas queriam desabafar e outras precisavam de ajuda ou orientação.

Richard veio para a Contact depois de trabalhar com o departamento de Educação da Pensilvânia e com experiência em testes educacionais. Tinha doutorado em psicologia educacional. Pat trabalhava como gerente de escritório para um grupo de neurologistas e era mãe divorciada de dois adolescentes, mas ser voluntária na Contact a atraiu. "Ela era muito empática", lembra Richard. "Era uma excelente ouvinte. Nem parecia precisar de treinamento, de tão boa que era nisso."

Richard e Pat com frequência formavam dupla para fornecer treinamento e apresentações em workshops e não tinham vergonha de brincar um com o outro sobre os menores detalhes. "A Contact pediu que todos nós fizéssemos testes de personalidade, como a Tipologia de Myers-Briggs, e meu perfil era introvertido, intuitivo, pensador e julgador – INTJ. Pat me provocava e dizia: 'Bem, seu J

7. TRAUMAS E EMCs

deve estar vacilando. Você está se tornando cada vez mais flexível.'"
Mas Richard também foi uma das primeiras pessoas a quem ela contou quando começou a lutar com a decisão de mudar de carreira e se tornar uma ministra metodista ordenada. Pat falou com ele sobre ouvir o chamado para "apascentar minhas ovelhas".

"Pat foi criada como católica", acrescenta. "Na verdade, ela deu à luz seu primeiro filho em um hospital católico. Tinha 24 anos, mas parecia ter dezesseis. Uma das freiras que ajudavam no hospital não foi muito simpática com Pat até ela receber alta. Então, a freira olhou para o prontuário de Pat e se desculpou. Ela presumira que Pat era uma adolescente e mãe solteira, não uma jovem casada. Sempre me lembrei dessa história porque, com a mesma idade, também tinha vergonha de parecer muito mais jovem."

Em princípio, Pat disse a Richard que se sentia indigna, mas acabou se matriculando em um seminário, casou-se com outro pastor metodista e ajudou a organizar o Center for Spiritual Formation, um lugar que serve de apoio para pessoas que buscam um relacionamento mais profundo com Deus. Pat também desenvolveu em parceria o programa de dois anos do centro, conhecido como Ministério de Direção Espiritual, projetado para proporcionar treinamento aprimorado a pastores e leigos da igreja. "Ela era uma pessoa tão acessível... Deixava todo mundo à vontade", lembra Richard.

Um diagnóstico de demência aos setenta e poucos anos forçou Pat a se aposentar da profissão que amava. "Lembro-me de uma conversa que tivemos após o diagnóstico dela", diz Richard. "Pat me disse que os médicos recomendavam certos medicamentos que poderiam retardar o processo, mas não o impediriam. Tendo trabalhado em um consultório médico, ela estava familiarizada com muitos deles, e outros ela havia pesquisado. Quando estudou os efeitos colaterais, ela me disse: 'Não sei o que é pior, a doença ou os medicamentos destinados a aliviar seus sintomas.'"

Cerca de seis meses antes da morte, Pat confidenciou a Richard: "Estou perdendo a capacidade de saber com quem estou falando ou quem estou vendo". Seu marido, Dennis, contou que por várias vezes Pat não conseguiu reconhecer a filha ou os netos. Dennis comentou que ela lhe dissera: "Eu deveria conhecer estas pessoas".

Refletindo sobre esse período, Richard, agora com oitenta e poucos anos, diz: "Acho que isso foi parte do que a levou à morte, porque sua morte foi por suicídio. Ela acordou antes de Dennis e foi para a cozinha, onde havia vários medicamentos no balcão. Ela basicamente sabia o suficiente para reconhecer que, se tomasse todo o conteúdo daqueles diferentes medicamentos em combinação, isso acabaria com sua vida. Pessoalmente, acho que ela não queria ser um fardo para ninguém. Penso que foi, conhecendo-a, um ato de coragem da parte dela para aliviar outras pessoas disso, e também do provável fardo financeiro.

"Dennis me ligou para dizer que Pat havia sido levada para a sala de emergência e que as coisas não pareciam boas." Ligou de novo na manhã seguinte para dizer a Richard que Pat havia morrido. "Fiquei atordoado", lembra Richard. "Exceto pela minha esposa, Pat era minha melhor amiga.

"À tarde, decidi que precisava sair e caminhar. Era um ato apenas físico, estava andando como um autômato. Não conseguia pensar de verdade. Estava atordoado com a dor."

Então, Richard começou a ter uma experiência arrebatadora. Começou com fenômenos visuais. "Tive uma sensação estranha, uma sensação de algo na minha frente e um pouco acima da

7. TRAUMAS E EMCs

minha cabeça. Era algo brilhante, e isso me pegou de surpresa. A próxima coisa que percebi foi que tinha uma forte sensação da presença de Pat."

Richard descreve ter visto uma imagem de Pat: "Podia vê-la dançando, dançando de alegria. As palavras que vieram a mim foram *enfim livre, livre da dor*". Richard logo se viu "arrebatado por sua expressão de alegria". Essa alegria era tão poderosa e penetrante que removeu o entorpecimento e tristeza. Em vez de "simplesmente caminhar, fiquei energizado. A alegria dela era a minha alegria".

Após esta EMC, Richard vez por outra vivenciou a presença de Pat em sonhos. O último ocorreu em junho de 2019. Ele acordou com emoções tão fortes que sentiu que Pat deveria estar se despedindo. Richard descreve "ter sentido um amor intenso no qual a imaginei sendo banhada, um amor abrangente que permeia o universo. Por um breve momento, era provável que eu próprio estivesse vivenciando o mesmo que ela. Tiro um enorme consolo disso. Sinto uma tremenda gratidão, uma gratidão indescritível.

"Embora haja momentos em que pensarei em Pat e em quanto sinto falta dela, essa sensação de alegria ainda está lá. Nunca se foi. Isso é uma cura incrível em uma fração de segundo, um consolo enorme."

De muitas maneiras, a experiência de Richard é paralela à visão de Alison A. de sua boa amiga Wendy, não apenas em termos do que viram, mas também em termos das emoções transmitidas a eles naquele momento, em particular alegria, liberdade e liberação. De forma também significativa, Wendy e Pat enfrentaram sérios problemas de saúde. Richard acabou compartilhando sua história com Dennis, marido de Pat. "Tenho certeza de que ele ficou muito desapontado por não ter tido uma experiência como essa. Mas também foi reconfortante para Dennis. Ele se consolou por Pat ter feito essa transição para outro estado de consciência."

Muitas vezes, uma das faces mais poderosas da EMC para os experimentadores é como eles usam o evento do qual participaram para reformular e reavaliar as próprias emoções e processos de luto. Isso é particularmente verdadeiro para EMCs que ocorrem em torno de trauma ou morte súbita, devido à variedade desafiadora de emoções associadas a essas perdas. Como orientador, descobri que os caminhos pessoais dos experimentadores para alcançar sua própria interpretação e compreensão do que aconteceu entre eles e a pessoa com quem se importavam são profundamente poderosos, profundamente significativos e profundamente curativos, mesmo em uma perda traumática. Sinto admiração e gratidão pelo que eles são capazes de compartilhar.

8

A EMC EM MÚLTIPLAS FORMAS

A PERDA, COMO viemos a entender, é um fato central da vida. E a maioria de nós vivenciará a morte de vários entes queridos e amigos ao longo da existência. Dentro desse espaço de tempo, alguns indivíduos também serão contemplados com múltiplas experiências de morte compartilhada. Já vislumbramos esse processo no início do livro com Michelle, que teve uma EMC com seus dois filhos, e Madelyn, que teve EMCs com sua mãe e seu amigo Chayim. Agora vamos explorar esse processo com três indivíduos que se conectaram com entes queridos em vários aspectos da morte. Eles participaram de cada falecimento de modo diverso e significativo, e também vivenciaram diferentes sensações ligadas a cada evento. Uma de suas EMCs pode ser síncrona com a hora da morte, outra pode ser assíncrona. Esses casos também destacam o fato de que enquanto algumas EMCs têm componentes fenomenológicos muito fortes, com luz forte e festas de boas-vindas e muitos elementos, outras EMCs ocorrem com um tipo diferente de conexão. E a conexão não precisa ser grandiosa para ser profundamente significativa. Essas nuances individuais destacam de maneira explícita a complexidade e a individualidade de cada EMC.

Lula C. cresceu em duas igrejas, batista e pentecostal. "Minha mãe e meu pai eram cristãos maravilhosos, amavam de coração o Senhor e nos ensinaram bem." As diferenças mais difíceis para Lula entre as duas igrejas eram os requisitos em torno das vestimentas. "Na fé da minha mãe, pentecostal, não podíamos usar maquiagem, nem blusas de manga curta, não podíamos usar calçados que mostrassem os dedos dos pés." As mulheres só podiam usar "pó no rosto, mas nada de batom, delineador ou *blush*. Tive certa dificuldade com isso, e o que acontecia é que, no Halloween, sempre queria me arrumar, maquiar-me. Eu me arrumava, passava maquiagem. Na manhã seguinte, não lavava o rosto porque queria usá-la na escola. Mas, fora isso, no que diz respeito ao ensino, as duas denominações eram muito, muito semelhantes. Nossa família gostava demais de pertencer às duas igrejas e aprendeu muito com ambas".

Lula tinha sete irmãos. Seu pai trabalhava em uma siderúrgica, mas sua família se mudou do Alabama para Detroit quando ela tinha 3 anos para dar oportunidades aos filhos fora do sul segregado. Ela se lembra da mãe como a pessoa da família que os outros procuravam para ajudar a explicar ou interpretar seus sonhos. "Eles

8. A EMC EM MÚLTIPLAS FORMAS

perguntavam a ela: 'Hattie, o que isso significa?'. Então, acredito que adquiri o que estou recebendo de minhas diferentes experiências com minha mãe."

Quando adulta, a principal conexão espiritual de Lula foi primeiro por meio da Igreja Batista e, depois que se divorciou e voltou a se casar, ela se juntou a uma igreja não denominacional com seu segundo marido. "Meu novo marido – bem, não é novo, estamos casados há quase quarenta e poucos anos, mas ele é luterano, por isso, tendemos a frequentar uma igreja não denominacional, o que é satisfatório para nós dois."

Lula manteve uma vida de trabalho agitada, encontrando emprego em uma companhia de pneus por dezessete anos, depois iniciando um serviço de zeladoria na Califórnia. Quando o segundo marido, Luther, teve a oportunidade de administrar uma empresa em San Antonio, Texas, ela vendeu seu negócio para acompanhá-lo e foi trabalhar para uma grande empresa de seguros. Também dedicou algum tempo como voluntária na comunidade, o que incluía levar seus filhos para visitar os idosos residentes em asilos. "Sou o tipo de pessoa que gosta de oferecer algum retorno à comunidade. Visitava as casas de repouso, conversava com os pacientes, dizia: 'Oi, como você está hoje? Olá. Como está você?'. E eles me conheciam lá. Levava meus filhos para que pudéssemos dizer olá aos pacientes. Uma das diretoras me deu seu cartão."

As famílias de Lula e Luther permaneceram em Detroit. Lula explica: "Minha sogra morava em Detroit. À medida que foi envelhecendo, eu voava de um lado para o outro quando sua saúde começou a se deteriorar. Ela também cuidava do irmão do meu marido, Larry, que sofria de esquizofrenia paranoica. Chegou a um ponto que disse ao meu marido: 'Nós simplesmente não podemos mais deixá-la lá sozinha'. Mas ela se recusou a se mudar. Fui para Detroit. Liguei para minhas irmãs e alguns amigos meus. Falei: 'Preciso de orações. Estou aqui em Detroit. Gostaria que vocês orassem por mim para que possamos levar minha sogra para o Texas'. Ela continuou dizendo não. Não queria morar conosco; ela protestou: 'O que vai acontecer com Larry?'. E eu respondi: 'Larry pode vir também'. Disse a ela que levaríamos Larry, e ela finalmente concordou em se mudar.

"Liguei para Luther e contei: 'Luther, sua mãe concordou em vir'. Ele se surpreendeu: 'Lula, como você conseguiu isso?'. Expliquei: 'Não fui eu que consegui. Orei para isso e o Senhor respondeu às minhas preces. Mas ela não quer ficar conosco'. Ele perguntou: 'Bem, e o que ela vai fazer?'. Respondi: 'Luther, no meu armário há um cartão de visita da diretora da casa de repouso que as crianças e eu temos visitado. Ligue para ela, diga quem você é e por que está ligando'. A enfermaria tinha um leito disponível. Então, Luther me falou: 'Lula, eles têm um leito para mamãe'.

"Na noite de sua morte, fui até a casa de repouso para vê-la e disse: 'Oi, mãe, como está?'. Ela não queria se alimentar já fazia dois dias. Antes disso, sempre que eu saía, ela me dizia: 'Até logo!'. Ela nunca, jamais me dizia adeus, só dizia: 'Até logo!'.

"Naquela noite, estava tentando encorajá-la a comer. Ela ingeriu talvez apenas uma colherada de gelatina, e nós conversamos até eu ir embora. Falei: 'Ok, mãe, estou indo agora. Vejo você amanhã'. E, quando cheguei à porta, ela disse: 'Adeus'. Não respondi, apenas saí correndo de lá, porque ela nunca, jamais se despediu de mim com adeus. Entrei no meu carro, sentei lá, e orei ao Senhor, e chorei, apenas chorei. Porque aquele adeus para mim significava que íamos perdê-la. Eu me recompus; dirigi de volta para casa.

8. A EMC EM MÚLTIPLAS FORMAS

"Luther estava lá em cima, no escritório. Contei a ele: 'Fui ver sua mãe. Luther, quando saí, ela me disse adeus'. E comecei a chorar. Ele disse: 'Lula, relaxe, apenas descanse'. E eu lhe falei: 'Mas ela nunca se despediu de mim com adeus, Luther'. Desço as escadas e, cerca de quinze minutos depois, começo a tossir. Quero dizer, uma tosse incontrolável. Tossia, tossia, tossia. Luther perguntou: 'O que há de errado com você?'. Respondi: 'Não sei. Só não consigo parar de tossir'. Ele disse: 'Lula, Lula, beba um pouco de água, beba um pouco de água'. Continuei tossindo sem parar. Depois, parei. Cerca de dez ou quinze minutos depois, o telefone tocou, e era a casa de repouso ligando para Luther para avisá-lo de que minha sogra havia falecido.

"Detive-me sobre isso mais tarde, e pensei: 'Uau. O que ela estava tentando dizer? O que ela estava fazendo? Por que eu tossi?'. Perguntei-me se ela estava com dificuldade para respirar. Mas acho que eu estava lá com ela. Senti a proximidade. Muitas vezes, pensei: 'Por que eu estava lá?'. Acho que ela queria que eu estivesse lá.

"Depois que ela faleceu, houve momentos em que pude ouvi-la ou senti-la dizendo: 'Cuide de Larry'. E eu respondia: 'Sim, com certeza vamos cuidar de Larry. Vamos cuidar de Larry, mãe'. Esse foi o foco principal que senti dela depois que morreu, que com certeza cuidaríamos de seu filho, e assim o fizemos durante 21 anos."

A experiência de sensações físicas compartilhadas por Lula é parcialmente paralela às experiências de Sarah e Jackie do capítulo anterior, mas contém outro componente-chave: uma premonição pré-morte. Tomar conhecimento de uma morte iminente pode ser uma faceta de uma EMC. Às vezes, essas percepções pré-morte ocorrem perto da morte; outras vezes, podem ocorrer a uma distância maior no tempo do evento real. Lula vivenciaria uma segunda experiência pré-morte, semelhante à que teve com a perda da sogra.

"Minha filha, Felicia, foi diagnosticada com sarcoidose [uma doença que ataca os pulmões]. Esteve em negação por alguns anos e engravidou de um menino, contra as recomendações médicas. Randal nasceu com dois meses de antecedência, em março. Em novembro, Felicia me ligou e disse: 'Oi, mãe!', e me revelou: 'Bem, você vai ser avó de novo'. Não fui capaz de parabenizá-la, porque o parto de Randal já havia sido muito difícil. Fiquei pensando: *Meu Deus, Felicia*. Ela disse: 'Mãe, estou bem. Apenas ore por mim. Mãe, você sabe que reza muito, e eu também rezo muito. Mãe, vou ficar bem'."

Lula havia concluído há pouco um curso de treinamento para voluntários de uma instituição de longa permanência para idosos quando a saúde de sua própria mãe começou a se deteriorar. Ela voou para Detroit para passar o tempo restante com a mãe e estava ao seu lado quando ela morreu. Lula lembra: "Liguei para Felicia, que estava grávida de quatro meses e meio. Falei: 'Vovó faleceu'. Não disse 'Não venha ao funeral'. Mas presumi que, com ela grávida e trabalhando, era provável que não lhe sobrasse tempo para vir. Estamos no funeral e minha irmã fala: 'Lu, parece que alguém lá atrás está usando um respirador'. Eu me virei, e lá estava Felicia, caminhando pelo corredor com o bebê Randal.

"Disse a ela para descansar um pouco, mas minha filha voltou para a Califórnia no dia seguinte. Algumas semanas depois, em maio, tive um sonho, foi muito vívido. Vou contá-lo como se fosse uma história real, de tão real que foi. Felicia estava nos visitando no Texas, e levantei da cama para levá-la ao aeroporto. Eu a deixo lá e ela embarca. Quando volto para casa, entro no quarto do meu cunhado Larry, que ficava ao lado da garagem. Entrei pela garagem e dei uma olhada no quarto dele. Perguntei: 'Larry, que trouxa é essa na sua cama?'. Ele respondeu: 'Sei lá'. Vou até a trouxa, puxo o edredom, e lá estava o bebê Randal. Comecei a exclamar: 'Oh, meu Deus! Felicia deixou Randal! Oh, meu Deus, Felicia deixou Randal!'. Depois, acordei.

"Luther me fala: 'Lula, Lula, Lula, você está tendo um sonho'. Eu disse: 'Luther. Felícia deixou Randal. Ele era tão real quanto estou olhando para você'. Ele insistiu: 'Lula, foi um sonho'. Expliquei: 'Luther, você não entende. Felicia deixou Randal'. Luther falou: 'Lula, simplesmente relaxe. Foi um sonho'. Levantei-me e fui trabalhar naquele dia, e no intervalo, em vez de ir para a sala de descanso, fiquei caminhando pelo estacionamento orando ao Senhor, só orando ao Senhor.

"Liguei para o meu genro e ele disse: 'Oh, mãe, Felicia passou uma noite péssima ontem. Achei que fosse perdê-la'. Então, não conto a ele sobre o sonho porque não quero assustá-lo. Falei com Felicia e ela disse: 'Mãe, ore por mim, ore por mim. Mãe, vou ficar bem'. Duas semanas depois, no Memorial Day, recebi a ligação de que 'Felicia está lutando pela vida'. Perdemos Felicia e seu bebê ainda não nascido."

Mas essa não foi a conexão final de Lula com Felicia. Pouco depois do funeral da filha, Lula teve uma experiência que a acompanha há duas décadas. "Luther está fora do país em uma viagem de negócios e estou dormindo. Tinha acabado de começar a usar um CPAP, porque minha respiração estava parando durante a noite. Mas a máscara não me serviu bem e a estava tirando. Enquanto dormia, senti alguém tocar a lateral do meu corpo duas vezes. Acordei e percebi que havia arrancado a máscara e era quase certo que tinha parado de respirar. Meu primeiro pensamento foi que Felicia estava lá. Sentei-me ao lado da cama e ainda podia sentir seu toque. No fundo, sei que Felicia me acordou. Era Felicia dizendo: 'Mãe, acorda'. Ela não queria que nada acontecesse comigo. Queria que eu estivesse lá para Randal."

O neto de Lula, cuja mãe morreu quando ele tinha 15 meses, agora está na faculdade. Ela está presente para ele há mais de vinte anos.

Discutimos o aparecimento de energia e a sensação de energia elevada ao redor da EMC para o experimentador. De certa forma, as sensações de Lula – a tosse que sentiu com o falecimento da sogra e a sensação do toque da filha, despertando-a pouco depois do funeral – podem ser vistas como formas de conexão energética. Esses momentos também são lembretes de que uma EMC não precisa ter muitos recursos grandiosos para ser profundamente significativa e mudar a vida do experimentador. Por fim, a experiência de Lula contém outro elemento que abordamos brevemente no caso de Adela B., e reencontraremos em vários outros casos: a visitação pós-morte. Quão conectados permanecemos, e de que forma, com os entes queridos depois que eles se foram?

Em nosso próximo caso, encontramos tanto visitação pós-morte quanto sensações físicas em outro continente e num contexto diferente: Javier nasceu na Espanha e foi criado em uma família católica devota, embora ele acrescente que, após um recente teste de DNA, descobriu ter muitos ancestrais judeus por parte de pai. Muito provavelmente o que aconteceu, ele acredita, foi que parte de sua família se converteu ao catolicismo durante a Inquisição espanhola. "Sou tradutor", ele explica. "Estudei línguas e linguística. Hoje trabalho como narrador de comerciais de TV na Espanha e também como dublador. Também participei de vários filmes."

8. A EMC EM MÚLTIPLAS FORMAS

Sua primeira experiência ocorreu após a morte de seu irmão mais novo. Embora não seja uma EMC tradicional e, como experiência, caia mais na categoria de visita pós-morte, para Javier, teve um impacto semelhante a uma EMC. "Meu irmão morreu em 1989 aos 27 anos. Era muito apegado a ele por ser um ano mais velho. Durante vários anos, fiquei pensando muito nele, e sentia muito sua falta, estava muito triste com isso.

"Sou *gay* e morava em Londres em um apartamento com meu namorado na época, Paul. Nós ainda mantemos contato e sempre comentamos sobre esse episódio. O espírito do meu irmão entrou no prédio e começamos a nos comunicar. Eu não estava dormindo profundamente; estava semiconsciente e abraçando meu irmão. Conversávamos e ele se comunicava. Em suma, ele me disse que estava bem, que não deveria me preocupar com ele. Eu estava chorando, chorando no meu sonho sem lágrimas, mas sentindo como se estivesse de fato chorando, e falei que o amava muito, muito. Ele disse: 'Agora, preciso ir'. Implorei: 'Não vá'. Ele insistiu: 'Sim, preciso ir'. Ele disse adeus. E foi embora."

Depois que o espírito do irmão de Javier partiu, Paul acordou. Estava desorientado, mas tinha plena consciência de que havia outra presença no quarto. Javier lembra: "Paul me disse: 'Sim, pude sentir. Tive uma sensação estranha de que não estava sozinho'". O tempo não diminuiu a intensidade da experiência, nem para Javier nem para Paul. "É a realidade", observa Javier. "Nós dois acreditamos nisso, até mesmo Paul, que é muito cético. É uma daquelas coisas que aconteceram. Meu irmão veio me avisar que ele estava bem, só para me trazer paz."

Javier dificilmente mencionaria para a mãe o ocorrido, embora comente: "O fato é que minha mãe e eu tínhamos um relacionamento muito bom. Ela era muito espiritualizada. Pudemos discutir muitas coisas sobre a morte e a vida após a morte. Uma vez, no hospital, ela teve uma experiência de quase morte. Sou muito cético. Costumava lhe dizer: 'Quando morrermos, vamos para o lugar memorável de onde viemos'. Ou eu diria que estávamos indo para um lugar 'muito quente'. Dizia isso apenas para provocá-la um pouco. Nunca lhe contei sobre meu irmão ter vindo até mim porque nunca discuti com minha mãe minha sexualidade ou coisas assim, mas costumávamos conversar bastante sobre a vida, e tínhamos um bom vínculo. Éramos seis irmãos homens. Tenho cinco irmãos e uma irmã. Comigo, ela tinha essa conexão que permitia que conversássemos sobre coisas mais espirituais, em comparação ao que fazia com o restante de seus filhos.

"Nos últimos três meses de vida, minha mãe estava muito mal. Fui vê-la em janeiro e ela faleceu no dia 6 de março. Conversei com minha irmã e ela disse: 'Mamãe está fraca e debilitada, mas está bem'. Não esperava que minha mãe morresse naquele dia.

"Estava dormindo e, por volta das cinco horas da manhã, notei que suava e depois senti falta de ar. Não conseguia respirar. Agora, pensando bem, estava agonizando. Lembro-me de tocar meu pijama, e ele estava molhado de suor. O quarto não estava quente nem nada. Minha dificuldade para respirar perdurou mais um pouco.

"Além de não conseguir respirar e me sentir mal, passei de sentir calor e suar a sentir frio. Foi uma sensação muito estranha. Não gostei, embora não sentisse medo algum. Estava sentindo muito, muito frio, e isso me deixou completamente imóvel. Fiquei paralisado, até o pescoço. Não conseguia me mexer. Lembro-me de dizer a mim mesmo: 'Espero que esse frio passe logo'. E ele passou, foi-se por completo. E lembro-me de ser tomado por uma sensação de êxtase. Profundo, profundo, profundo êxtase. Lembro-me com muita clareza que até sorri. Recordo-me de estar lá ainda coberto até o pescoço com o edredom, e sorrindo. Disse a mim mesmo: 'Agora vou conseguir dormir muito, muito bem'. E dormi. Dormi e depois acordei. Tomei café da manhã. Estava me sentindo bem. Então, ouço meu iPhone tocar e olho para ele. Vi o nome da minha irmã, e soube. Tudo fez sentido. Soube de imediato que minha mãe havia morrido. Era mamãe dizendo adeus.

"Minha irmã me disse que quando foram acordar minha mãe, eles a encontraram sem vida. Havia morrido durante a noite. Não tenho dúvidas de que foi minha mãe que veio até mim. Tivemos muitas conversas também sobre eu ser o cético, enquanto ela dizia que acreditava existir um tipo de vida depois desta. Ela ia me enviar algum sinal dizendo: 'Ei, eu lhe disse, e esta sou eu enviando um sinal para garantir que você receba a mensagem'. Eu não sei."

Javier capta com eloquência o impacto que sua EMC teve em sua abordagem da vida e da morte. "Ela mudou minha perspectiva? Suponho que sim. Acredito que na vida há muitas dimensões e limites para as coisas. Somos limitados por nossos sentidos, mas por meio deles podemos vivenciar algumas dimensões. Acredito que existem dimensões que não somos capazes de compreender. Acredito que, quando morrermos, o eu espiritual, a alma, a energia, seja lá como queira chamá-la, vai para uma dimensão diferente. Lá, não temos os mesmos sentidos e não percebemos nem apreendemos o mundo da mesma forma como fazemos nesta dimensão."

Assim como Lula, Javier também se sentiu protegido pelos entes queridos falecidos – e essa é uma ocorrência que encontramos com outros experimentadores. Javier nos disse que é como se ele tivesse um "anjo da guarda", que o vigiava e protegia. Ele se lembra dos atentados a bomba do metrô de Londres em 7 de julho de 2005. Javier estava a caminho do trabalho e teve que sair às oito e meia. Estava prestes a entrar no elevador para a estação de metrô quando algo o convenceu a ir de bicicleta. "Voltei. Peguei a bicicleta. Às vezes, penso: *Que estranho.* A diferença de tempo foi de dez minutos. A bomba explodiu perto de Russell Square. Estava a caminho de Leicester Square. Provavelmente, teria pego um dos trens que sofreram atentados."

• • •

O conceito de cuidado e de ter um "anjo da guarda" vai além da proteção contra o perigo físico. Encontramos isso no caso de Sonya F., que teve duas EMCs distintas. Durante anos, Sonya considerou sua tia Ursula como "mãe espiritual". Ursula veio da Alemanha para os Estados Unidos aos 17 anos e teve poucas oportunidades de receber educação formal. Mas, diz Sonya: "Ela era a fonte da maioria dos meus livros e da minha biblioteca. Simplesmente uma mulher brilhante. Tinha uma alma incrível". As duas desenvolveram seu vínculo quando Ursula visitou a família de Sonya na Califórnia em um Natal, quando Sonya tinha 15 anos. Embora Ursula tivesse os próprios filhos, ela encorajou Sonya e a apoiou. Escreviam cartas uma para a outra. "Cresci em uma família muito científica", explica Sonya, "e eles achavam que muitas das ideias de Ursula eram estranhas". Mas não Sonya. Ela se voltou para a tia alta e esguia, sempre animada e que adorava falar com as mãos. "Quando eu tinha cerca de 19 ou 20 anos, éramos muito parecidas. Podia recorrer a ela em questões que não poderia contar com meus pais."

8. A EMC EM MÚLTIPLAS FORMAS

Depois que seus filhos "abandonaram o ninho", Ursula frequentou a escola de massagem. Ela se mudou para Santa Fé, Novo México, e começou a trabalhar com pacientes idosos. "Quando tinha cerca de 58 anos, Ursula foi diagnosticada com câncer de cólon", lembra Sonya. "Infelizmente, havia metástase e já estava no fígado. Sabia que provavelmente não sobreviveria por muito tempo e, por causa da nossa proximidade, deixei minha casa na Califórnia para ficar com ela."

Ursula foi morar com a filha e o genro, ambos médicos. Sonya encontrou um lugar próximo. "Eles eram bastante ocupados, e eu me responsabilizava pela maior parte dos cuidados e passava com ela o máximo de tempo que podia. Quando ficou mais doente, comecei a tentar estudar como ajudá-la melhor. Li o livro de Sogyal Rinpoche, *O Livro Tibetano do Viver e do Morrer*. No fim, ficava com ela o tempo todo." Sonya lembra que se tornou muito doloroso para a tia comer. "Ela me ligou um dia e disse: 'Não vou comer mais, não vou beber mais, por isso, pode fazer as malas e vir, e planeje ficar, porque estou partindo agora'.

"Era difícil ver alguém definhando assim. Minha prima e eu podíamos levantá-la sozinhas com facilidade para trocar os forros sob os lençóis. E mesmo assim ela ainda estava lá. Podia falar com ela, e ela levantava a mão para me responder. Numa sexta-feira à noite, comecei a orar para que ela pudesse partir. Estava tão angustiada e inquieta. À medida que ela se aproximava da morte, comecei a sentir que minha perda era o ganho de outra pessoa. Não consigo explicar ao certo, mas eu literalmente sentia como se os céus e todos os nossos parentes falecidos estivessem comemorando sua ida para lá.

"Ela morreu por volta das cinco da manhã. Minha prima me acordou e nós duas preparamos o corpo dela. Podia ver sua boca esboçando um leve sorriso, e seu corpo ficou quente. O quarto parecia diferente – parecia que a cor dele havia mudado, e que o tamanho do aposento havia mudado em um canto, como se tivesse se tornado uma catedral. A melhor maneira com que posso descrever é que toda a atmosfera mudou. Então, tive a sensação de energia elétrica se movendo pelo meu corpo. Tive a sensação muito forte de que o espírito da minha tia acabara de sair.

"Por fim, a equipe do necrotério chegou. Quando o corpo de minha tia foi levado, foi literalmente como se uma parte da minha vida tivesse deixado aquele quarto com ela. Lembro-me de meu primo dizendo: 'Quer ficar para o jantar?'. E senti que não havia mais razão para eu estar lá. Na mesma hora, arrumei minhas malas e fui para o aeroporto, sem passagem. Quando cheguei, tinha lágrimas escorrendo pelo rosto. Eu disse: 'Minha tia acabou de morrer, e não preciso mais estar aqui: pode me colocar em um avião?'. Era tão intensa a sensação da presença de alguém partindo e não ter mais um motivo para estar ali. Era como se meu propósito tivesse se encerrado. Peguei o avião e voltei para a Califórnia."

Sonya acrescenta: "Por um tempo, senti uma presença muito forte de Ursula depois que ela faleceu, como se ela estivesse orquestrando algumas coisas na minha vida. Ela costumava brincar que: 'Se não conhecer seu marido antes de eu morrer, vou encontrá-lo'. Conheci o homem com quem me casei logo antes de ela morrer. Ficamos noivos naquele ano. E tivemos um casal de filhos logo depois de nos casarmos. Tinha 40 anos quando tive meu primeiro filho. Senti como se ela estivesse me dando um empurrãozinho do outro lado".

No mesmo ano em que a tia de Sonya faleceu, um amigo recomendou que ela se juntasse a um grupo local de mulheres na

8. A EMC EM MÚLTIPLAS FORMAS

Califórnia. A líder do grupo se chamava Dennie. Elas se encontravam uma vez por semana, e Sonya participou por seis meses, até que ela e seu novo marido se mudaram para Massachusetts. "Sempre senti uma conexão especial com Dennie. Eu meio que presumi que ela tinha isso com todo mundo. Não foi um relacionamento de longo prazo, apenas muito intenso." As duas trocavam cartões de Natal e mantinham contato esporádico. Sonya lembra: "Um dos meus pais teve uma emergência médica e tive que voar para a Califórnia. Esbarrei com Dennie em um estacionamento. Foi antes de ela saber que tinha câncer. Naquele dia, reconheci que, por algum motivo, sempre senti que Dennie podia ver mais de mim do que eu mesma. Não sei como explicar, mas sempre senti que ela enxergava meu potencial, mais do que eu era capaz. Quando saímos, ela disse: 'Só quero que saiba que sempre vou te amar'. Pensei: 'Dennie deve dizer isso para qualquer pessoa', mas, ainda assim, é muito especial saber que tivemos essa conversa.

"Ouvi falar que Dennie estava doente e infelizmente soube que ela tinha um câncer em evolução rápida. Pensei: 'Bem, tenho apenas alguns meses, uns poucos meses'. Tratei logo de lhe escrever uma carta, mas planejava mais comunicação e talvez tentar pegar um voo. Na época, estava muito ocupada. Tenho filhos pequenos. Foi apenas uma daquelas coisas que acabam sendo deixadas de lado. Um dia, no fim da tarde, cheguei em casa depois de estar no *tae kwon do* com meus filhos e tive uma sensação de repentina e absoluta exaustão. Estava literalmente contando os minutos até meu marido chegar do trabalho, apenas olhando para o relógio, pensando: 'Preciso dormir. Não sei o que é isso, mas tenho que me deitar'.

"Meu marido chegou em casa por volta das sete. Às sete e meia, falei: 'Preciso me deitar'. Nem tirei a roupa. Dormi a maior parte da noite. Um tipo de sono que tira você do ar por completo. Então, comecei a ter um sonho muito intenso. Estava em um *pontoon boat* em um canal estreito. Havia construções que pareciam uma combinação do que você veria na Grécia, com prédios brancos, e outras mais fantásticas, como saídas de um livro do Dr. Seuss, mas elas se erguiam do oceano em ambos os lados, e o canal era bastante difícil de navegar. Lembro-me de me virar e ver um monte de pessoas sentadas em fileiras atrás de mim, e me senti animada. Eram todas pessoas com quem eu sentia algum vínculo, mesmo que não conseguisse distinguir nenhum rosto. Eu me senti como se fossem gente minha, meus parentes que estão aqui comigo.

"Estava escurecendo. A água começava a parecer quase preta. Como você veria ao pôr do sol. Disseram-me que íamos para um aeroporto. E alguém disse: 'Perto de Nova Jersey', onde nunca estive. A partir daí, o cenário mudou. Desci do barco e estava na areia. Olhei para cima e esta foi a parte mais incrível. Havia uma multidão de pessoas ao meu redor. Ergui a vista e lá estava Dennie olhando diretamente para mim.

"Pensei: 'Espere um segundo, Dennie está nesta viagem? Ela está doente, esta é uma viagem meio difícil, por que ela está aqui?'. Mas ela estava superanimada e queria ir. Na nossa frente havia um lance de degraus, do tipo que você veria em uma casa de praia. Eram caiados de branco, acinzentados pelo desgaste e vazados. Dava para ver a areia entre eles. Parecia haver algumas pessoas fisicamente aptas ao redor. Pensei que todos nós poderíamos ajudá-la nessa empreitada, mas ela olhou para mim como se dissesse: 'Você pode fazer isso, Sonya'. Senti uma tremenda responsabilidade. Tipo: 'Sério, eu? Por que está me escolhendo? Há todas essas outras pessoas que podem ajudá-la a subir esses degraus'.

8. A EMC EM MÚLTIPLAS FORMAS

"Dennie queria ir na frente. Começamos a subir os degraus e, a certa altura, procurei sinais de sua doença e pensei: 'Ela parece meio cansada e um pouco ictérica'. Sua pele parecia um pouco escura, e as mãos estavam ligeiramente inchadas, mas, fora isso, estava muito alegre. Estava usando um vestido azul, com listras de flores tipo flor de cerejeira. Era esvoaçante e elegante. Ela tinha sido dançarina, e o traje lhe era característico. A certa altura, ela me mostrou os dedos e parecia que fazia um V. A primeira coisa que me veio à mente foi que era um V de vitória.

"Os degraus pareciam intermináveis. Comecei a sentir como se estivéssemos no céu. Meu senso de responsabilidade era muito forte, porque às vezes chegávamos a vacilar. Ela meio que cambaleava, e eu a segurava, e me sentia trêmula. Como se fosse responsável por garantir que ela não caísse. Olhei para cima e percebi que havia pessoas esperando por nós no fim dos degraus. Era muito alto. Não havia mais cenário. Eu não conseguia ver mais terra, areia ou qualquer outra coisa. Estávamos no céu. E, no entanto, tive a sensação de que estávamos indo para uma entrada ou um portal que levava a uma sala. Na vez seguinte que olhei para cima, havia duas mulheres em vestidos renascentistas, vestidos largos, bufantes e acetinados da cor de ferrugem, e elas estavam superanimadas. Estavam, tipo: 'Ela está vindo, ela está vindo'. Comecei a ter essa sensação de que Dennie era a convidada de honra. Então, tive um sentimento meio egoísta de que não queria desistir dela. Reconheci que ela seria o centro das atenções quando chegássemos ao topo dos degraus. Parei e descansei com ela por um tempo, a ideia era deixá-la descansar. Mas, de certa forma, acho que estava postergando um pouco mais.

"Quando chegamos perto o suficiente, as pessoas meio que puxaram Dennie para dentro da sala. O ambiente tinha quase uma aura do Oriente Médio. Havia almofadas e aconteceria uma apresentação de dança. Dennie estava muito feliz. Estava exausta, por isso, nós a acomodamos e, por algum motivo, parecia importante que ela estivesse encostada em uma parede. Como se não fosse capaz de se sentar sozinha. Havia também uma sensação de espera; era como se não fosse o momento certo. Não posso explicar de outra forma além de dizer que ela havia chegado cedo. Tinha a sensação de que deveria haver uma grande quantidade de comida, mas não estava toda preparada. E os dançarinos ainda não estavam prontos. Era como se aguardássemos outras pessoas chegarem. No entanto, sabia que seria uma coisa incrível e festiva, com comida em abundância. Dennie adorava coisas bonitas, e eu mal podia imaginar o que seria. Dava até para sentir o cheiro que vinha da cozinha, mas nada estava pronto.

"Quando ela se sentou, estava com um semblante radiante e comemorou: 'Consegui, consegui'. Grande parte das pessoas naquela sala era composta de mulheres. Acho que havia alguns homens, mas tinha sobretudo mulheres. Então, comecei a ter a sensação de uma espécie de vibração elétrica intensa no corpo. Era tão forte que parecia me despertar, como se estivesse literalmente sendo puxada do colchão para uma posição vertical.

"Sabia que precisava sair daquele ambiente porque era o domínio da morte ou algo assim. Mas, ao mesmo tempo, também era um sentimento maravilhoso; êxtase puro. E não queria ir embora. De repente, nesse momento de ambivalência, me dei conta que sabia que tinha que partir, mas também que estava desesperada para ficar porque ela estava morrendo – e que, quando acordasse, não estaria mais naquele lugar incrível, cercada por uma energia maravilhosa.

"Despertei com copiosas lágrimas transbordando dos meus olhos. Estava muito transtornada. Cheguei até a dizer em voz alta:

8. A EMC EM MÚLTIPLAS FORMAS

'Dennie, eu te amo!'. Acho que fiz barulho suficiente para que meu marido acordasse, e ele perguntou: 'O que aconteceu?'. Respondi: 'Acho que Dennie acabou de morrer'. E acrescentei: 'Acabei de ter um sonho muito parecido com o que senti quando minha tia morreu'.

"Saí da cama e escrevi o sonho. Depois, entrei no Facebook e vi que o filho de Dennie havia postado: *Estejam com minha mãe, ela foi para sua jornada*. Tinha sido postado horas antes."

Sonya refletiu sobre sua experiência, e a questão central de por que foi ela quem Dennie selecionou para acompanhá-la. "Rememorando agora, acho que senti que, de uma forma estranha, estava disponível para ajudar, então, ela me escolheu. De alguma forma, felizmente, eu estava ciente o bastante de que precisava me deitar, porque acho que nada disso teria acontecido se eu tivesse ignorado minha exaustão e seguido adiante." Em vez disso, o sentimento de êxtase de Sonya perdurou por dias.

"Outras coisas estranhas também aconteceram", acrescenta ela. "Cerca de um mês depois dessa experiência, recebi um catálogo de roupas pelo correio; nele, havia uma foto de um vestido recém-lançado, exatamente aquele que vi no meu sonho, inclusive as mangas, que eram transparentes. Abri o catálogo e vi o que a modelo vestia. Foi uma coisa tão louca. É estranho, mas sinto-me quase mais próxima de Dennie agora. Sinto muito sua presença. Ela brota de repente na minha mente, como uma velha amiga. E, às vezes, recebo aquela energia vibrante mais uma vez em meu corpo."

Sonya descreve sua vida espiritual como uma miscelânea. "Tenho sido adepta da meditação a maior parte da vida, mas não sigo nenhuma corrente religiosa específica. Estudo Kundalini yoga, mas pratico algo do hinduísmo. Às vezes, rezo o terço." Mas ela acredita que existe algo além desta vida, embora, como muitos outros que passaram por experiências de morte compartilhada, Sonya tenha evitado discutir o que aconteceu. "A única coisa que de fato compartilhei com minha família é que não tenho mais medo de morrer, nem um pouco, o que é estranho. Vi minha tia sentindo um bocado de dor, mas não tenho medo. Com certeza, sinto que há algum tipo de continuidade."

Até aqui, vimos como a experiência de morte compartilhada pode aprofundar os vínculos e conexões existentes, bem como ser uma forma de se estabelecer uma ligação entre entes queridos e amigos com o moribundo ou falecido. Nos casos de Lula, Javier e Sonya, também vimos elementos de cuidado; a sensação em todos eles de que seus entes queridos encontraram meios de cuidar deles após a morte: Lula e sua filha, Felicia; Javier e talvez seu irmão; Sonya e a tia Ursula. Mas, às vezes, o cuidado oferecido ao experimentador é mais imediato; fornece desfecho ou reparo a um relacionamento. A própria EMC se torna uma fonte de cura. Abordaremos essa faceta a seguir.

9
PRESENTES INESPERADOS

BRIAN S. ouvia o programa de rádio de Garrison Keillor, *A Prairie Home Companion*, enquanto dirigia para uma festa de aniversário. "Estava ouvindo suas histórias do Lago Wobegon, e ele contava sobre a família Tollefson." Na festa, Brian conheceu Kristi. O fictício Lago Wobegon de Keillor com seus imigrantes escandinavos ficava em Minnesota; Kristi cresceu em uma fazenda de trigo de novecentos acres em New Rockford, Dakota do Norte, a cerca de seis quilômetros da cidade. Kristi e Brian conversaram por aproximadamente quinze minutos antes que ela tivesse de sair. "Não consegui pegar o número de seu telefone nem nada", lembra ele. "Gostei mesmo dela." Kristi agora morava no sul da Califórnia; Brian vivia e trabalhava na região de São Francisco. "Entrei em contato com o serviço de consulta à lista telefônica em busca de Kristi, encontrei o número dela e liguei." Eles se conheceram em abril, começaram a namorar em maio e Brian a pediu em casamento em agosto. "Foi completamente contra a minha natureza", diz ele. "Ela era luterana, republicana e todas essas coisas de que, em geral, eu não gostaria, e sempre jurei que viveria com alguém por alguns anos antes de pedir que se casasse comigo. Mas nada disso importava, eu me apaixonei e pronto."

Brian descreve Kristi, a quem ele chamava de Kris, como "sinceramente interessada em todos que conhecia. Ela simplesmente fazia as pessoas se sentirem confortáveis e apreciadas". Ela também tinha "uma voz maravilhosa e era uma grande musicista", que tocava piano e trombone. Os dois tocavam duetos de Haydn, Kris no piano e Brian no oboé, e entoavam canções de Natal. "Em termos de sonoridade e doçura, sua voz soava como a de Julie Andrews", lembra Brian.

Eles se casaram e tiveram dois filhos. Em 1993, quando a filha tinha 4 anos e o filho 2, Kris foi ao médico por causa do que ela pensava ser uma sinusite. Em vez disso, "o médico sentiu um grande caroço em sua garganta". Seguiu-se uma série de exames e biópsia. Brian comenta: "Lembro-me nitidamente de estar no trabalho quando recebemos os resultados da biópsia [...]. Ela tinha o que é chamado de carcinoma papilífero de tireoide, que havia se espalhado para os gânglios linfáticos do pescoço. Quando ouvi isso, mesmo estando em uma área aberta com muita gente, apenas baixei a cabeça na mesa e chorei. Porque, na minha mente, isso significava que ela estava morta. Ela ia morrer".

Kris foi submetida a uma cirurgia de dez horas. A maior parte do câncer foi removida, mas isso também danificou as cordas

9. PRESENTES INESPERADOS

vocais, deixando-a incapaz de cantar. Três meses depois, ela fez um tratamento com iodo radioativo, com o objetivo de matar quaisquer células que a cirurgia tivesse deixado passar. "Vivemos quase cinco anos pensando que estava tudo bem. A cada seis meses, os médicos realizavam um exame e dava totalmente negativo." Brian e Kris prosseguiram com sua vida. "Kris era terapeuta de casamento e família. Trabalhava com adolescentes emocionalmente perturbados, em sua maioria em núcleos escolares. Trabalhava arduamente. Estávamos criando nossos filhos." Mas os marcadores sanguíneos de Kris para algo chamado globulina da tireoide estavam subindo aos poucos, o que era uma preocupação, porque ela não deveria mais ter tireoide.

Brian lembra: "Estava trabalhando para a Mitsubishi Electric, em sua divisão de semicondutores. Eles tinham um grupo de imagiologia médica e me colocaram em contato com um radiologista de Stanford e outro de Harvard. Descrevi o que estava acontecendo com Kris e disse: 'Há algum desenvolvimento na tecnologia de imagem que possa detectar uma quantidade diminuta de um tumor?'. O radiologista de Stanford me pôs em contato com um cara que estava no departamento de Medicina Nuclear, fazendo PET-*scan*, que, na época – isto é, 1997, 1998 –, não fora aprovado como meio de rastrear o câncer. Mas esse cara realizava pesquisas, e tivemos uma aprovação especial. O único lugar que tinha exame PET-*scan* naquela época era na Administração de Veteranos de Palo Alto. Nem Kris nem eu éramos veteranos. Por isso tivemos que obter permissão do estado para que ela realizasse um PET lá".

O exame revelou meia dúzia de tumores nos pulmões de Kris e outros mais na garganta. "Se tivéssemos seguido as suposições que os médicos de Kris faziam à época, ela teria morrido muitos anos antes", explica Brian. Em vez disso, o casal embarcou em anos de cirurgias. "Mais ou menos a cada dezoito meses, ela fazia uma cirurgia no pescoço para remover tumores. Sempre tivemos essa atitude de que a situação era difícil, mas vamos tratá-la mais como diabetes ou alguma condição crônica, em vez de uma doença inevitavelmente fatal. E, no geral, pensamos que poderíamos lidar com o que surgisse, o que não deixou de ser verdade, até o verão de 2012."

Naquele verão, a saúde de Kris se deteriorou, os tumores começaram a comprometer os pulmões e ela lutava para respirar. "Soubemos em uma terça-feira que ela iria falecer muito rápido. A essa altura, ela havia perdido a capacidade de falar. Conseguia apertar minha mão, para que pudéssemos nos comunicar um pouco. Um fator importante era sua função pulmonar. Ela tinha medo de sufocar. Às vezes, seu corpo simplesmente dava uma pane. Não sabíamos como passar por isso.

"Um dos grandes presentes que ganhei foi quando uma das enfermeiras da UTI sugeriu que estaria tudo bem se eu deitasse na cama com Kris e a abraçasse. Quando fui para a cama com ela, seus pulmões não subiam nem desciam, e o coração não estava bombeando muito. Seu fluxo sanguíneo vinha diminuindo e depois ela parecia, para mim, como concreto ainda úmido começando a endurecer. Seu corpo estava frio, mas dava para ver que o calor do meu corpo abraçando-a era reconfortante. Ela ainda estava agitada até a última hora antes de falecer. Depois disso, uma sensação distinta de paz apoderou-se de Kris, pude sentir isso nela, e em seguida senti isso no quarto. Foi quase sagrado. Havia algo de reverência naquilo tudo."

Brian descreve todas as coisas em que ele e Kris eram diferentes, das respectivas posturas em relação à religião até a quantidade de emoção que traziam para o relacionamento. "Kris era muito pé

9. PRESENTES INESPERADOS

no chão. Era muito prática. Cresceu em uma fazenda de vacas leiteiras; sua família trabalhava duro e não tinha muito dinheiro. Eu sou mais sonhador, ou algo nesse sentido. Batíamos de frente. Em alguns aspectos, eu era o componente emocional do relacionamento. Em geral, as mulheres são assim e não os homens, mas esse papel era invertido para mim e Kris. Isso criava alguns conflitos, e há coisas que fizemos um ao outro que às vezes nos magoaram; coisas assim faziam parte de um casamento que já durava várias décadas."

Mas enquanto Brian estava ali, aconchegado em Kris, teve uma sensação completamente inesperada. "Estou à beira da tristeza, porque, mesmo com as questões difíceis, tivemos um relacionamento maravilhoso, nós nos amávamos muito. E começo a sentir o oposto de tristeza, um sentimento de alegria e elevação." Ele acrescenta: "Kris estava deitada do meu lado direito, e esse sentimento originava-se sem sombra de dúvida do meu lado direito". Ele achou que estaria vivenciando a dor da perda, mas, em vez disso, sentiu "a resolução de todos os problemas que já tivemos. Cada conflito foi resolvido, de alguma forma". Brian também enfatiza que essas diferenças não se dissolveram apenas, mas foram totalmente resolvidas. "Ainda não consigo entender isso. Não compreendo como aconteceu. Mas foi uma experiência clara, evidente. Foi uma experiência de ela me amar e estar comigo para sempre, e eu amá-la e estar com ela para sempre."

Naquele quarto de hospital, o filho de Brian e Kris estava tendo dificuldades para enfrentar a morte da mãe. Ele apoiou a cabeça no pai, e Brian tinha uma ligeira consciência dos dois filhos e se preocupava com eles. "Mas, assim que pensava neles, isso acabava com essa experiência que estava tendo. Então, aprendi a apenas estar com Kris. Ela respirava e então minutos se passavam e eu pensava: 'Pronto, é isso. Ela se foi'. Mas, em seguida, havia outra respiração. Fico deitado lá apenas sentindo essa alegria e elevação." Brian também teve uma profunda sensação do que chama de "presença expandida e um grande estado de ser". Ele podia sentir em separado as identidades de Kris e dos filhos no quarto, mas, ao mesmo tempo, estava bem consciente de algo muito maior do que o mundo tridimensional em que vivemos. "O único modo com que consigo explicar é que nos espremos neste corpo tridimensional, mas na verdade nosso ser é muito mais dimensional, de maneiras que minha mente não consegue compreender – e Kris estava agora nessas dimensões extras. Eu estava deitado lá, sentindo-a grande, enorme, amorosa, poderosa e elevada desse jeito.

"Por fim, ela parou de respirar e a enfermeira entrou e a declarou morta. Acho que saímos do hospital por volta das quatro e meia da manhã de uma quinta-feira. Comecei a dirigir para casa, e estou em uma colina, com uma enorme lua cheia. Estava quase laranja, e acabou que era uma rara segunda lua cheia no mês, então foi algo incrível."

Brian conta que, da EMC daquela noite, carrega consigo o sentido particular do que sentiu de Kris. "Estava esperando que fosse ficar muito triste e consumido pela dor. Mas não conseguia me ater a isso porque a alegria, a elevação e a sensação desse enorme 'estado de ser' que ela era prevalecia. Todas aquelas coisinhas mesquinhas que nossa mente coloca no caminho de ter o coração aberto e amoroso [...], essa experiência com Kris naquelas horas finais teve o poder de remover essas coisas. Com o tempo, interpretei isso como um momento de graça divina."

A emoção intensa de Brian não é um caso isolado. Outros que tiveram uma experiência de morte compartilhada também

9. PRESENTES INESPERADOS

descobriram que uma EMC pode criar uma cura duradoura em um relacionamento. Elizabeth B. morava na França em 1991 e estava grávida de seu segundo filho. "Meu marido é francês, então nos mudamos para a França. Tive uma gravidez muito difícil. Fazia dois meses já que estava com um acesso intravenoso. Chelsea, minha filha, nasceu com seis meses e meio e sobreviveu por dois dias com um respirador. Cheguei em casa do hospital, e minha salvação foi ter meu filho, Morgan, lá. Sei que ele me ajudou na cura daquela perda.

"Acho que para quem teve um aborto espontâneo ou cujo filho morreu logo após o parto [...] é muito, muito difícil. A única coisa que me fez seguir em frente era que eu precisava me reerguer e ir à luta por Morgan. Outra coisa era que eu sabia que era possível ter mais filhos e tive muita, muita sorte. Tenho duas filhas lindas que nasceram depois que Chelsea faleceu.

"Mas, depois de perder Chelsea, senti como se tivesse um pé aqui, outro lá. Senti que voltaríamos a ficar juntas, e que, em parte, ela estaria sempre comigo." A profundidade desse sentimento mudou depois que Morgan participou de um programa de intercâmbio com outros treze estudantes em Nanjing, na China.

"Ele teve férias escolares e uma opção era visitar alguns amigos em Hong Kong. Meu marido tinha trabalhado lá, e ele e eu estávamos muito preocupados com o fato de que, se Morgan fosse para Hong Kong, ele não pudesse voltar para a China. Ele tinha um tipo especial de visto de estudante que permite sair da China, mas você nunca tem certeza de se será aceito de volta. Ele nos disse que todos os estudantes estavam indo para o Tibete. Dois professores viajariam com o grupo, por isso, achamos que seria maravilhoso para ele ter essa oportunidade. Ele desembarcou em Lhasa [capital do Tibete], que fica a 3.300 metros de altitude, com todos os outros alunos, mas não os professores, que decidiram não ir. Infelizmente, tiveram a ideia de ir logo no dia seguinte para o acampamento-base do Monte Everest, que fica a 3.500 metros. Enquanto faziam a viagem, todos no ônibus ficaram nauseados. As garotas vomitavam e Morgan segurava a cabeça delas. Ele havia passado um tempo na China antes, então, ele era meio que o irmão mais velho de todos.

"Quando chegaram ao acampamento-base", continua Elizabeth, "todo mundo estava muito mal. Tinham se urinado todos no ônibus. Ninguém percebeu que isso era um sintoma de doença de altitude, e não entendiam que esses eram sinais muito sérios. Morgan foi para a cama cedo porque estava com uma enxaqueca terrível. Durante a noite, ficava levantando e vagando sem rumo, chamando os outros estudantes pelo nome errado. Às nove da manhã, tentaram acordar Morgan, mas ele espumava pela boca e não conseguiram despertá-lo.

"A mãe de um dos alunos era médica. Ele ligou para ela do celular, e ela disse que era muito importante levá-lo de imediato para uma altitude mais baixa. Eles o colocaram no ônibus. Ele era um cara grande, com mais de dois metros de altura e 130 quilos. Eles começaram a descer a montanha, e ele parou de respirar. Eles o tiraram do ônibus para tentar fazer a RCP nele, mas nenhum dos jovens sabia de fato como aplicá-la. O diretor do programa em Nanjing foi informado do que estava acontecendo, e ele me ligou no Arizona e me passou o número de telefone do colega de quarto de Morgan, Colin, dizendo-me que, se eu quisesse, poderia ligar para Colin.

"Liguei na hora e, justiça seja feita a Colin, ele não mediu palavras. Ele me disse: 'Morgan não está nada bem. Acho que ele não vai conseguir sair dessa. Está passando por RCP, mas não está respirando'. Pedi a Colin que colocasse o telefone no ouvido de Morgan

9. PRESENTES INESPERADOS

e disse a ele que estávamos orgulhosos dele, que o amávamos e que não tivesse medo."

Elizabeth descreve a resposta: "Foi instantânea; ele me abraçou por dentro. Morgan estava a milhares de quilômetros de distância, mas senti imediatamente aquilo. Não sou religiosa. Como costumo dizer, sou espiritualizada. Nunca algo assim havia acontecido comigo, mas soube naquele exato momento que, acima de qualquer coisa, Morgan sempre estaria conosco. Sei que o amor nunca morre e me senti incrivelmente conectada a Morgan. Então, meu marido disse: 'Deixe-me falar com ele', porque ele sequer percebeu pelo tom da minha voz e pelo que eu estava dizendo que Morgan já havia falecido.

"Falei em francês: 'Querido, sinto muito. Acho que ele morreu'. Foi uma coisa muito, muito difícil para toda a minha família, porque acredito que eles não foram capazes de vivenciar de imediato a mesma coisa que eu vivenciava."

No entanto, Elizabeth carrega consigo essa experiência desde então. Ela explica: "Estou em contato com Morgan o tempo todo. Quando ele morava na China, ou mesmo quando estava em Tucson, dependia de um telefone para conversar com ele, e muitas vezes nos falávamos duas vezes por dia. Agora sinto que, sempre que preciso dele, ele está lá comigo. Não diria que converso com ele necessariamente, embora fale muito com ele em voz alta, mas eu o sinto comigo o tempo todo.

"Nunca chorei com a morte de Morgan, não de verdade. Ele era meu primogênito. Meu queridinho. O amor da minha vida. Mas nunca fui capaz de chorar porque, toda vez que começava a pensar nele e me sentia triste, era invadida por uma espécie de energia maravilhosa, como se eu estivesse sendo abraçada por dentro. Ainda sou abraçada por dentro; ainda mais se, por exemplo, estiver triste com outra coisa, ou preocupada com algo mais que esteja acontecendo na minha vida, sinto-o me abraçando.

"Minhas duas filhas dizem: 'Mãe, ser abraçada por dentro parece tão estranho. Você precisa descobrir uma forma diferente de explicar isso', mas o sentimento é o que é. Para mim, vem da minha barriga até o coração e me impede de ficar triste. Ele me preenche. É apenas uma enorme sensação de paz, e traz alegria também.

"Provavelmente cerca de um mês depois de sua morte, tive um sonho muito bonito com Morgan. Estávamos na Jamaica, onde tínhamos ido para uma de nossas últimas viagens em família juntos. Ele caminhou até mim em um mercado e me abraçou, dizendo-me que tudo ia ficar bem, e depois foi embora. Esperava receber mais abraços assim. Não recebo, mas ainda assim está tudo bem. Uma das coisas que acho que todo mundo precisa entender, e acredito que isso acontece na minha própria vida, é que passamos muito tempo com nossos entes queridos enquanto dormimos, e não costumamos nos lembrar dos sonhos. Sempre acordo feliz e tenho certeza de que estou passando um tempo com Morgan e Chelsea por lá."

Elizabeth também estava determinada a usar essa experiência para levá-la a outras pessoas e ajudá-las. "A primeira coisa que queria fazer era me conectar com outros pais cujos filhos já faleceram, pois percebi que isso deve acontecer com todos, já que nosso amor pelos filhos é tão profundo. Sei que a razão pela qual consegui me conectar com Morgan foi porque ele queria me deixar saber que estava bem. Queria que eu soubesse que tudo ficaria bem conosco também. Tentei muitos grupos de luto, e nenhum deles falou sobre a conexão com os filhos na vida após a morte. Aliás, era um tabu nos grupos que consegui encontrar.

9. PRESENTES INESPERADOS

"Também queria ver como estavam os outros pais depois de um ano, de dois anos, de seis anos, bem como suas famílias, e se isso era algo a que você pode sobreviver. Agora, quase nove anos depois, percebo que não só podemos sobreviver a isso, como também voltar a sentir alegria. É possível triunfar."

No fim, Elizabeth começou um grupo chamado Helping Parents Heal [Ajudando Pais a se Curar]. Ela explica: "Uma das principais características do grupo é que agora nos chamamos de 'pais da luz brilhante'. Não porque estejamos brilhando, é porque nossos filhos estão brilhando por meio de nós, e de fato eles brilham. Brilham por nosso intermédio e nos mostram o caminho para a cura". Ela acrescenta: "Não acho que seja um caso isolado. Não há nada de especial em mim. Acho que todos podem estar em contato com seus entes queridos. Tive sorte pela rapidez com que aconteceu com Morgan, pelo fato de já ter um pé aqui e um pé do outro lado com Chelsea. Mas não acho que alguém deva se sentir mal se isso não acontecer logo de cara quando seus entes queridos falecerem. Ao mesmo tempo, acho que quem passa por isso deve perceber que também é muito normal.

"Estamos todos vivenciando diferentes graus da mesma coisa, que é um enorme transbordamento de amor. Tudo isso vem do amor, o amor que Morgan e eu compartilhamos, o amor que compartilho com Chelsea também, e agora o amor que compartilho com todos esses outros pais. Uma das principais coisas que discutimos no grupo é que nossos filhos já estão em casa e ainda estamos na 'escola'. Ainda temos algo a aprender aqui. Ainda estamos aqui por uma razão, mas eles querem que sejamos felizes e querem que sintamos alegria, porque estão felizes, estão alegres. Isso é algo muito importante que as pessoas precisam entender. As crianças fizeram o que precisavam fazer enquanto estavam aqui. Em muitos casos, acredito que muitas dessas crianças são almas muito, muito antigas. Fizeram o que precisavam fazer e agora estão lá. Outra coisa que conversamos no grupo, e no que acredito por completo, é que quando voltarmos a ver nossos filhos será como se não tivesse passado um minuto sequer, porque o tempo lá é muito diferente do que é aqui."

Assim como muitos que passaram por uma EMC, Elizabeth comenta: "Você não teme de modo algum a morte e o morrer, mas isso com uma ressalva: ninguém precisa acelerar o processo. Temos um papel aqui na Terra". E ela acredita do fundo do coração que os pais enlutados não devem se sentir sozinhos. Em vez disso, aqueles que já vivenciaram esse tipo de perda podem "estender a mão para outro pai ou mãe, para ajudar a empurrá-lo adiante".

Tanto para Brian quanto para Elizabeth, uma experiência de morte compartilhada fortaleceu o relacionamento no longo prazo, e, no caso de Brian, também ajudou a reparar os desgastes acumulados do casamento. Mas e quanto a relacionamentos significativamente desgastados, ou relacionamentos desafiadores, em que os laços compartilhados foram danificados, ao que parece, de forma irreparável? Eles também podem ser transformados? Em alguns casos, a resposta é sim. Julie S. descreve-se como "cética por natureza. Não acredito em fantasmas. Nunca tive uma experiência 'mediúnica'. Como enfermeira, vi pacientes morrerem e confortei famílias, mas nunca tinha ouvido falar de experiência de morte compartilhada, que dirá passar por uma".

A história de Julie começa com um telefonema de sua filha já adulta, Sophie. Ela explica: "O pai de Sophie e eu nos divorciamos há séculos, quando ela tinha 9 anos e sua irmã e irmão tinham 7 e 5.

9. PRESENTES INESPERADOS

Não foi o melhor dos casamentos, e não tivemos um divórcio fácil. Mudei-me, obtive meu diploma de Enfermagem e, depois de um tempo, tive um segundo e feliz casamento. Meu ex também voltou a se casar e, quando Sophie ligou, ele e eu estávamos sem contato há cerca de uma década".

Julie sabia, por intermédio dos filhos, que o ex-marido se encontrava preso a uma cadeira de rodas há vários meses e que estava nos estágios iniciais de demência. Embora ele estivesse apenas na faixa dos 70 anos, exigia cuidados constantes e foi transferido para uma casa de repouso. Julie lembra que era um fim de semana brutalmente quente, com uma temperatura máxima atingindo os quarenta graus. Mas sua filha Sophie pediu que ela fosse visitá-la e que levasse as filhas dela. Quando Julie perguntou por que, Sophie respondeu que havia acordado naquela manhã achando que deveria fazê-lo.

Em seguida, Julie lembra: "No caminho para a cidade, Sophie parou na casa de repouso para visitar o pai. Elas entraram no quarto dele, e as meninas gritaram: 'Oi, vovô!', e depois congelaram. Ele estava inconsciente". Sophie foi em busca de ajuda. A pressão arterial do pai caiu de 75 para 45. O pulso estava 133. "Quando Sophie me contou o que havia acontecido, sabia que era sério.

"Falei: 'Se quer se despedir do seu pai, agora é a hora'.

"Por fim, vieram para casa. Fizemos um plano para o dia seguinte e decidimos que eu levaria as meninas ao cinema. Elas já haviam se despedido, e Sophie estaria livre para ficar ao lado do pai. De manhã, depois do café, Sophie voltou para a casa de repouso, e as meninas e eu fomos ao cinema."

Mais ou menos na metade do filme, Julie teve o que ela descreve como "impressão perturbadora", a sensação de que "algo está acontecendo. Sua condição está mudando. Ele está de partida.

"Descartei o pensamento, achando que era minha imaginação, mas ele persistiu e foi difícil de ignorar, como quando meu cachorro me encara em silêncio com seus grandes olhos. Estava sendo impelida a fazer algo e, em meu espírito, hesitei, mas depois aceitei." O que aconteceu a seguir foi transformador. Julie explica: "Fechei os olhos e o tempo e o espaço mudaram. Estava com ele em um novo lugar. A tela do cinema e os sons desapareceram por completo".

Julie descreve ter visto o ex-marido "enfaixado como uma múmia, com apenas a cabeça descoberta. Suas feições não eram nítidas, como uma imagem em um espelho antigo e com filtro sépia. As camadas externas de tecido ao redor de sua silhueta eram soltas e esvoaçantes, um material semelhante ao linho, mas mais fluido. Não tinha fim; o tecido apenas se fundia com o espaço de fundo escuro ao redor.

"Ele subia para a luz acima de sua cabeça. Olhei para ela." Julie se lembra de ter visto "uma luz bela e difusa que era mais do que luz. Era um lugar, um espaço, uma energia. Era liberdade, libertação, perdão e aceitação". Ela sentiu que "vislumbrava a eternidade".

Naquele momento, Julie o ouviu "dizendo: 'Tenho que ir. Não consigo aguentar', não com a voz ou palavras", acrescenta ela, mas expresso "nitidamente, e para mim. Mais nítido do que voz ou palavras, era um saber. Então, entendi que estava lá para ajudá-lo a fazer a travessia. Ele tinha que partir, e de alguma maneira eu fazia parte daquilo. Enviei minha energia para ajudar a impulsionar seu espírito para o alto. Para a travessia. Disse a ele: 'É bom, sim, vá. Vá em paz'".

Julie comenta: "Foi o sentimento mais profundo, indescritível e mais sereno que já vivenciei. Então, acabou". A atenção de Julie voltou ao filme e ao cheiro de pipoca. Ela se lembra de ter pensado: "Isso aconteceu mesmo? Imaginei tudo isso?". Seus

9. PRESENTES INESPERADOS

próximos pensamentos foram: "Ninguém acreditaria em mim", e eu mesma não tinha certeza de se acreditava.

"Precisava saber a hora. Procurei o telefone na bolsa. Era 1h32.

"Decidi mandar uma mensagem para minha filha." Julie pensou em perguntar se "seu pai acabou de morrer?", mas em vez disso escreveu: *Sensação estranha*. Sophie respondeu logo em seguida: *Acho que ele acabou de morrer*.

"*Eu sei*, respondi. *Eu senti*." Naquele momento, Julie se dá conta: "Percebi como seria difícil contar a alguém. Transcendia as palavras". Ela acrescenta: "Fiquei honrada porque de alguma forma fui escolhida ou autorizada a testemunhar sua morte".

Mais tarde, Sophie disse à mãe que, nos derradeiros momentos de seu pai, "Ele abriu os olhos pouco antes de morrer e seus lábios se moveram". A esse respeito, Julie comenta: "Pensei: 'Sim, eu sei'", acrescentando: "Visualizar a eternidade como uma mera mortal, essa coisa toda me deixou espiritualmente de joelhos". Julie diz que tal experiência a deixou "menos cética e sem medo da morte". E ela espera que sua história ajude outros e "lhes dê conforto".

Semelhante às emoções e resoluções profundas sentidas por Brian e Elizabeth, Julie descobriu que a transição e o falecimento do ex-marido produziram um sentimento de profunda paz. Embora tenha vivenciado uma sensação física explícita em menor grau do que Brian ou Elizabeth, sua experiência remonta a EMCs anteriores que encontramos, em que o destinatário agia como um guia e tinha a sensação de se erguer e compartilhar uma partida "energética". Essa gama de experiências também ressalta para nós, pesquisadores, que não existe um "modo certo" de vivenciar uma EMC, tampouco os elementos de uma EMC determinam seu impacto imediato e subsequente no experimentador. De fato, como vimos durante vezes sem conta, a força da EMC é, em muitos aspectos, independente de seus elementos. Esse achado é particularmente evidente quando diferentes indivíduos participam de uma única EMC.

Como pesquisador e terapeuta, um dos aspectos mais fascinantes que encontrei é a EMC "múltipla", na qual duas pessoas, no mesmo aposento, vivenciam a morte de um ente querido. Um exemplo disso foi expresso no relato de Scott T. sobre o falecimento de Nolan, quando a irmã de sua namorada Mary Fran estava em outro canto do quarto e também vivenciou a EMC. Agora vamos explorar isso com mais profundidade em dois casos, um de Londres e outro da Califórnia.

10
DIVIDINDO A EXPERIÊNCIA DE MORTE COMPARTILHADA

LARRY C. era conhecido como "Sr. Santa Barbara", embora tenha nascido em Massachusetts, em 1923, e crescido em Newark, Nova Jersey. Sua família perdeu tudo durante a Grande Depressão, o que levou o pai de Larry a um colapso. "A mãe dele foi trabalhar como vendedora de sapatos, tinha vários empregos e cuidava dos três filhos e do marido", lembra a filha mais nova de Larry, Leslie. Cuidar do marido era particularmente difícil; minha avó "amarrava o marido ao próprio braço à noite com uma toalha". Caso contrário, ele tinha a tendência de se levantar e "perambular pela vizinhança. Às vezes, papai era enviado para procurar o pai se ele desaparecesse", explica Leslie.

Larry alistou-se no exército em 1943 e se tornou um bombardeiro da Força Aérea. Apesar de ter sido premiado com um Coração Púrpura, no início, "ele gostava de dizer que foi um dos piores bombardeiros da história", brinca Leslie. "Ele deveria bombardear Viena, e acionou a alavanca muito cedo e todas as bombas caíram em um lago, a quase cinquenta quilômetros de distância da cidade. Como seu avião era o líder da formação, os outros vinte também lançaram as bombas cedo demais." Larry retornou para casa, frequentou a Universidade de Syracuse e acabou em Nova York. "Ele trabalhou na companhia telefônica por um tempo, como técnico de telefonia, o que era hilário para mim. Se você conhecesse meu pai, veria que possuía tão pouco pendor técnico que tinha dificuldade até para preparar torradas."

Mas ele adorava dançar. Larry encontrou um emprego como instrutor profissional de dança de salão em um Arthur Murray Dance Studio. Lá, conheceu a futura esposa, Marcy, e também chamou a atenção de Arthur Murray, que enviou a dupla pelo país afora para ajudar a abrir mais Murray Dance Studios. Na Califórnia, eles puderam escolher entre se mudar para Santa Barbara e Bakersfield. "Minha mãe foi a Bakersfield, queimou a mão na porta do carro e disse: 'Não vou criar meus filhos aqui'. Então, se mudaram para Santa Barbara.

"Durante todo o casamento, e quando a época era ruim e estavam mais irritados um com o outro, dançar era o elixir mágico, porque era uma coisa que um não podia fazer sem o outro. E eles também não poderiam fazer isso com alguma outra pessoa. Na pista de dança", lembra Leslie, "meu pai era como manteiga, macio como seda". Ela se lembra de ver os pais saindo à noite, o pai trajando um *smoking* e a mãe, um vestido de baile. "Eles ficavam encantadores. Pareciam prontos para o baile da Cinderela na Disneylândia."

10. DIVIDINDO A EXPERIÊNCIA DE MORTE COMPARTILHADA

Larry também era um mestre de cerimônia requisitado para eventos de caridade. "Ele tinha um barrigão redondo e iluminava uma sala só de entrar nela", diz Leslie, mas, mais do que isso, tinha a "habilidade de transcender os limites sociais. Sentia-se tão à vontade com Ronald Reagan e doadores de 5 milhões de dólares quanto com os cozinheiros no fundo do salão. Na verdade, sentia-se mais confortável com os cozinheiros, porque era de lá que ele vinha. Mas tinha uma habilidade mágica com as pessoas. Seu maior dom era se conectar com as pessoas onde estivessem e fazer com que se sentissem vistas, apreciadas e reconhecidas. Ficava genuinamente interessado no que elas tinham a dizer. Qual é a sua história? Esse tipo de autenticidade de interesse é tão raro. A maioria mal a tem para seu pequeno círculo de entes queridos, mas ele tinha isso com todos".

A vida familiar em casa não era perfeita, embora Leslie tenha boas lembranças. Ela era a caçula de cinco filhos, "a raspa de tacho de uma grande família católica", como ela mesma diz. Sua mãe era ocupadíssima. Do pai, ela comenta: "Pode ter sido um marido longe do ser perfeito em termos de ajudar em casa ou cuidar dos filhos, mas era o Melhor Pai do Mundo. E estava sempre pronto para levá-la ao treino esportivo, correr pelo quintal ou brincar de jogos de palavras. Quando minha mãe ficava brava com ele, ela dizia: 'Eu tenho seis filhos'".

Então, aconteceu a primeira de muitas tragédias. Dois dias antes do aniversário de Leslie e enquanto ela se preparava para se formar na Universidade de Stanford, a irmã mais velha cometeu suicídio. "Ela era catorze anos mais velha e a luz absoluta da minha vida, e foi um golpe esmagador para a família. Ela era uma espécie de segunda mãe para todos. Era Ashley, meus três irmãos e eu. Nós duas éramos muito próximas, coisa incomum para uma adolescente e uma jovem adulta; ela sempre me mandava pequenas bugigangas ou cartões, ou qualquer outra coisa, e me trazia presentes quando vinha passar um tempo comigo. A gente fazia aventuras, ela me levava ao Museu de História Natural e para almoçar, ou íamos olhar conchas na praia com uma lupa e um livro que tinha todos os nomes científicos, e tentávamos descobrir a procedência delas e como combinavam.

"Tínhamos um relacionamento de livro de histórias e, cerca de três ou quatro anos antes de sua morte, ela começou a ter uns sintomas de depressão. No fim, estava sofrendo muito. Lembro-me de meu irmão Michael me ligar e dizer: 'Ei, estamos indo buscar você'. Perguntei: 'Por quê?'. Foi tão difícil para mim; não podia nem imaginar como era para meus pais perder uma filha.

"Não éramos uma família que falava muito sobre como nos sentíamos, exceto para dizer: 'Eu te amo'. Acho que era porque eles não queriam que os víssemos chorar. Todos nós vivenciamos nosso luto em particular. Minha mãe às vezes perguntava: 'Como está lidando com isso?'. Mas não havia muita conversa sobre perda. Era mais você tentar afagar os ombros de um ou trazer uma xícara de chá ou fazer algo legal para o outro, ou dizer: 'Ah, por que não vamos dar uma volta?', ou qualquer outra coisa desse tipo. Eu era uma atleta competitiva no basquete, e acho que conversei algumas vezes com o psicólogo do time, mas com certeza era mais 'Como se conseguem ferramentas para lidar com isso?'. Do mesmo modo que eu perguntaria a um encanador: 'O que preciso comprar no depósito para consertar esta pia?'.

"Meu pai era um grande gênio verbal, e sua maneira de lidar era conversar com os amigos e falar sobre a experiência em público. E minha mãe estava exatamente no extremo oposto do espectro.

10. DIVIDINDO A EXPERIÊNCIA DE MORTE COMPARTILHADA

Privacidade acima de tudo. Meus pais eram completos opostos em muitos aspectos e, quando cheguei, não sei se tinham muito em comum além da família. Tinham estilos de vida muito diferentes, e havia certo ressentimento. Minha mãe se ressentia de que meu pai passasse tanto tempo na comunidade e depois voltasse para casa e não participasse das atividades. E meu pai se ressentia de que ela não apoiasse mais o que ele fazia, embora por anos tivessem feito atividades comunitárias juntos, quatro ou cinco noites por semana."

Leslie matriculou-se na escola de pós-graduação em Stanford, jogou em um time de basquete campeão da NCAA e, por fim, passou três anos jogando profissionalmente no Japão, em uma época em que não havia ligas profissionais femininas nos Estados Unidos. Ela herdou o amor pelo basquete do pai. "Minha mãe nos levava à igreja. Papai pode ter ido uma ou duas vezes, mas, em geral, jogava basquete nas manhãs de domingo. Essa era a igreja dele, a igreja do basquete." Ela voltou para casa quando o pai sofreu um severo ataque cardíaco. "Ele tirou, como de costume, um coelho da cartola e ficou bem depois de umas cinco ou seis cirurgias de *bypass*." Mas Leslie decidiu ficar na Califórnia. "Sabia que meus pais já estavam ficando mais velhos. Eles tinham 40 anos quando me tiveram. Pensei: 'Uau, o tempo é finito, talvez mais finito do que eu penso, e quero estar lá.'"

Ela conseguiu um emprego como treinadora-assistente de basquete do time masculino de Westmont, uma faculdade local. Um acidente bizarro em uma viagem de recrutamento a deixou com uma lesão espinhal devastadora e temporariamente incapacitada. "Em resumo, meus pais me disseram: 'Você vai voltar para casa e cuidaremos de você.'" A mãe de Leslie era sua principal cuidadora – ela havia lidado com uma lesão grave nas costas antes de Leslie nascer e deu à luz Leslie enquanto tinha o corpo inteiro engessado, com apenas uma abertura no abdômen. Mas Leslie também viveu alguns momentos especiais com o pai. "Quando eu era pequena, pertencíamos a um clube de natação. Ele entrava na parte rasa que tinha um pouco mais de 1,20 metro de água, agachava-se e me deixava ficar de pé em suas coxas. Depois, segurava minhas mãos e andava para frente e para trás, cantando esta música tola e inventada: 'Surfista, surfista, quando você surfa porta afora'. Avançando vinte anos, para um dos primeiros dias em que me tiraram da cadeira de rodas e me colocaram na água, ele estava ao lado do fisioterapeuta na piscina comigo. Disse-me: 'Venha aqui. Sente-se no meu colo'. Então, eu sentei nas pernas dele e fizemos a mesma coisa. Foi um momento incrível de doçura e ternura."

Leslie retornou aos esportes competitivos, juntando-se a uma equipe de *dragon boat* e treinando para o Campeonato Mundial. Ela também estava trabalhando. Seus pais pareciam bem; a mãe nadava um quilômetro e meio por dia. "Ninguém esperava que mamãe morresse primeiro." Mas, aos 83 anos, ela sofreu um forte derrame e faleceu. "Papai disse: 'Você precisa estar aqui, porque não consigo dar conta de tudo'. Assim, voltei para casa, e foi um grande alívio para ele. Mas, com o passar dos anos, parte do problema foi que eu herdei o papel da mamãe, mas não era ela."

A saúde do pai de Leslie também estava em declínio; ele desenvolveu diabetes, mas ainda insistia em beber refrigerante e ingerir alimentos nada saudáveis. "Se o assunto era a saúde dele ou a dos meus irmãos, eu era tão rígida quanto minha mãe, porque era importante. Decidi desde cedo que preferia ser impopular a ir a funerais. Por isso, estava disposta a sacrificar o relacionamento por isso, e assim o fiz. Nosso relacionamento se tornou amargo e ele me expulsou."

10. DIVIDINDO A EXPERIÊNCIA DE MORTE COMPARTILHADA

Os irmãos encontraram um cuidador, e Leslie mudou-se para o Oregon para correr e depois treinar *dragon boats*, vencendo um campeonato mundial.

"Telefonava para meu pai de tempos em tempos. Ele nunca me telefonava, mas também não era muito de ligar mesmo. Era o tipo de cara que comparecia em carne e osso. Eu também enviava *e-mails*, piadas e outras coisas. Às vezes, ele me mandava um *e-mail*, mas parecia que não queria nada comigo de verdade na maior parte do tempo. Mas sabia que ele ainda me amava, e eu ainda o amava. A bênção e o enorme dom de nossa família era ter uma base de amor. Um amor tão profundo que você tem a liberdade de ficar chateado com alguém, mesmo que por anos. Mas, se algo acontecer, você larga tudo para aparecer e ajudar."

Depois que o pai de Leslie se mudou para uma comunidade de aposentados, sua saúde piorou visivelmente. "Nunca houve dúvida de que eu apareceria quando ele ficasse doente, mesmo que estivesse treinando a equipe de *dragon boats* dos Estados Unidos na época e estivéssemos na corrida para o campeonato mundial na Rússia. Tirei uma licença. Em princípio, pensei que ficaria fora por uma semana, mas então ficou claro que ele não iria melhorar e eu não iria embora.

"Uma das minhas queridas amigas é assistente social de cuidados paliativos. Liguei para ela, e ela mapeou tudo para nós. Estes são os diferentes caminhos que podem ser tomados, estas são as decisões que você deverá tomar, e assim por diante. Foi muito útil, e acho que ajudou todos nós a tomar as melhores decisões em nome do meu pai.

"Além disso, tendo lidado com a dor por uma parte significativa de minha vida, e tendo estado em uma cama de hospital apertando o botão de chamada, você começa a reconhecer as pistas e os pequenos sinais de 'Ok, os remédios estão acabando, é hora de mais', ou 'Ok, agora tem demais'. Ele estava tendo problemas para dormir por causa da dor; a única maneira de dormir era em uma cadeira."

O pai de Leslie entrou em cuidados paliativos. Começou a ter visões da própria mãe – "a mãe dele era muito, muito querida por meu pai. E ele falou sobre ela em termos angelicais durante toda a vida" – e a dormir cada vez mais. "Ele começava uma frase, depois parava e adormecia. Mas, na manhã antes de entrar em coma, teve uma melhora. Quis descer e tomar café da manhã. Ele tinha dificuldade até para caminhar a o banheiro, sentia muita dor nas pernas. Mas descemos e tomamos café da manhã em uma das mesas sob a claraboia. Ele tomou um café da manhã completo e estava lendo o jornal, e isso me lembrou muito de quando eu estava crescendo, e ele tomava o café da manhã e lia o jornal. Lembro-me de ter agradecido por ser um dia ensolarado, e ele disse: 'Oh, é tão bom estar sentado aqui'. Estava bastante lúcido e alerta. Depois, falou: 'Estou cansado, vamos voltar'.

"Após ter ido para a cama, ele nunca mais se levantou. Sentava-me ao lado dele e lia, e meus irmãos também vinham visitar. Algumas vezes, ele acordava e sorria, ou dizia uma frase e depois voltava a dormir. Mas sabíamos que ele gostava de conversar e que gostava de música, por isso, cantávamos para ele também.

"Eu estava no comando de um *dragon boat* com uma equipe de 150 pessoas que participaria do campeonato mundial. Ficou bem claro que iria decepcionar muita gente, mas nunca cogitei de ir com elas. Na última manhã, dois dos meus irmãos se encontravam lá, e estávamos sentados, rindo, cantando e contando histórias, e depois eles saíram para comprar sanduíches para o almoço. Sarah, minha sobrinha, apareceu. Ela e meu pai sempre foram próximos. Ficou segurando a mão dele e falando sobre os bons e velhos tempos. Ela tem uma personalidade superensolarada que realmente atraía papai.

"O que lembro é que o Sol brilhava, e Sarah e eu conversávamos, os olhos marejados também, porque a respiração de papai vinha desacelerando e parecia que o fim estava próximo. Disse a ele: 'Olha que maravilha, pai. Sarah está aqui e ela te ama', tentando abrir espaço para o que ele precisasse. Repetidas vezes, todos nós tínhamos falado com papai sobre dizer adeus, e que não havia problema em partir quando precisasse. Foi uma lição que aprendemos com o falecimento de minha mãe. Dissemos: 'Quando precisar ir, pai, estamos aqui, estamos com você. Quando você quiser'.

"Então, de repente, ouvimos os pássaros na janela, e eles estavam *muito* barulhentos. Não os vimos, apenas os ouvimos. Era como se eles estivessem tentando chamar a atenção do papai e ele não estivesse usando seu aparelho auditivo, por isso, precisavam ser barulhentos. Sarah e eu nos entreolhamos, tipo: 'O que é isso?'. Então, papai abriu os olhos, olhou para a janela e sorriu. Um sorriso de bem-aventurança – sua testa antes franzida agora relaxada. Ele sorriu, e se foi.

"Sarah disse: 'Uau. Acho que os pássaros vieram buscá-lo'. Acho que eles estavam lá para dizer: 'Está tudo bem'. Meu primeiro pensamento foi que me senti mal por meus irmãos não estarem lá. Depois, enquanto olhava para a janela, tive a visão de uma luz dourada e papai com seus dois irmãos e sua mãe, os braços em volta uns dos outros, indo embora, e ele olhava por cima do ombro, tipo: *Sim, está tudo bem. Estou bem.* Eles eram todos jovens, e ele vestia seu uniforme do exército. Foi interessante porque as fotos que temos da mãe dele são todas de quando ela estava mais velha. Lembro-me de ter me ocorrido que não sabia se já tinha visto uma foto dela naquela idade, mas lá estava ela. Ele sempre a descreveu como muito preocupada por causa dos múltiplos empregos e do estresse econômico. Mas ela não parecia preocupada, parecia saudável e feliz. Papai estava com os braços em volta do irmão Martin de um lado e da mãe do outro. E seu irmão Sam estava do outro lado, mas todos estavam abraçados, os quatro indo embora. A cena toda era como um filme, em que há uma luz dourada, não superbrilhante, mas você pode ver que é mais brilhante lá, e todo mundo está sorrindo, feliz, com uma mensagem de: *Ok, é hora de partir*.

"Meu pai costumava dizer: 'Sou um ateu que reza', mas nos últimos seis meses, mais ou menos, às vezes ele falava sobre Deus e como seria ir para o céu. Lembro-me dele me perguntando uma vez: 'Como você acha que vai ser?'. Ele falava sobre como estava ansioso para ver sua mãe novamente. Comentava: 'Não sei se todas essas coisas de Deus em que você acredita estão certas, mas, se estiverem, ela está no céu com certeza, e será ótimo vê-la, porque ela estará em paz. Ela não estará preocupada com as coisas. Estará feliz, sendo bem cuidada'.

"Eu o provocava: 'Pai, como você sabe que está partindo?'. E ele respondia: 'Ah, eu estou'. Não sei se ele tinha completa certeza, mas brincava com isso."

Leslie trabalha em tecnologia da informação e operações, e ela traz essa abordagem para sua interpretação daquele momento em torno da morte do pai. "Sou uma pessoa de comportamento literal, objetivo e orientado por dados. Depois que vivenciei isso, li estudos e descrições do que cientistas e pessoas que estudam esses eventos

10. DIVIDINDO A EXPERIÊNCIA DE MORTE COMPARTILHADA

acham que está de fato acontecendo. Tem gente que acredita na possibilidade de abordagem espiritual, e tem muita gente que não, que é muito reducionista, que diz que isso é só uma coisa física. Então, isso me deixa ciente da possibilidade de que pode ter sido algo que comi no café da manhã, e imagens passadas de meu pai, e coisas que ele contou e assim por diante, fundindo-se em uma história. É assim que o cérebro funciona. Entendi tudo aquilo. Mas minha sensação é de que não foi isso que aconteceu. Ao contrário, foi uma visão, um presente de Deus ou do reino espiritual."

Leslie também está ciente de que outros podem descartar sua experiência, ou no mínimo dizer que foi um produto das circunstâncias, gerado pela própria mente, e não por alguma força externa. Tendo uma formação científica e analítica, ela fez essas perguntas a si mesma. "Minha forte sensação é de que não é apenas um monte de neurotransmissores no meu cérebro criando uma visão imaginada por mim, mas, sim, que foi algo que aconteceu de verdade. Estava vendo aquilo acontecer – assistia sua transição de volta para os braços da família, que ele tanto almejava, e de volta à juventude, pela qual esperava, tendo falado muito nisso. Uma transição para a liberdade dos fardos deste mundo e da dor deste período.

"Simplesmente o adorava", acrescenta ela. "Era um cara maravilhoso, fui abençoada por tê-lo como pai, e desejava que ele estivesse sem dor e feliz, e onde queria estar. Pareceu-me que ele chegou aonde desejava."

Acompanhando Leslie naquela manhã estava sua sobrinha Sarah, que tinha as próprias lembranças e experiência de morte compartilhada com o falecimento do avô. Enquanto Leslie foi criada por sua mãe na Igreja Católica, Sarah cresceu com uma experiência religiosa mais ampla. Ela descreve seu relacionamento com o avô dizendo: "De todos os netos, provavelmente fui quem passou mais tempo com ele. Tenho certeza de que ele fez com que todos nos sentíssemos seus favoritos, mas, depois que tive meus filhos, morávamos a um quarteirão de distância da casa dele. Eu ia lá o tempo todo e me sentava a seu lado. Ia enquanto ele assistia aos Lakers e me certificava de que suas unhas estavam bem, assim como seus pés, porque ele tinha diabetes. Ele gostava que os pés e as mãos fossem massageados. Almoçávamos todas as terças-feiras ao meio-dia e dividíamos um sanduíche Reuben. Eu tentava fazê-los servir comida sem batatas fritas, e era sempre uma batalha".

Ela tinha a própria visão da dinâmica familiar: "Meu avô era incrivelmente próximo de sua mãe. Sabia até o minuto, praticamente, em que ela havia falecido. À medida que se aproximava do fim, tinha muitos sonhos com a mãe. Sempre que estava um pouco delirante, começava a chamar pela mãe e falar com ela. Não conseguíamos entender todas as coisas que dizia, mas ficou claro que esperava vê-la".

No entanto, as conversas de Sarah com o avô sobre a vida após a morte eram diferentes das de sua tia. Durante anos, ele disse que "não acreditava em Deus e era inflexível: 'Quando eu morrer, estarei morto. Não haverá nada do outro lado". Também dizia que queria voltar. Desejava poder fingir sua morte para poder voltar e estar lá no funeral, porque todos estariam dizendo coisas muito boas sobre ele".

À medida que sua saúde piorava, "sentia muita dor. Tinha diabetes e parte dos pés não tinha mais vida. Estavam ficando pretos, e ele se sentia realmente desconfortável. No final, queria muito estar perto de todos, em grande parte porque também não lembrava que tinha acabado de nos ver. E ficava irritado ao extremo porque

10. DIVIDINDO A EXPERIÊNCIA DE MORTE COMPARTILHADA

tentava desesperadamente falar. Quero dizer, era o tipo de pessoa que tem sempre o que falar. Quer ter a palavra o tempo todo, e dava para ver que estava desesperado para transmitir mensagens".

Naquela última manhã, Sarah lembra: "A janela estava aberta e os pássaros faziam muito barulho. Antes disso, tudo estava bem quieto e me lembro de ter perguntado a Les: 'Sou só eu que estou sentindo?'. E ela disse: 'Não, é isso mesmo. Estamos de fato passando por isso agora'. Nós o vimos levantar a cabeça, sorrir, dar o último suspiro e subir. Leslie e eu nos entreolhamos em choque, porque os pássaros enlouqueceram.

"Conseguimos de fato vivenciar sua morte da forma que ele próprio vivenciou. Acho que ele deve ter ficado surpreso. Não esperava ver a mãe. Mesmo sabendo que ela provavelmente era a pessoa mais importante em sua vida, não contava em ver ninguém. Por isso, perceber que ele estava vendo aquelas pessoas foi bastante animador; o fato de pensar que ele poderia se reconectar com alguém que o amava tanto era algo poderoso."

Sarah diz que ainda tem dificuldade de encontrar palavras para descrever por completo o que aconteceu. "Nunca passei por uma experiência como a dos pássaros. Acho que nunca ouvi pássaros cantando de um modo tão bonito. Isso faz você questionar um pouco as coisas. A conexão que todos nós temos. Os meses e dias que antecederam aquilo haviam sido tão dolorosos. E, depois, quando aconteceu, foi quase como que acompanhado por um sentimento de euforia. Tipo: 'Oh, meu Deus, isso foi lindo, não esperava que fosse tão belo'. Não esperava ficar tão feliz. Com toda certeza, não esperava me sentir tão alegre. Apenas ao ouvir pássaros e observá-lo sem dúvida vendo algo do outro lado. Era uma sensação de: ah, esse outro passo enfim chegou. Ele está lá.

"No final, senti que ele não tinha nada que o prendesse. Estava, tipo: 'Sim, terminei. Fechei a fatura. Partindo para a próxima'. Acho que com minha avó, ela não estava tão preparada para a morte, ao passo que ele vinha se despedindo há meses. O processo de estar lá e vivenciar aquilo foi curativo. Se tivesse acabado de receber um telefonema e não pudesse ter vivenciado a beleza daquilo, as coisas seriam diferentes. Em relação à morte, acho que muitas vezes há vergonha ou relutância em falar sobre o assunto, ou, se você disser que foi bonito, pode soar estranho ou algo assim. Mas, por estar lá, pude vivenciar algo belo e sagrado. Acho que isso me ajudou."

Entretanto, tem sido muito difícil para Sarah discutir sua experiência com outras pessoas, mesmo com a própria família. "Parecia quase um tabu conversar de verdade sobre a experiência. Algumas pessoas não sabem lidar com a morte. Minha mãe não disse muita coisa além de 'Ok, tudo bem.'" Quanto aos seus sentimentos de alegria, Sarah acrescenta: "Não acho que as pessoas quisessem mesmo ouvir sobre isso, para ser sincera. Foi mais: está tudo bem com você? Garanta-nos que está tudo bem. As pessoas diziam: 'Como você está? Está tudo certo? Podemos lhe trazer flores? Tudo bem? Você está bem?' porque se sentiam desconfortáveis. Meu amigo mais disposto a falar sobre isso é um psicólogo, que trabalhou em uma ala de câncer."

Sarah diz que toda a experiência a levou a repensar a própria abordagem da morte. "Olhando para trás agora, acho que tentamos nos agarrar à situação durante muito tempo. Parte de mim gostaria que tivéssemos percebido os sinais antes. Houve muita intervenção médica, tantos medicamentos, o marca-passo. Acho que, se eu pudesse voltar no tempo e fazer algo diferente, seria ter mais consciência do processo, perguntando se lutávamos por nós ou se era ele que lutava por si. Por que estávamos todos lutando para garantir que ele comesse três refeições por dia se não estava mais com fome? Toda vez que ele ia ao hospital, perdia uma parte de si mesmo. Cada vez que saía do hospital, era uma pessoa diferente. Quanto tempo precisamos manter alguém aqui só porque nos sentimos muito desconfortáveis para fazer essa transição?

"Acredito", ela acrescenta, "que há vida depois da morte. Mais do que acreditava antes".

Nas experiências de Leslie e Sarah, temos uma demonstração poderosa de como uma experiência de morte compartilhada pode ser profundamente semelhante para duas pessoas, mas com diferenças importantes. Ao contrário do caso de Scott T., em que ele e a irmã da namorada tiveram uma EMC à beira do leito, mas nenhum estava ciente do outro naquele momento, tanto Leslie quanto Sarah tinham profunda consciência de que compartilhavam o momento da morte de Larry. Ambas ouviram o canto intenso dos pássaros, viram o pai e avô erguer a cabeça e sorrir, e sentiram uma enxurrada de sentimentos serenos e alegres fluindo através delas, sentimentos que persistiram mesmo durante o período de luto subsequente. A experiência de Leslie incluiu um passo extra, a visão clara do pai partindo com a mãe e os irmãos, mas o impacto final em ambas as mulheres foi o mesmo. Casos como este são parte da razão pela qual nossa pesquisa sugere vigorosamente que a existência da EMC e a capacidade de percebê-la são os componentes-chave da experiência, e não se uma EMC apresenta uma série de elementos complexos. EMCs não precisam ser eventos grandiosos ou vistosos para ter um significado profundo.

As EMCs compartilhadas também revelam outro "presente", um presente inadvertido. Ter uma experiência compartilhada ajuda a dar mais reconhecimento ao evento. Scott T. teve mais certeza do que havia vivenciado depois de ouvir sobre outra experiência no quarto de hospital de Nolan. No caso de Leslie e Sarah, puderam logo "conferir" com a outra a legitimidade e a semelhança do que haviam vivenciado. No próximo caso que exploraremos, esse ato de dividir uma experiência de morte compartilhada ajudou Amelia B. a ter mais certeza e a preservar a própria experiência à cabeceira do leito.

Amelia é advogada no Reino Unido, e exerce a função que os britânicos chamam de representante legal, sendo mãe de quatro crianças. Seu terceiro filho, Tom, um menino louro de olhos azuis, foi diagnosticado com um câncer raro, DSRCT,[6] um mês depois de completar 10 anos. Aos 8, Tom dizia a ela, brincando, que partiria antes dela e que morreria jovem. "Ele não parava de repetir isso, noite após noite. 'Vou morrer antes de você, mãe. Não vou envelhecer. Não quero envelhecer. Vou morrer antes de você'. E eu apenas dizia: 'Não seja bobo, é claro que vou morrer antes de você. Eu sou velha'. Mas ele dizia: 'Não, não, eu vou morrer antes de você', e falava isso com muita felicidade. Era um pouco como Peter Pan, a ponto de eu telefonar para uma de minhas melhores amigas, que é professora, e dizer: 'Estou bastante preocupada. Ele continua dizendo que vai morrer antes de mim'. E ela respondeu: 'Ah, ele deve estar assistindo a um filme ou lendo alguma coisa', porque tudo isso foi antes de qualquer sinal de câncer.

---

6. Tumor desmoplásico de células redondas pequenas. (N. da T.)

10. DIVIDINDO A EXPERIÊNCIA DE MORTE COMPARTILHADA

"Quando foi diagnosticado, não passava de um garotinho; gostava de Bob Esponja Calça Quadrada. Lembro-me de alguns meses antes disso, quando se fantasiou de Bob Esponja com seu amigo na noite de Halloween. Não procurou vestir uma roupa legal. Não precisava ser um vampiro. Ele era Bob Esponja; passava por todas aquelas casas dizendo 'Bob Esponja!'. Inventou todo um mundo imaginário com personagens de desenhos animados. Tinha um senso de humor bem peculiar e costumava nos manter com os pés no chão e unidos."

Amelia se lembra da sequência exata de eventos quando Tom foi diagnosticado pela primeira vez. Ela se divorciara do pai de Tom, Chris, e se casara outra vez, com um médico. "Ele estava com o pai no fim de semana de Páscoa e, então, Tom e as irmãs, Anna e Izzy, voltaram para casa na segunda-feira. Sua irmã Izzy veio direto para mim e disse: 'Tom está com um caroço na barriga e estamos dando muitas frutas para ele, mas ainda está lá'. Lembro-me de que estávamos todos no jardim, era um dia de sol. Disse ao meu novo marido, padrasto de Tom: 'Elas contaram que Tom está com um caroço na barriga, você pode apalpá-lo?'. Ele me falou: 'É estranho'. Deu algum dinheiro à minha filha mais velha, Anna, e falou: 'Vá até Waitrose e compre o máximo de laxantes que puder, porque é estranho. Há um caroço ali, compre todos os laxantes que puder'.

"Nós lhe demos uma dose cavalar de laxantes, mas nada mudou. Meu marido disse: 'Acho que pode ser um linfoma'. Eu nem sabia o que era linfoma." Amelia levou Tom ao médico. "Esse foi um dos piores momentos. Tom ali deitado na cama e o médico, que conhecia de forma superficial, socialmente, apenas olhou para mim com uma cara que dizia: *Isso é muito ruim*. Havia pena em seus olhos, e acho a pena algo muito difícil. Foi a primeira vez que pensei: 'Acho que ele vai morrer'."

Tom precisava ser examinado em um grande hospital. O médico perguntou: "Você quer que eu o transfira em uma ambulância?". Amelia escolheu conduzi-lo. "No carro, pensei comigo mesma: 'Vou me lembrar dessa viagem para sempre'. Quando chegamos lá, havia uma máquina de venda automática de doces. Nunca que eu deixaria as crianças comerem doces em uma segunda-feira, mas ele disse: 'Posso pegar alguns doces da máquina de venda automática?'. Respondi: 'Sim, pegue quantos quiser'. Ele falou: 'Valeu! Este é o melhor dia de todos!'."

O marido de Amelia chegou e disse a ela para telefonar para o pai de Tom "agora". Eu disse: "Sério, ligar para o Chris?". Ele insistiu: 'Sim, ligue para o Chris agora'. Então, liguei para o Chris, ele veio correndo, e aí todos nós deixamos a parte frontal do hospital, as áreas comuns do hospital, e de repente estávamos em quartos cada vez mais brancos, mais limpos e mais vazios, onde o som ecoava. Eram lugares em que eu nunca estivera antes naquele lugar. Em um pequeno cubículo branco, havia um médico aterrorizante olhando para Tom, para mim e para Chris, e dizendo que ele precisava ser transferido para Addenbrooke, que é um hospital maior e mais especializado, em Cambridge. Fomos levados por uma ambulância para Addenbrooke no dia seguinte. Tom adorou a ambulância, ficou conversando com o motorista. Eles acenderam a luz azul, ele amava carros e outros meios de transporte; ele adorava todo esse tipo de coisa.

"Na ala de oncologia pediátrica, um grupo completo de médicos se debruçava sobre uma pequena tela. Olhavam e apontavam partes para Chris e para mim, dizendo: 'Ele tem um tumor muito, muito grande no abdômen'. Chris e eu permanecemos calmos por causa de Tom, mas me lembro de ir até a garagem para pegar algumas revistas de Tom no meu carro, sentar-me no banco do motorista e só ficar sentada lá, gritando e chorando. Tom fez uma biópsia."

No início, foi diagnosticado com rabdomiossarcoma, que tem uma taxa de cura de 70%. "Eu pensava: 'Oh, setenta por cento, está tudo bem'. Depois voltamos para casa, eles fizeram mais alguns testes e a oncologista ligou e disse: 'Nós nos enganamos no diagnóstico, é outra coisa. Quero que venha amanhã. Não vou lhe dizer o que é pelo telefone porque você vai pesquisar no Google'. E eu respondi: 'Não, você tem que me dizer agora'. E ela falou: 'É DSRCT'. E, enquanto eu repetia o nome, Anna, minha filha mais velha, pôs-se a pesquisar em seu telefone e disse: 'Olha'. Nós duas descobrimos juntas no carro, parado em um sinal vermelho, que a taxa de mortalidade é muito, muito alta para DSRCT. Que ele iria morrer."

Tom começou a primeira rodada de quimioterapia intensa. "Seu pequeno corpo foi sendo lotado de veneno. Na parede perto dele, costumava ter umas bolsas de soro penduradas com a palavra TÓXICO escrita em letras vermelhas. E coisas horríveis sendo injetadas nele por cinco dias sem parar. Todos aqueles fluidos sendo bombeados em seu organismo e todo o cabelo caindo. E também colocaram nele uma sonda nasogástrica, porque Tom não conseguia comer, pois estava nauseado o tempo todo." Sua imunidade despencou, e ele corria o risco de pegar qualquer coisa. "Tínhamos dias de folga. Fomos visitar a Torre de Londres com minha irmã, Sharman, e o irmão mais novo de Tom, Jakey, e sabia que ele ficaria enjoado. Era como na época da pandemia. O mesmo tipo de sensação de vírus por todos os lados. Quando voltamos no trem, a temperatura de Tom foi às alturas, e isso significava que ele precisava ir de imediato ao hospital tomar antibióticos intravenosos.

"Tom odiava o hospital no começo. Odiava injeções. Ficou absolutamente furioso com a coisa toda, em princípio. Todos desejávamos que fôssemos nós o doente, e não Tom.

"Quando os médicos do Reino Unido disseram que não tinham mais opções de tratamento e não iriam operá-lo para remover o tumor porque ele não respondia à quimioterapia, Amelia perguntou: 'Se ele não tiver mais tratamento, o que vai acontecer?'. Disseram: 'Ele vai morrer dentro de cerca de três meses. Terá insuficiência renal ou cardíaca'. Falei: 'Bem, minha irmã mais velha, Fleur, e seu marido, Len, moram nos Estados Unidos, e ela encontrou alguns médicos americanos que podem ajudar'. E a oncologista respondeu: 'Estou ciente; não vá para lá. Vão cobrar uma fortuna, mas não há nada que possam fazer, e você estará muito longe de casa se ele morrer lá'. Fizemos uma consulta por Skype naquela noite com um cirurgião e um oncologista do Sloan Kettering Cancer Center. Eles foram muito amáveis. Disseram: 'Os médicos ingleses não estão errados, mas vamos tentar, se vocês quiserem. Vamos operar. Não estamos prometendo nada. E nada do que lhes disseram na Inglaterra está errado. São gente boa'.

"Na Inglaterra, nossa oncologista continuou a nos desencorajar, mas falei: 'Não seremos infelizes nos Estados Unidos porque minha irmã mora lá e nos divertiremos'. Tom amava Nova York e estar com os tios. Adorava todos os lugares e o Central Park, as delicatéssen e todos os vários tipos de hambúrgueres e *pretzels* gigantes. Amava arte, amava o Moma. Simplesmente amava tudo relativo a Nova York.

"A cirurgia durou cerca de oito horas. O cirurgião veio e disse a Amelia: 'Foi um bom dia. Tirei tudo'. Eu meio que comecei a chorar e o abracei, e ele disse: 'Não, foi Ele lá em cima'. E apontou para o alto, referindo-se a Deus. Era muito religioso. E acrescentou: 'Não me agradeça, agradeça a Ele'. Era um homem muito bom."

Tom se recuperou na casa da tia e do tio. "Assistiu a muitos filmes impróprios. Porque pensei: 'Ah, que importa?'. Eu o deixei jogar *Call of Duty* também. Agora meu caçula, Jakey, ainda diz: 'Você deixou Tom jogar *Call of Duty* quando ele tinha 10 anos', e eu respondo: 'Sim, mas Tom estava morrendo'. Eu o deixei fazer o que queria, na verdade."

Tom continuou a quimioterapia na Inglaterra e, como Amelia lembra, "cresceu muito rápido. Sua sede de vida era forte. Ganhou autonomia e ia à escola sempre que podia porque amava os amigos. Participou até mesmo de uma peça. Foi a festivais de música e conseguiu dançar ao som de sua banda favorita! Tornou-se um verdadeiro sábio. Lembro-me de estar voltando de uma de nossas viagens a Londres para a quimioterapia, quando ele disse: 'Mãe, adoro dormir, e a morte é como dormir, então, não tenho medo da morte, só me preocupo com quanto você vai ficar triste'. Ele tinha apenas 13 anos".

A família fez mais duas viagens a Nova York. Durante uma delas, "injetaram pequenos anticorpos monoclonais em sua barriga, que foram embebidos em material radioativo para tentar matar o câncer. No verão de 2014, Tom fez sua última cirurgia, e o cirurgião e os oncologistas explicaram que o câncer havia retornado, pontilhado todo o abdômen, fígado e peito, e não havia mais nada a fazer senão deixá-lo morrer. O câncer continuaria sua trajetória inabalável e acabaria por matá-lo em poucos meses".

Amelia se lembra de tentar explicar isso a Tom, enquanto estavam sentados em um McDonald's em Nova York. "Ele perguntou o que deveríamos dizer aos amigos na escola quando voltássemos ao Reino Unido. Olhei para seu rosto, tão lindo que parecia esculpido, para o cabelo louro em tom de palha brotando do couro cabeludo, e falei: 'Bem, que você fez outra cirurgia, mas desta vez os médicos não conseguiram remover o câncer, portanto, não há mais tratamento.'"

Tom perguntou sobre fazer mais quimioterapia e, depois, quanto tempo ainda tinha. "É difícil dizer; eles não deram um número", Amelia disse a ele. "Quanto tempo?" "Não sei, Tom, mas é provável que não estejamos falando de anos." Amelia se lembra do rosto de Tom ficando pálido. "'Meses?' Em seguida, ele saiu correndo do McDonald's para as ruas escuras e desertas de Nova York. Era tarde. Cerca de nove ou dez da noite. Enquanto corria atrás dele, lembro-me de ter pensado: 'Nova York é muito perigosa à noite'. E, então, pensei também: 'Mate-nos agora', porque já estávamos fartos daquilo."

De volta à Inglaterra, "ainda continuamos fazendo as coisas. Tom queria sair de férias, por isso fomos a Portugal e passamos uns dias à beira-mar. Os médicos acharam que estávamos loucos em ir, mas Tom não teria outra chance. No fim de semana antes de ele morrer, fomos ao hotel Savoy e a uma peça com minha família. Essa foi a última vez que ele falou com lucidez. Voltamos da peça e minha irmã tinha acertado com o hotel para deixar uma enorme bandeja de bolo cheia de *macarons* e bolinhos, que Tom adorava. Ele falou: 'Oh, veja, é incrível. Olhe para isso, é lindo, mas não tão bom quanto os de Anna'. (Sua irmã é uma boa confeiteira!) Ele estava falando pela primeira vez em dias. Tomava muita morfina e analgésicos, e usava tantos adesivos para dor que realmente não falava.

"Então, Tom fechou os olhos e disse: 'Quando fecho os olhos, entro em um mundo diferente. Faço barulho? Faço barulho quando estou nesse mundo diferente?'. Respondi: 'Não, não faz'. Ele fechou os olhos e depois os abriu e disse: 'Acabei de ir lá, mãe, agora mesmo. Fiz barulho? É embaraçoso?'. Eu disse: 'Não', e completei: 'O que você viu?'.

"Ele contou: 'Estava na beira de um campo observando Jakey e um dos meus amigos, e eles estavam no meu trator azul brincando, e riam. Eu olhava a cena de fora. Acenava para eles'. E eu meio que soube: era quase como se ele estivesse olhando do lado de lá. Era muito triste. Mas ele não estava triste. Apenas contava: 'Só acenei para eles e eles acenaram em resposta'.

"Naquela noite, no hotel, Tom caiu e, quando chegamos em casa, ele não conseguia mais andar. Estava instalado no quarto de baixo. E ainda me sinto mal porque não consigo me lembrar das últimas palavras que lhe disse quando ele ainda estava acordado, mas me lembro dele chorando e chamando à noite. Fui até ele e disse: 'O que você quer? O que quer?', e o abracei. Lembro-me dele dizendo: 'Estou lutando'. E acho que essas foram suas últimas palavras: 'Estou lutando, mãe'.

"Não consigo me lembrar do que respondi. Não sei se falei 'eu te amo', estava tão cansada. Os dias passaram, até que seu padrão de respiração mudou e percebemos que ele morreria em breve. Concordei com as enfermeiras da comunidade que queríamos que ele morresse em casa e ligamos para o pai de Tom, minhas irmãs e suas meias-irmãs. A casa estava cheia, tínhamos parentes dormindo em toda parte em sofás, em todos os lugares. Todas as luzes estavam acesas. Parecia uma casa muito agitada, na verdade. Tom dormia em uma cama hospitalar, e eu estava aconchegada ao lado dele. Ele tinha um tumor enorme. Era como se estivesse grávido. E o tumor forçava todas as veias para fora; dava para ver aquelas veias vermelhas formando um quebra-cabeça em sua barriga. O rosto estava muito fino. Ele tinha um pouco de cabelo. Seu cabelo voltara a crescer porque havia parado com a quimioterapia. Naquela noite, meu sono ia e vinha. Devo ter acordado provavelmente por volta das seis da manhã. Ficava acordando a todo instante para verificar se ele ainda respirava. Estava com a cabeça ao lado dele para ouvir sua respiração e fechei os olhos."

Amelia respira fundo e se lembra do que aconteceu em seguida. "Se você fecha os olhos e tenta imaginar algo, tem que elaborar, está usando algo do cérebro. Você quase pode sentir o cérebro funcionando. Mas essa experiência não foi assim. Fechei os olhos e foi como se alguém simultaneamente ligasse um vídeo logo abaixo das minhas pálpebras. Não pedi aquilo, não esperava que estivesse lá. Com certeza não estava pensando em nada espiritual. Não estava orando nem nada. Estava totalmente focada na respiração de Tom, e a imagem apenas apareceu. Meu cérebro não pensou: 'Oh, isso é estranho'. Como sou advogada, sou muito lógica, sou uma pessoa bastante racional, meu cérebro não computa esse tipo de coisa. Meu cérebro gira em torno da lógica. Apenas assistia a tudo como se visse um filme, mas sem questionar 'O que esse filme está fazendo no meu cérebro?'"

O que Amelia viu "foi uma mulher caminhando em direção ao que eu pensava ser eu. Não achei que ela estivesse vindo em direção a Tom, porque ela simplesmente apareceu. Eu a observei e pensei: 'É uma bela jovem. É tão linda'. E lembro-me de ter pensado: 'Devo me lembrar disso. Devo me lembrar disso. Devo lembrar que ela é linda'. Ela tinha um rosto pálido e um queixo ligeiramente pontudo; seu rosto era em formato de coração. Maçãs do rosto muito pronunciadas. Não era ninguém que reconhecesse. Tinha cabelos compridos e escuros, que eram como o que as mulheres usavam nos anos 1970, como Joni Mitchell ou algo assim. Sempre deixo essa parte de fora, porque acho que as pessoas vão pensar que sou louca, mas ela usava uma espécie de vestido de baile. Um vestido de festa branco. Acho que segurava algo.

"A principal coisa que me lembro de ter pensado sobre a jovem foi: 'Nossa, ela precisa chegar a algum lugar. Ela tem pressa. Tem um propósito'. E me lembro de ter pensado também: 'Mas não está afobada'. Tipo, eu às vezes estou atrasada para uma reunião e fico sem fôlego. Ela só tinha uma expressão nos olhos que dizia: 'Devo estar lá a esta hora'. Andava com rapidez, com propósito e determinação. Parecia solene, forte e sábia.

"Então, olhei para o que ela estava atravessando, e era um túnel. Acho muito difícil descrever aquele túnel, porque estava escuro. Mas havia luz brilhando através dele. Se eu olhasse para as paredes daquele túnel, via que não era de tijolo ou cimento. Era como o ar. Mas era sólido. Então, a única maneira de compará-lo a algo seria uma nuvem. Uma nuvem de tempestade escura parece bastante sólida, mas você pode ver o Sol atrás da nuvem tentando rompê-la. Era como aquele tipo de Sol branco de inverno tentando romper a nuvem, e, quando isso acontece, você sabe que o Sol está lá fora. Foi isso que senti.

"Agora que li tantos livros sobre a morte, sei que todo mundo fala sobre túneis. Mas não tinha lido esses livros na época. Estava lendo livros normais. E lembro-me de ver o túnel e, com o canto do olho, quase pude ver essa luz branca incrivelmente intensa. E sabia que a luz branca era muito boa. Sabia que estava tudo bem, por causa daquela luz branca e intensa. A bela mulher aproximava-se cada vez mais de nós. E, então, acho que abri os olhos, e tudo apenas desapareceu.

"Tudo o que pensei naquele momento foi: 'Tom ainda está vivo?'. Como fui fechar os olhos? Ele ainda respirava. Só me lembro de seus últimos momentos respirando com muita, muita suavidade. Meu coração estava tipo: vai haver mais uma respiração. Mais uma respiração. E, então, de repente, houve um pequeno gorgolejo, e depois não havia mais respiração nenhuma.

"E isso é a morte. É muito estranho para mim que isso seja a morte. Ainda não consigo entender direito. Mas isso é a morte. Parece tão estranho, você só deixa de respirar. E é isso. E seu corpo ainda está lá. Ele ainda estava quente.

"Ele ainda estava lá a meu lado naquele momento. Não conseguia me mexer; apenas o abracei. E senti que o ar estava espesso com uma espécie de expectativa. O ar parecia elástico e diferente, e eu não conseguia me mexer. Senti-me plenamente calma. Naquele momento, minha irmã, Sharman, abriu a porta. Ela e Tom sempre brincavam que eram 'almas gêmeas'. Ela me disse mais tarde que sentiu como se tivesse acabado de entrar em um teatro, com Tom prestes a dizer as falas dele em uma peça, e eu sinalizasse para ela não interromper, com viva expectativa.

"Ela viu Tom sentado, com as bochechas rosadas, seu cabelo farto e claro, parecendo absolutamente radiante, e ele observava com seus olhos azuis penetrantes um ponto um pouco além de onde ela estava, como uma flecha pronta para voar."

Sharman, que era psicóloga formada, descreveu a experiência da seguinte maneira: "Achei normal e não tive reação no momento, mas, olhando para trás agora, sei que não é normal. Vivenciei uma dissonância cognitiva entre ver Tom sentado e saber que ele estava deitado, morto. Tom parecia saudável, com seus cabelos espessos e olhos brilhantes, olhando para longe com absoluta determinação, como se estivesse prestes a embarcar em uma aventura".

Semelhante às experiências de Liz H. e Michelle J. com a perda dos filhos, que foram compartilhadas nos primeiros capítulos deste livro, Amelia também estava consciente do que ela acredita ser a presença de Tom depois que ele morreu. Amelia se lembra de sentar com o marido no sofá da casa na noite anterior ao funeral de Tom. De repente, do nada, ele disse: "Pare de chutar o sofá, Amelia. Por que continua chutando o sofá?". Amelia ficou confusa e um pouco chocada. "Protestei: 'Não estou fazendo isso', e ele disse: 'Você acabou de fazer isso de novo. Por que continua chutando o sofá?'. Respondi mais uma vez: 'Não estou'. Não conseguia sentir. Não conseguia sentir nada. E ele disse: 'Você continua chutando. Logo abaixo de mim. Está chutando o sofá'. Esses chutes ocorreram "justo quando Izzy dizia: 'Deveria ter feito mais por Tom. Deveria ter feito. Deveria'". Amelia acrescenta: "Até meu marido, que é cético, diz que o momento foi muito estranho".

Na noite seguinte ao funeral, Amelia se lembra de se levantar da cama para pegar um copo d'água. "Enquanto eu me servia de um copo de água, as luzes do teto da cozinha acenderam e apagaram. Ligaram e desligaram. Devagar. Não como um lampejo. Isso nunca tinha acontecido antes. Mas começou a acontecer muito nos meses seguintes, até que meu marido ficou realmente cansado daquilo. Ele chamou um eletricista. E o eletricista disse que não havia nada de errado com elas. Aconteceu também quando minha sobrinha estava lá. Apenas acendiam e apagavam.

"Acabei indo consultar uma médium, que não mora perto daqui. E ela disse: 'Seu filho morreu'. Em meio ao que ela dizia, comentou: 'Ele continua brincando com as luzes, e está lhe dizendo que é apenas para mostrar que está por perto. Não precisa se preocupar.'"

Amelia teve outra experiência forte com Tom, mais de três anos depois de sua morte. Ela a descreve como "um sonho incrivelmente vívido. E tenho certeza de que era Tom vindo até mim". Em seu sonho, ela estava em um jardim, semelhante ao da casa em que crescera e onde Tom adorava ir. "Estava colocando o lixo para fora e vi um jovem no topo de uma colina, de costas para mim; ele vestia uma jaqueta azul que Tom sempre usava. Pensei: 'É o Tom'. E então uma voz me disse: 'Não seja ridícula. Tom está morto'. Depois eu falei: 'Não, é o Tom. Aquele lá em cima é o Tom'. E a voz me disse: 'Não, não pode ser o Tom'. E então pensei: 'Vou verificar, porque o que tenho a perder?'.

"Lembro-me naquele sonho de pensar como fiz com a jovem no túnel: 'Tenho que me lembrar disso. Isso é tão importante'. Era quase como se houvesse três pontos de vista no sonho. Havia o eu fazendo aquilo, o eu falando 'Isso é bobagem'. E também havia outro eu dizendo: 'Lembre-se disso. É muito importante'. Apenas subi a colina. Não estou muito em forma e lembro-me de estar um pouco sem fôlego. Como o rapaz não se virou, eu meio que coloquei os braços em volta das costas dele e pensei: 'Se não for o Tom, isso vai ser muito embaraçoso, mas que se dane. Se for, preciso abraçá-lo'. Porque é disso que sinto falta. Um abraço. Então, coloquei os braços em torno dele, e ele não se dissolveu nem nada. Ele se virou, e era o Tom. Um Tom mais velho. Tinha cerca de 17 anos, que é mais ou menos a idade que ele teria quando tive o sonho. Era mais alto do que eu, e seus olhos ainda eram azuis. Mas um deles era mais pálido que o outro. Havia uma espécie de branco mais pálido no centro. E o outro era azul.

"Ele colocou os braços em volta de mim. Lembro-me de ter pensado: 'Preciso dizer alguma coisa'. Mas falei apenas: 'Tudo bem

10. DIVIDINDO A EXPERIÊNCIA DE MORTE COMPARTILHADA

com você?'. Só me lembro de erguer os olhos para o rosto dele, e ele baixou a vista para mim e perguntou 'Tudo bem com *você*?'. Era como se ele me dissesse: 'Você não precisa se preocupar comigo. A questão é você. O que está fazendo?'. Porque eu estava arrasada, triste, não saía muito, andava deprimida. E ele não estava assim. Não estava deprimido. Ele parecia ter seguido com a vida."

Amelia diz que "não tinha nenhuma informação naquela época sobre experiências de morte compartilhada", mas desde então tem lido "extensamente" sobre o tema e acredita que o que vivenciou foi uma EMC. Sua irmã, Sharman, que entrou no quarto quando Tom morreu, tem a mesma certeza: "Ninguém vai me convencer de que essas experiências não ocorreram, ou que foram apenas alucinações". Amelia disse que considerou compartilhar suas experiências no funeral de Tom com a família e os amigos, mas decidiu não fazê-lo, temendo que outras pessoas entendessem mal o que dizia e também porque não queria ter de se defender ou defender sua crença no que tinha acontecido.

Refletindo sobre de que maneiras a sua EMC a mudou, Amelia observa: "Não consigo mais conversar sobre amenidades". Ela também acredita com bastante firmeza que "a alma de Tom continua. Agora acredito por completo que todos temos uma alma consciente, que é eterna, e esta alma está nesta Terra por uma razão, envolta em nosso corpo mortal. Acredito que nossa alma é parte de um profundo e eterno amor que é onisciente e zeloso, de onde todos viemos e para onde retornaremos". E esse entendimento, como aconteceu com outras pessoas que passaram por experiências de morte compartilhada, "ajudou com a minha dor".

De maneira comparável a Leslie e Sarah, os momentos divididos por Amelia e Sharman à cabeceira de um moribundo na hora de sua partida criaram para cada uma delas uma certeza adicional sobre a experiência. Embora houvesse diferenças no que perceberam, o efeito geral foi convencer ambas de sua "veracidade", como Amelia coloca, ou da verdade da experiência. Comum a muitos de nossos experimentadores também é a relutância em falar do que aconteceu fora de seu círculo restrito.

Há um outro componente significativo no relato de Amelia, que é igualmente mencionado por Ida N. ao relatar a morte da mãe, e na forma sem gênero definido do testemunho de Stephanie L.: o aparecimento de uma bela mulher, sem nome, que parece apressada e muito empenhada em seu trabalho. Este guia para a vida após a morte aparece com tanta frequência que identificamos sua presença com um nome: o Condutor. (A prevalência e o papel do Condutor serão discutidos mais adiante, no Capítulo 13.) Embora nem todos os experimentadores relatem a presença de um Condutor, isso ocorre com tanta frequência que sou levado a perguntar se essa presença não é uma parte central do transporte dos que partiram deste mundo físico.

Até agora, exploramos uma ampla gama de momentos e fenômenos da EMC. No entanto, apesar de todo o seu alcance excepcional, essas experiências têm vários elementos em comum: produzem calma profunda em relação à morte; são transmitidas por meio de uma experiência forte e avassaladora de sensações físicas ou a experiência visual de testemunhar um ente querido partir; ou receber dele, remotamente, algum tipo de mensagem visual ou física na hora da morte. Apesar de todas as diferenças nas histórias e circunstâncias, como pesquisador, não posso deixar de ser atraído pelos padrões e elementos em comum dessas histórias, bem como por seu profundo impacto no luto do experimentador.

Vamos, agora, explorar duas outras histórias: a de Alice W., cujo cônjuge enfrentou um diagnóstico de câncer terminal, e de Karen K., que se casou com o marido sabendo que ele tinha uma doença terminal. Esses casos nos impelem a considerar como podemos nos preparar para a morte em vida e qual o impacto desse conhecimento na EMC. Depois de explorar essas histórias, passaremos a uma discussão mais profunda sobre o que significa a EMC, por que houve resistência em alguns setores à existência da EMC e como as EMCs podem nos levar a repensar toda a nossa abordagem de vida, morte e luto.

11

PREPARAÇÃO PARA A MORTE EM VIDA

VOTOS DE CASAMENTO com frequência repetem alguma versão da frase "Até que a morte nos separe", mas é raro que esse final seja a primeira preocupação de um par recém-casado, se é que ocupa algum lugar entre seus pensamentos. Esse foi com certeza o caso de Alice W., que nasceu em Atlanta, se mudou para a França para estudar e depois lá permaneceu a trabalho. "Conheci meu marido em um lugar muito elegante chamado Racing Club em Paris, onde nenhum de nós nunca foi, antes ou depois. Uma total coincidência. Havia alguns expatriados lá, e foi uma grande noite. Cheguei muito tarde porque meu táxi se perdeu. Cheguei quase na hora da sobremesa, e na minha mesa já não havia mais lugar. Alguém na mesa ao lado disse: 'Ah, venha se sentar com a gente'. E foi assim que nos conhecemos."

Gert tinha 40 anos; Alice, 44. "Sou uma pessoa muito passional, professora de literatura e escritora, e ele o típico cara sensato. Gert trabalhara em um banco na Áustria até mudar para um emprego na diplomacia internacional. Éramos completos opostos, mas muito complementares ao mesmo tempo. Ele meio que mantinha meus pés no chão de diversas maneiras. Uma rocha em que você pode se apoiar."

Alice ri e acrescenta: "Ele não me disse em nosso contrato de casamento que estava escrito em letras miúdas *Você tem que saber esquiar*. Tendo crescido no sul dos Estados Unidos, nunca tinha esquiado. Queria esquiar nas encostas mais fáceis, e ele me colocou nas descidas difíceis. Seu truque era tentar me fazer sentar em seu colo e deslizar para baixo dessa maneira. Ao que parece, funcionou para encantar outras mulheres no passado. Mas estava tão zangada que desci a encosta esquiando. Então, essa era a nossa relação: esportiva, intelectual.

"Fiquei muito furiosa com Gert, porque ele não tinha tempo suficiente para mim. Era apaixonado por seu trabalho. Eu o chamava de Napoleão porque dormia cinco ou quatro horas por noite, o que não era bom para a saúde, com certeza. E, aí, a peça final que ele pregou em mim foi me deixar aqui na Terra sozinha. Por isso, gostaria de não ter reclamado tanto sobre ele trabalhar o tempo todo."

Alice explica: "Eu vivia doente com enxaquecas, exausta pelo trajeto para ir e voltar do trabalho. Sinto que eu é que deveria ter morrido. Eu era a frágil e não meu marido. Ele nunca ficou doente. E aí recebe o diagnóstico de câncer de próstata estágio quatro.

Tinha 52 anos, e eu quase tive um colapso nervoso, mas essa é a minha personalidade. Fico muito transtornada; comecei a usar 'nós' o tempo todo, como se estivéssemos ambos doentes. Queria que ele soubesse que éramos uma equipe". Gert não queria se submeter a cirurgia ou quimioterapia. Em vez disso, optou pela terapia hormonal. "Sua decisão foi não fazer nada invasivo. Ele viveu muito bem com a terapia hormonal, ou melhor, por três anos.

"E como ele lidou com a doença? É provável que fosse o melhor paciente que um médico poderia esperar. Trabalhava para uma organização internacional como macroeconomista. E por isso era superorganizado. Tinha cópia de tudo. Tudo era documentado. Quando foi ao consultório, tinha mais informações do que o médico. Preencheu todas as lacunas que faltavam. Nunca reclamou. E talvez essa seja uma das razões pela qual não conseguia acreditar que ele iria morrer. Exibiu um sorriso no rosto até o fim. Todos o adoravam. Era uma pessoa verdadeiramente amável. Um cara de muito fácil convivência, com a calma de um Buda. Zero de agressividade."

Mas Gert não modificou seu comportamento. Era como se não quisesse reconhecer a doença. Alice lembra: "Fiquei estupefata pelo fato de ele não ter mudado seu estilo de vida da maneira que achava que deveria, em termos de alimentação e coisas assim. E voltou a se matar de trabalhar. No final, desejou que não tivesse feito isso. Quando chegamos ao quarto ano, seus sintomas começaram a ficar muito ruins e os médicos não tinham soluções para o meu marido. Éramos como um navio à deriva no oceano em maio, junho, julho, agosto, os últimos quatro meses, entrando e saindo do hospital. Eles ficarão para sempre marcados em meu coração como uma tragédia. Nessa fase, o câncer havia devorado o corpo do meu marido. Suas pernas estavam paralisadas. Ele me disse que não queria viver, se aquilo continuasse. Recebia tanta morfina que isso o impedia de sentir tanta dor. O principal era mantê-lo longe da dor. Eu fazia reflexologia também, que de alguma forma funcionou nele. Não podia aceitar o fato de que iria morrer". Ela acrescenta: "Mesmo quando estava mais do que óbvio, disse a ele que haveria um milagre. Tinha certeza de que haveria um milagre".

Alice estava sempre no hospital. Quando saía para dormir em casa, deixava "meu nome escrito em letras garrafais, 'Madame W.', com meu número de telefone. Todo mundo me conhecia, e eu dizia: 'Por favor, podem me ligar a qualquer hora. A qualquer hora estarei lá'". Na noite de 26 de agosto, Alice lembra que dormiu muito bem. "Mas estava sempre com meu telefone. É um iPhone. Está sempre ligado. Sempre verifico tudo duas vezes. Foi naquela noite. Às nove horas da manhã seguinte, estou prestes a entrar no elevador. E recebo um telefonema do médico que administra o hospital residencial, que me diz que meu marido falecera entre três e seis da manhã.

"Falei: 'Como isso é possível? Vocês prometeram me ligar'. Ele respondeu: 'Nós ligamos para você, as enfermeiras ligaram para você, todo mundo tentou ligar para você'. Corri e fui para o quarto do meu marido. Estava lindo, com uma vela e algumas flores. E tranquilo. Olhei para seu rosto, e ele quase parecia sorrir. Um belo sorriso de perfeita paz. Pedi para falar com as enfermeiras, para tentar saber por que não me ligaram, porque não tinha registro de nenhuma ligação no meu telefone. Consegui uma consulta para uma semana depois.

"Uma semana depois, percebi que havia passado por uma experiência, que acontecera enquanto eu dormia. Mas, primeiro, vou contar sobre a entrevista que tive com a enfermeira dele. Falei: 'Por que não me ligou?'. Ela respondeu: 'Liguei para você meia dúzia de vezes. Não entendi por que não atendeu. Até tentei ligar para outras pessoas e eles atenderam, mas seu telefone, não'. Respondi: 'Bem, isso é impossível, porque tenho o sono muito leve. Ainda mais nesta situação. Não consigo dormir com o telefone tocando'. Eu a coloquei contra a parede, mas naquele momento acreditei que estivesse dizendo a verdade. Não tinha motivos para não fazê-lo." Em vez disso, Alice concluiu que as ligações das enfermeiras nunca chegaram a ela.

"E agora vou contar o motivo pelo qual não atendi ao telefone: porque minha alma deixou meu corpo. Minha alma estava com meu marido, e estou absolutamente convencida disso. Não tenho comprovação científica, mas para mim é mais do que óbvio. Vi-me atrás do meu marido, que está subindo para o céu azul. E há um sentimento de perfeita bem-aventurança. Era uma paz perfeita, perfeita, mais ou menos o que vi em seu rosto quando entrei em seu quarto naquela manhã. Nessa experiência, não consegui ver exatamente o rosto dele. Não podia ver meu marido fisicamente, mas o seguia nas esferas celestiais, na luz azul e nas nuvens brancas. Não sei quão alto estava, mas estava lá em cima com ele, e continuei seguindo-o sem parar. E, em determinado instante, tomei a decisão de voltar. Tenho certeza de que não tive escolha; acho que precisei voltar. Senão, teria que morrer. Então, tinha a consciência de que, se continuasse a ir com ele, seria o meu fim. Não havia medo, apenas disse: 'Acho que não posso ir mais longe no momento'. Depois, me virei e foi como se pudesse ver a Terra a centenas de milhares de quilômetros de onde estava. Se você já estudou os velhos mestres do Renascimento, Hieronymus Bosch ou Breugel, eles retrataram várias coisas estranhas, coisas horríveis na Terra. Eu me virei e vi a Terra como nunca a vira em toda a minha vida. Vi toda a traição e deslealdade; era quase como se olhasse para o inferno, embora não pensasse isso na ocasião."

11. A PREPARAÇÃO PARA A MORTE EM VIDA

Alice descreve toda a experiência como não destituída de qualquer componente físico. "Estávamos na morada da alma. O 'eu mesmo' de fato não existia. Havia paralelos entre a sensação que se pode vivenciar se você está em transe, saindo do corpo ou deixando de sentir a cadeira embaixo de você, coisas assim. Mas aquele era um sentimento ainda mais poderoso – uma felicidade absoluta e perfeita, algo que nunca havia sentido antes e nunca voltei a sentir. Estava lá com meu marido, meu amado marido, que não estava mais doente e sim prestes a mudar para outra esfera."

Ela acrescenta: "Não tenho como provar isso. Não quero provar. Mas o espaço de tempo corresponde a quando eu dormia. Muitas dessas perguntas que são científicas serão impossíveis de responder, porque o que aconteceu comigo não é científico. Para mim, era óbvio que era meu marido. Ele faleceu naquele período, e eu estava com ele. Ele não me mostrou a identidade e disse: 'Leve isso de volta para casa', nem cortou uma mecha de cabelo, e não acordei com ela na mão; não há evidência empírica. Não posso nem dizer se durou meio segundo ou três horas; não saberia".

No começo, Alice diz: "Contava às pessoas sobre isso, mas acho que elas apenas pensavam que eu estava louca, para ser bastante sincera. No início, não percebia, mas depois parei de falar a respeito". O único que foi receptivo foi o padre de Alice, que fez seu casamento e também celebrou a missa fúnebre de Gert. "Para ele, foi bastante natural. Ele explicou: 'Claro, isso é normal.'"

Mas, apesar das muitas pessoas que rejeitaram a história, Alice descreve as consequências de sua EMC como uma verdadeira mudança de vida. "Não sei se a mudança na forma como vejo o mundo [...], quanto disso é devido à perda do meu marido, ao luto, e quanto se deve à experiência de morte compartilhada, mas algo mudou de modo radical dentro de mim. A única coisa que quero fazer é tentar ser uma pessoa melhor, terminar de fazer o que preciso fazer, fazer as coisas do jeito certo, do jeito que meu marido gostaria que eu fizesse, e tentar ajudar outras pessoas. E, no dia em que o bom Deus quiser me levar, ficarei muito aliviada.

"Acho que meu marido está no céu. Acho que fui para o céu com ele e depois voltei para a Terra. E acredito no céu. Não teria dito isso antes. Meu marido era católico e isso me fez juntar-me à Igreja Católica, mas também sou muito cética. Venho de uma família bastante intelectualizada, começamos como luteranos, meu pai se converteu ao judaísmo, e minha mãe era doutora em Filosofia e afirmava ser 'panteísta', o que não quer dizer que não possa ser religiosa, mas acho que todos nós temos a própria maneira de expressar o que é espiritual. Algumas pessoas usam termos religiosos. Poderia fazer isso, mas, para ser completamente franca, estou cada vez mais convencida de que não podemos explicar essas coisas. E, se pudéssemos, seríamos Deus, ou como quiser chamar aquilo que está nos supervisionando."

Assim como Alice, Karen K. acreditava que o marido nunca morreria. Quando eles se conheceram, a primeira coisa que ela notou em Timothy foi sua voz. Ele era músico de formação e tinha "uma voz surpreendentemente límpida". Ambos cresceram em cidades da costa leste da Austrália, ambos foram ativos em grupos de jovens, ambos escolheram o ensino como profissão e compartilhavam muitas das mesmas lembranças e valores. Ela lembra: "Ele era pintor e músico, portanto, um indivíduo muito criativo. E era muito irlandês à sua maneira, não que tivesse nascido na Irlanda, mas sua ascendência irlandesa se revelava em uma família muito educada, acolhedora e calorosa, e isso é muito da minha origem também".

Timothy tinha 24 anos e Karen 22 quando começaram a namorar. "Continuei aparecendo para visitar, e ele continuou me ligando e colocando cartas na minha caixa de correio. Começamos a sair e com algumas semanas de relacionamento ele falou que tinha 'algo para me contar'. Revelou-me que nascera com uma doença terminal. Estava perfeitamente bem na época e disse: 'Ah, veja, é provável que seja preciso um caminhão Mack para me derrubar'. E, de certo modo, isso aconteceu. Foi uma trajetória interessante. Houve muitas vezes em que ele estava completamente emaciado e doente, mas ainda ríamos sobre o estado do mundo."

No começo, porém, não havia a menor ideia para Karen ou Timothy do que estava por vir. "Quando o conheci, ele fazia muitas coisas. Lembro-me de ter pensado: 'Como posso ficar com essa pessoa? Ele é muito ocupado. Tem muitos projetos em andamento'. Não sabia se conseguiria lidar com esse nível de intensidade. Mas aí as coisas desaceleraram quando a doença se infiltrou. As coisas tiveram que mudar. Aquilo de fato virou nosso mundo de cabeça para baixo.

"Estive com ele por quinze anos, e ele fez um transplante de pulmão duplo durante esse tempo. Muitas pessoas que recebem um transplante duplo de pulmão vivem cerca de cinco anos; Timothy viveu dez. Nossas experiências nos levaram às profundezas do que a doença e o enfrentamento diário da morte podem fazer. Quando você escolhe estar com alguém que sabe que vai morrer, embora intelectualmente não consiga se ater a esse conceito [...] enquanto ao mesmo tempo, em seu coração, você sabe disso, é uma posição de fato desafiadora. Escolhi ficar com meu marido e amá-lo. Se você o tivesse conhecido, também o teria amado."

Karen descreve o marido como alguém que "nunca quis deixar ninguém de fora". Ela lembra que eles receberam a ligação para a cirurgia de transplante em um domingo, o que facilitou a viagem até o hospital em Sydney, a quilômetros de distância. "Com uma doença pulmonar, até mesmo erguer alguém da cama e colocá-lo de pé é muito difícil quando ele está sufocando de verdade. E, depois, colocá-lo no carro com o oxigênio." Quando chegaram, foram "recebidos por uma mulher de cabelos louros e encaracolados que estava muito animada por nos ver. Para mim, isso foi uma experiência espiritual, encontrar alguém no caminho que pudesse nos passar essa energia e positividade naquele momento.

"A palavra mais usada por Timothy era 'obrigado'", observa Karen. Quando ele acordou na Terapia Intensiva após a cirurgia, "seus olhos ainda estavam fechados e ele não conseguia falar, mas segurou minha mão e com o dedo escreveu *obrigado* na minha palma, repetidas vezes, e apontou para as enfermeiras e os médicos que estavam ali, trabalhando ao lado da cama hospitalar". Após a cirurgia, o casal juntou os cacos de sua vida, Timothy continuou a escrever músicas e letras, e eles tiveram um bebê. Três meses após o nascimento da filha, ele foi diagnosticado com câncer, uma possível consequência dos muitos medicamentos imunossupressores que precisava tomar para evitar a rejeição dos novos pulmões.

O que se seguiu foram meses de internações e cirurgias. "O nível de sofrimento que ele suportou foi astronômico e devastador", diz Karen. "Acho que ele dava absolutamente tudo o que podia à família, embora às vezes fosse difícil dar qualquer coisa por causa da doença.

"Antes de fazer o transplante de pulmão, ele vinha perdendo o fôlego, mas fora um declínio bem lento ao longo de muitos anos.

11. A PREPARAÇÃO PARA A MORTE EM VIDA

Este foi um declínio mais rápido. Em um ano, foi uma perda devastadora. Mesmo movê-lo para deitar na cama poderia levar até 45 minutos. Ele acabou em uma cadeira de rodas porque não conseguia respirar, e tínhamos oxigênio em casa o tempo todo." Karen se viu tentando dividir sua energia entre Timothy e a filha. "O sofrimento para todos nós foi muito difícil", diz ela, mas, ainda assim, "não acreditava de verdade que ele estava morrendo, mesmo nos últimos dias. Timothy disse que seu irmão estava com ele – o irmão havia morrido há muito tempo. Contou que podia ver um túnel, mas não queria entrar nele. E falou sobre o irmão, que lhe dizia que tudo ficaria bem".

Karen e Timothy voltaram ao hospital, e ela relata: "Ainda estava pensando que um milagre aconteceria e que ele ficaria bem, porque já acontecera um milagre antes. Tínhamos feito o transplante de pulmão. Isso foi um milagre, e eu esperava outro. Tínhamos muitas pessoas orando por um milagre e estávamos tentando de tudo para salvar a vida de Timothy.

"Todas as noites, às nove horas, havia muitas pessoas na casa delas orando ou cantando por Timothy. Naquela noite em particular, um sábado, sua mãe, irmã e eu estávamos no quarto do hospital com ele. Timothy ficava piscando para mim e dizia: 'Esta é minha linda esposa', e nos disse que nos amava. Quando deu nove horas, fechamos os olhos para orar e Timothy também fechou os dele. Acredito que foi quando entrou em coma. Parecia adormecido; sua mãe e irmã estavam bastante felizes por ele parecer tão sereno.

"Durante a noite, vi que sua respiração não parecia regular." O médico disse a Karen que Timothy estava inconsciente e que o fim se aproximava. "Falou que Timothy podia ouvir tudo, mas não respondia. Daquele momento até tarde da noite, não parei de falar com ele. Falei com Timothy sobre quanto o amava, que nossa filha e eu ficaríamos bem, e eu garantiria que nossa filha conheceria quem fora o pai e como ele era meu amor. Também prometi que voltaria para visitar lugares que ele amava.

"Com as drogas imunossupressoras, é preciso se preocupar com o Sol o tempo todo, mas, naquela tarde, a certa altura, o Sol brilhava sobre o seu rosto através da janela, e falei que ele não precisava mais se preocupar com o Sol. Não precisava mais se preocupar com testes, coletas, remédios ou oxigênio. Não havia mais espera por resultados.

"Pela primeira vez, minha filha e eu pudemos realmente chegar perto dele, abraçá-lo e beijá-lo, o que não é possível quando há alguém sufocando com uma doença pulmonar. Quando você não tem fôlego, não pode ter ninguém muito perto, para não roubar seu ar, e é muito difícil.

"Também demos banho em Timothy. Ele sempre gostou de se sentir limpo e respeitável, então, fizemos isso. Lavei até os pés dele, o que, na tradição católica, foi muito significativo para mim. Sua irmã e mãe estavam lá quando fizemos isso, o que foi uma coisa muito importante, porque o irmão de Timothy morrera em um acidente de trabalho. Eles não conseguiram se despedir. Mas as duas puderam dizer adeus a Timothy.

"Enquanto ele estava em coma, disse-lhe que queria que abrisse os olhos uma última vez para que soubesse que podia me ouvir. Por incrível que pareça, nas horas seguintes, ele começou a abrir os olhos enquanto eu falava. Até tentou responder, mas não conseguia falar àquela altura." Karen comenta: "Sabia que ele voltaria para me ver.

"Fechei a porta e sabia que tinha que ficar com ele até o último suspiro. Puxei a cadeira até a cama e segurei sua mão. Disse que

11. A PREPARAÇÃO PARA A MORTE EM VIDA

eram duas e quinze da manhã, e que não havia mais ninguém lá, que era só eu, e que não iria deixá-lo; estava bem ali e o ampararia. Disse o quanto o amava e que ele era a revelação da minha vida. Uma de suas músicas se chamava 'Revelation'. Disse que nossa filha ficaria bem, e que estávamos bem agora, e que minha mãe e meu pai estavam com nossa filha, cuidando dela. Cantei alguns dos primeiros versos de sua música para ele.

"Cantei outras músicas também, e sua respiração mudou. Três respirações, não regulares, mas do tipo rouco, até que ele deu seu último suspiro. Falei em voz alta: 'Está consumado'. Não sei de onde essas palavras vieram, mas não eram minhas. Seu espírito deixou seu corpo, todo o seu ser se libertou e postou-se atrás do meu ombro direito. Era quase como se este lado da minha cabeça tivesse se ativado por completo. Como se eu tivesse uma visão diferente vindo do meu lado direito. Era como uma câmera de filme na minha cabeça me proporcionando uma forma diferente de ver. Nessa visão, vi todo o eu de Timothy. Estava vivo, movia-se, dava cambalhotas, saltos-mortais, corria e gritava pelo corredor do hospital – não no quarto em que eu estava, mas no corredor. Podia vê-lo correr de um lado para o outro. Totalmente exuberante.

"Estava mais jovem, tão jovem quanto quando o conheci. Parecia radiante. Sua energia era absolutamente ilimitada, estava feliz e livre. Parou bem diante do meu rosto e me mostrou seu semblante e sua felicidade. Depois, a parede do hospital, é difícil descrever, mas era como se tivesse desaparecido.

"Deveria haver um quarto ao nosso lado, mas em vez disso estávamos na entrada do prédio. Lá fora, embora passasse um pouco das duas da manhã, havia um céu rosado, e depois apareceram umas nuvens cinzentas que passavam através das cores rosa e laranja. Era quase como o amanhecer. Para mim, foi lindo presenciar aquilo. Então, vi o corpo de Timothy como uma névoa de calor, mudando e se fundindo com aquela imagem, e ele sumiu naquele céu cor-de-rosa. Apenas derreteu no céu. Podia vê-lo se movendo para fora e além.

"Ele não disse as palavras, mas entendi que estava indo para casa. Para mim, naquele momento, estava indo para nossa casa ver nossa filha. No dia seguinte, quando falei com minha mãe, ela disse que naquele exato instante minha filha acordou e precisou ser ninada para voltar a dormir. Quanto a mim, soube com absoluta certeza que ele tinha ido vê-la.

"Depois que ele partiu naquele céu, fiquei maravilhada. Senti-me tão feliz por ele estar livre. Depois de eu ter testemunhado tanto sofrimento, ele precisava me mostrar que estava exuberante e cheio de luz. Toquei a campainha das enfermeiras, em êxtase e animada. A enfermeira entrou e eu disse como estava feliz por estar lá para seu último suspiro, exatamente como ele queria que eu estivesse."

Karen continuou a sentir a presença de Timothy, tanto nos dias que se seguiram à sua morte quanto em outros momentos mais distantes. "Meu pai veio me buscar no hospital. Estava sentada no carro e, a caminho de casa, senti que Timothy estava comigo no veículo [...] como uma bola de energia, eu descreveria. Tentava me fazer rir, e eu dizia coisas como 'Estou no carro com meu pai e você está morto, então, pare de me fazer rir'. No dia seguinte, lembro-me de que estava no quarto, e ele literalmente se movia ao meu redor, sendo atrevido, como sempre foi, sendo absolutamente atrevido e me cutucando para me fazer rir. Na verdade, disse a ele: 'Você está morto. Eu deveria estar transtornada. O que vou fazer com você?'. Foi uma experiência alegre."

11. A PREPARAÇÃO PARA A MORTE EM VIDA

Mas essa não seria a única experiência de Karen com a morte naquele ano. "Uma semana depois da morte de Timothy, meu pai foi diagnosticado com câncer terminal e morreu seis meses depois. Seu irmão – meu padrinho – também foi diagnosticado com câncer e morreu pouco depois de meu pai. Vários meses se passaram e meu avô morreu. Por causa da doença terminal de papai, minha mãe não pôde estar presente para me apoiar; ela precisava focar sua atenção na saúde do meu pai. Fiquei sozinha com minha filha e, pela primeira vez, senti-me completamente abandonada – não por culpa de ninguém, mas era assim que as coisas eram. No que a EMC me ajudou foi [...] ter me permitido contar ao meu pai e ao meu padrinho o que tinha acontecido. Não sei exatamente o que isso fez por eles, mas senti imensa necessidade de lhes contar. Há pouco tempo, conversei com uma amiga minha cujo filho havia morrido em um acidente um ano antes de meu marido morrer. Contei a ela sobre minha EMC. Foi um grande alívio para ela. Ela descreveu como viu a forma enevoada de seu garotinho. É muito importante compartilhar essa experiência com as pessoas certas, no momento certo.

"A dor foi de fato devastadora, mas descobri que Timothy está comigo quando estou mais alegre. Às vezes, vou tocar minha filha de um certo jeito ou piscar para ela, ou fazer alguma coisa, e de fato penso: 'Ah, não, é Timothy fazendo isso', ou mesmo: 'É meu pai fazendo isso'. Na verdade, sei disso de cara. É uma certeza de que eles estão comigo, fazem parte de mim, um saber inerente, sem explicação. É assim que me sinto."

Karen diz que sua EMC é parte da história de amor geral que ela compartilhou com Timothy. "Sinto que é minha tarefa, de certa forma, apresentar a você uma história de amor, o que a morte, o morrer e o luto significam para as pessoas, mas o que isso significa para a vida após a morte também. Falamos sobre a morte e o morrer? Não, não falamos. Como tratamos as pessoas enlutadas? No contexto ocidental, não somos bons nisso. Isolamos as pessoas enlutadas e elas são silenciadas e marginalizadas.

"Duas semanas antes da morte de Timothy, formei a crença de que não havia coisa alguma além da morte, porque não conseguia acreditar em nada naquele momento. Mas, agora, não temo a transição da morte, porque, bem, por que deveria? Vi algo bonito, fantástico, e que o enche de vida em vez de tirá-la. Mesmo que durasse apenas um segundo, ou se durasse para sempre na vida espiritual de Timothy, ele recebeu isso, e para mim esse evento mudou meu pensamento sobre a partida das pessoas.

"Fiquei buscando um milagre médico, dois novos pulmões, qualquer coisa. Não percebi, mas o milagre foi na verdade ele morrer e eu ter a EMC. Esse foi o verdadeiro milagre."

• • •

Fechamos um círculo completo quando retornamos às experiências de Gail O. e Michelle J., do início deste livro. Gail se sentiu transportada para fora do quarto de hospital do pai, o que foi semelhante a como Karen se sentiu sendo levada para fora do quarto, e Michelle, que vivenciou o céu brilhante após a morte da filha, assim como Karen. Aqui, temos três pessoas que nunca se conheceram, pessoas que não esperavam ter uma EMC, que não tinham linguagem ou referencial para tal evento e, mesmo assim, em um instante, tiveram a vida transformada. Não apenas passaram por uma experiência profunda com seus entes queridos, mas sua dor pessoal e suas percepções sobre a morte e o morrer sofreram alteração.

11. A PREPARAÇÃO PARA A MORTE EM VIDA

À medida que comecei a explorar cada vez mais esses casos ao longo dos anos, a reunir histórias, a enxergar padrões nas experiências e a ouvir os experimentadores relatarem, nas próprias palavras, com completa espontaneidade, a profundidade do significado e do impacto, sabia que, como Karen coloca de forma tão eloquente, não poderia mais permitir que os enlutados fossem isolados, silenciados e marginalizados. A EMC tinha que vir à tona e se tornar parte de nossa compreensão cultural da morte e da perda.

Mas isso levanta outro conjunto fascinante de questões: sabemos que existem EMCs. Você acabou de ler relatos poderosos e variados nestas páginas. Eles têm um nome. Então, por que, dada a profundidade de impacto da EMC, ela não foi estudada mais a fundo? Por que não foi discutida, reconhecida e aceita? Por que muitos experimentadores, como Alice, sentem uma necessidade muitas vezes esmagadora de guardar a experiência para si mesmos? E quando isso vai mudar?

Essas são as questões que exploraremos a seguir.

12

UM FIM AO SILÊNCIO EM TORNO DA EXPERIÊNCIA DE MORTE COMPARTILHADA

NAS PRÓPRIAS PALAVRAS DOS experimentadores de morte compartilhada:

"No começo, costumava falar: 'Você acredita em mim?'"

"Seus próximos pensamentos foram: "Ninguém acreditaria em mim", e eu mesma não tinha certeza de se acreditava."

"Percebi como seria difícil contar a alguém. Transcendia as palavras."

"Meu marido e eu estamos juntos há vinte e cinco anos [...] mas ele descartou totalmente o que eu disse. Isso é algo que tenho que guardar para mim."

Mesmo compartilhar "um pequeno trecho" com os filhos provocou uma reação em que "todos me encararam e reagiram como se 'mamãe não está lidando bem com isso, mamãe enlouqueceu'".

"Contava às pessoas sobre isso, mas acho que elas apenas pensavam que eu estava louca, para ser bastante sincera."

• • •

Neste livro, você ouviu relatos de uma ampla gama de pessoas, jovens, idosos, alguns pós-graduados, muitos com extensas carreiras. Alguns são pais; outros, educadores. Alguns trabalharam para o governo; outros, para grandes empresas. Alguns são da área da saúde. Um número significativo tem formação científica ou técnica. Muitos também se descrevem como céticos por natureza. Mas compartilham uma coisa em comum: discutiram, sem reservas, suas experiências intensamente transformadoras envolvendo a morte de um ente querido ou amigo. Com frequência, descobriram que estranhos estão mais prontos a ouvi-los do que a própria família e amigos.

Pare um momento e pondere sobre isto: eles tiveram o que talvez seja a experiência mais profunda de uma vida, e a maioria desses experimentadores sente de forma esmagadora que não pode compartilhá-la. Recebem uma resposta de incredulidade – ou pior. Perdi a conta de quantas vezes ouvi alguém me dizer: "Obrigado por ouvir minha história" ou "Obrigado por acreditar em mim". Como ponto de partida, vamos tentar entender a cultura de incredulidade em torno das EMCs. Começa, em parte, com a compreensão e o reconhecimento de que, como cultura, estamos profundamente desconfortáveis com a morte. Mais até do que religião, sexo e política, a morte pode ser o tema de maior tabu em uma conversa. Porque isso tem a ver, em parte, com os avanços da medicina moderna, mas também, em parte, conosco.

Como observa a dra. Monica Williams, diretora médica do Projeto Travessia Compartilhada, por muitos anos, o sistema de educação médica "selecionou em demasia" os alunos por sua mentalidade científica. Muitos dos profissionais médicos que atuam hoje foram treinados sobretudo como "engenheiros do corpo". Eles devem trabalhar dentro de um sistema baseado em doenças – isto é, quando são confrontados com uma doença, o foco é como mantê-la sob controle. Não admira, portanto, que a medicina tenha se especializado: muitos médicos são especialistas em sistemas ou mesmo órgãos individuais; tratam apenas da região em que são treinados, não da pessoa como um todo. Os avanços em tecnologias e tratamentos têm levado os pacientes a se tornarem a soma de seus componentes.

Quando os médicos são confrontados com uma doença grave ou terminal, as perguntas centrais que fazem, em geral, giram em torno da tentativa de adiar a morte. Trabalhando com esse modelo, a morte é equiparada ao fracasso. Em áreas como o tratamento do câncer, a analogia constante é de um campo de batalha e uma guerra contra a doença. A comunidade médica raramente começa perguntando: como devemos viver? Quais são os objetivos para sua vida agora? Algumas exceções notáveis a essa abordagem são os enfermeiros, cuja formação inclui não apenas o paciente biológico, mas também os aspectos psicológicos e espirituais dele, e também os médicos de cuidados paliativos e de hospitais residenciais.

Na maioria esmagadora dos casos, no entanto, falta uma discussão franca e imparcial acerca da morte. Mesmo a terminologia usada para descrever alguns dos eventos vivenciados em torno da transição de fim de vida tem conotações bastante negativas. Os médicos falam de "alucinações terminais" para descrever pacientes que relatam ver ou sentir a presença de familiares ou amigos falecidos. As explicações médicas para os momentos de transição variam de "hipóxia" – o que significa que seriam resultantes da falta de oxigênio – a "distúrbio metabólico" e confusão. (Como é de esperar, muitas das mesmas explicações também são dadas a pacientes que relatam experiências de quase morte.)

Se a conversa começa com o conceito de que a pessoa que está morrendo está "metabolicamente perturbada" ou que o que ela está vendo não passa de alucinação, é um desafio chegar a uma aceitação neutra, que dirá positiva. A resposta médica muitas vezes tem sido medicar pesadamente os moribundos, diminuindo assim as visões ou outras experiências de pré-morte ou do momento da morte. De fato, os profissionais médicos que tiveram ciência de experiências de morte compartilhada ou até mesmo vivenciaram eles próprios a experiência têm profunda relutância em falar sobre elas; como alguém me disse: "As únicas pessoas que podem discutir isso são aquelas cujas carreiras estão no fim. Caso contrário, é suicídio profissional".

Mas há reticência semelhante em se falar sobre experiências de fim de vida entre outro ator-chave no tratamento de fim de vida: o clero. Lembre-se do rabino de Stephanie, que, de modo geral, encerrou a conversa sobre sua experiência de morte compartilhada com o marido. Outros experimentadores nem se sentiram à vontade o suficiente para levantar o assunto com um padre ou pastor. Como Scott T. descreveu: "Eu me senti sozinho por muito tempo [...] parecia algo que não poderia compartilhar com minha família e a comunidade presbiteriana. Não parecia seguro. Não que sejam pessoas perigosas nem nada disso, é só que há uma preciosidade na experiência que você não quer que mais ninguém adentre. E não sabe a disposição de ânimo das pessoas. Portanto, esse risco de divulgação estava mesmo presente para mim". Pouquíssimos religiosos respondem como o ministro de Liz H. Ele reconheceu o que ela tinha vivenciado, dizendo-lhe em termos inequívocos que ela tinha estado no céu com o filho, Nicolas. O padre francês de Alice W. fez o mesmo quando declarou que a experiência dela era "normal".

Esse ceticismo ou desconforto automático é particularmente irônico, dado o papel que a religião e comunidades religiosas desempenharam historicamente na transição da vida para a morte, que remonta a séculos. Uma das obras religiosas mais fascinantes vem da França do fim da Idade Média e é um texto intitulado *Ars Moriendi*, ou *A Arte de Morrer*. Foi encontrada em vários mosteiros, sobretudo na parte central da França, um ponto natural de encruzilhada europeu, muitas vezes traduzida do latim. Contém instruções específicas sobre como cuidar dos moribundos: orações, música de capela, remédios para dor, cuidados com o corpo e formas de lidar com o sofrimento mental e emocional. *Ars Moriendi* é, em muitos aspectos, a versão para a tradição monástica católica de O *Livro Tibetano dos Mortos*, sendo surpreendentemente ecumênica para a época, e contém orientações das tradições celta, judaica e islâmica. Em outras palavras, as tradições religiosas compartilhavam a consciência de que precisavam compreender e ajudar de forma aberta os moribundos e os que logo estariam enlutados. Talvez alguma reminiscência dessa visão persistisse no padre de Alice W.

Estar aberto ao mistério da EMC pareceria, assim, uma resposta natural entre os membros da comunidade religiosa, mas isso ainda não aconteceu de maneira organizada. Não sei se isso ocorre porque uma experiência de morte compartilhada é em essência não denominacional, ou se tira o conceito de vida após a morte de orientações e crenças religiosas muito específicas. Algumas pessoas descobriram que sua EMC desafia seu sistema de crenças. Como outra entrevistada, Lisa J., nos explicou: "Tive a experiência de morte compartilhada, que destruiu por completo meu sistema de crenças. Fui criada como luterana. Meu padrasto era um ministro luterano. Fui líder da juventude em minha igreja e acreditava em tudo o que me diziam, inclusive que quem não fosse batizado iria para o inferno. Foi por isso que senti tanta angústia por meu marido [...] temendo que fosse para o inferno. E, então, quando vi que ele não iria, foi isso que modificou tudo para mim".

No entanto, outros experimentadores se veem atraídos por um caminho mais espiritual após sua EMC, até mesmo por uma crença mais explícita em Deus ou em um ser divino. Como disse Cristina C., depois de sua EMC com a mãe: "Antes, não era nem um pouco próxima de Deus. Nunca pude sentir Deus. Não sabia onde Ele estava. Gostava bastante de ciência. Sou o tipo de pessoa que precisa de provas. E agora sinto que tenho que falar às pessoas sobre Deus, de tão real que foi aquilo". Quaisquer que sejam as crenças religiosas finais do experimentador, no entanto, está claro, agora, que a discussão sobre experiências de morte compartilhada e a possibilidade de sua existência não têm sido uma parte muito aceita na assistência pastoral ou nas discussões religiosas em torno da morte.

O que os experimentadores nos comunicaram é que estão procurando não apenas um ouvinte compassivo, mas a afirmação de que suas experiências são válidas e legítimas. Uma experiência de morte compartilhada fala dos mistérios do mundo, do significado da vida e do próprio significado de divindade. As pessoas se reúnem em comunidades espirituais principalmente para vivenciar o divino e compartilhar sua fé em alguma força superior e amorosa que se preocupa com elas e as guia, portanto, é natural que os experimentadores queiram se voltar para suas comunidades. Mas, então, descobrem que sua transformadora EMC é de alguma forma questionada ou subestimada, em parte porque seu conselheiro espiritual ou religioso não está familiarizado ou sente-se desconfortável com experiências de morte compartilhada. Muitos, também, recuam diante de qualquer expressão de alegria, mas os experimentadores relatam se sentirem alegres. Stephanie L. observou que, no funeral do marido e durante o luto subsequente, era "socialmente inaceitável" sentir alegria e ficar bem com a morte dele. Aqueles de nós que têm papéis como conselheiros de luto precisam abrir espaço para sentimentos positivos que os enlutados podem vivenciar como resultado das EMCs. Por sua vez, os experimentadores têm pedido às suas comunidades religiosas e espirituais que reconheçam e honrem tais experiências como dons normais, saudáveis e especiais. Chegar a esse ponto, no entanto, vai exigir certo grau de reavaliação e comunicação franca.

Estudar essas respostas muito divergentes me levou a concluir que, se quisermos mudar a conversa, os questionamentos e a compreensão sobre a morte, essa mudança deve começar de fora para dentro. Esse processo já está ocorrendo em partes do ambiente dos hospitais de cuidados paliativos ou Hospital de Transição (Modelo *Hospice*)[7]. De fato, após uma apresentação sobre experiências de morte compartilhada, um líder desse setor me disse: "Este

---

7. Termo originado com base no conceito de Hospice, um tipo de instituição médica muito popular nos Estados Unidos, Canadá e em grande parte da Europa. Nesses ambientes, a ideia é acolher e oferecer um ambiente que pareça ao máximo possível com um lar para pessoas com doenças crônicas e terminais, sem possibilidade de cura, com atenção à qualidade de vida dos pacientes, familiares e cuidadores. (N. do E.)

12. UM FIM AO SILÊNCIO EM TORNO DA EXPERIÊNCIA DE MORTE COMPARTILHADA

é o segredo das clinicas de cuidados paliativos do modelo Hospice. Essas coisas acontecem o tempo todo, mas não falamos sobre elas". No entanto, outros países são menos reticentes. Na Grã-Bretanha, uma pesquisa descobriu que 93% dos "cuidadores", como são chamados aqueles que lidam com cuidados de fim de vida, queriam ouvir mais sobre essas experiências. Um panfleto de 2008 intitulado "Nearing the End of Life: A Guide for Relatives and Friends of the Dying" [Perto do Fim da Vida: um Guia para Parentes e Amigos dos Moribundos], escrito por Sue Brayne e pelo dr. Peter Fenwick, e publicado na Inglaterra pela Universidade de Southampton, aborda especificamente experiências de fim de vida, ou ELEs (*end-of-life experiences*), dizendo que, ao contrário das alucinações, que trazem agitação e muitas vezes envolvem sensações físicas bastante desagradáveis, "as pessoas que têm experiências de fim de vida parecem ser tranquilizadas e confortadas por elas. Elas parecem ajudar a pessoa a deixar o mundo físico e superar o medo de morrer". Quando o dr. Fenwick discutiu ELEs na televisão britânica, sua caixa de entrada foi inundada com mais de setecentos *e-mails* de cuidadores e familiares que compartilharam a própria ELE com amigos e parentes, um fenômeno que eu mesmo vivenciei quando fiz entrevistas.

Um segundo guia dos mesmos autores, que analisa exclusivamente as experiências de fim de vida, recomenda que os cuidadores e o pessoal médico "sejam interessados e curiosos, em vez de incrédulos ou desdenhosos" com relação a esses encontros. O dr. Fenwick compartilha a própria lembrança do momento de fim de vida de um paciente, escrevendo: "Ele estava ficando inconsciente. Quando o vi, olhava fixamente para algo diante de si. Um sorriso de reconhecimento se espalhou devagar por seu rosto, como se cumprimentasse alguém. Depois, relaxou serenamente e morreu".

Fenwick e Brayne também observam: "Os moribundos e aqueles que testemunham essas experiências de fim de vida, em geral, as descrevem com palavras amorosas e tranquilizadoras, como calmantes, reconfortantes, acolhedoras, consoladoras, belas, preparatórias".

No Projeto Travessia Compartilhada, encontramos as mesmas respostas que nossos colegas britânicos. Então, como podemos mudar a conversa? Começando com livros como este, onde os experimentadores têm espaço para compartilhar suas histórias. Começando também com aqueles nas comunidades ligadas ao Movimento *Hospice* e de cuidados paliativos que reconhecem as experiências de amigos e entes queridos, e defendem a receptividade a essas experiências. Começando com uma comunicação aberta entre profissionais médicos e líderes religiosos. A dra. Monica Williams observa que seu primeiro momento de EMC aconteceu em uma sala de consulta. Um homem sofreu uma parada cardíaca em um supermercado. Foi levado ao hospital, mas não resistiu. A dra. Williams ligou para sua esposa e pediu que fosse ao hospital, dizendo apenas que o marido estava muito mal. Quando entrou na sala privada para contar à esposa que seu marido havia falecido, a resposta da mulher foi: "Eu sei. Ele acabou de me dizer". Essa experiência alterou sua compreensão da morte e a levou a defender a abertura de para familiares, amigos e entes queridos, mesmo quando a morte ocorre em um hospital. Isso pode ser tão simples quanto dar a eles privacidade em uma sala com porta fechada e monitoramento, mas sem distrações invasivas. "Este é um mistério que não precisamos entender", diz a dra. Williams.

A maioria dos americanos, cerca de 80%, acredita em uma vida pós-morte benévola. Mas os médicos tendem a abordar isso de maneira diferente. Na vida pessoal, podem acreditar em vida após a morte, embora pesquisas sugiram que o número dos que acreditam ainda é menor do que o da população em geral. Mas, profissionalmente, tendo sido treinados em um modelo científico, os médicos, com frequência, expressam ceticismo ou são muito reticentes em discutir tais questões. Entrevistei médicos que me disseram: *Claro que pessoalmente acredito em vida após a morte, mas nunca me arriscaria a falar sobre isso em um ambiente profissional.* No entanto, abrir um espaço adequado para essa discussão precisa se tornar parte fundamental de nossa abordagem.

Embora a medicina seja voltada para dados e provas empíricas, também deve haver um reconhecimento de que nem todo evento deve ter uma explicação ou uma teoria hermética para justificá-lo. Podemos reconhecer que as pessoas têm uma ampla gama de experiências em torno da morte e todas elas podem ser normais, não precisando ser explicadas por mudanças no metabolismo ou nos níveis de oxigênio. Podemos identificar quais são essas experiências, como comunicar-se com parentes e amigos falecidos e até animais de estimação, sentir sua presença no quarto, sensação de estar prestes a embarcar em uma jornada, bem como buscar alcançar pessoas ou objetos, ou um foco intenso em janelas e fontes de luz, parecer profundamente imerso em pensamentos, como se processasse novas informações. De fato, muitos dos elementos de uma EMC podem ser vistos como sinalizadores, informando aos cuidadores e entes queridos que a transição para a morte está ocorrendo. Podem ajudar a orientar o nível de intervenção médica, conforto, apoio e controle da dor. Podemos melhorar o atendimento e oferecer aos pacientes "uma morte tranquila" se estivermos mais atentos aos sinais de passagem.

Algumas das discussões em torno da morte já estão mudando, entre elas, um esforço para identificar os componentes de uma morte mais confortável. A Lien Foundation, com sede em Cingapura, encomendou por duas vezes um "Índice de Qualidade da Morte", sendo o mais recente em 2015, usando cinco categorias de métricas de dados: ambiente de cuidados paliativos e de saúde, acessibilidade, recursos humanos, qualidade do atendimento e envolvimento da comunidade. O índice foi elaborado pela unidade de pesquisa da revista *The Economist*. O Reino Unido liderou a lista, seguido pela Austrália e Nova Zelândia, além de vários países europeus e Taiwan. Os Estados Unidos ficaram em nono lugar, com pontuação de 80,8, em grande parte devido ao alto custo dos cuidados de fim de vida; nessa métrica, os Estados Unidos ficaram em décimo oitavo lugar no mundo. Cuidados atenciosos e compassivos que poderiam contribuir para um fim de vida melhor podem não ser prestados se forem considerados muito caros ou não acessíveis o suficiente.

Um primeiro passo para mudar a abordagem dentro do sistema norte-americano seria reconhecer que, a partir do momento em que uma pessoa recebe um diagnóstico terminal, todo profissional de saúde deve estar ciente e sensível à dor e ao sofrimento emocional que o paciente e seus entes queridos muito provavelmente vão vivenciar. Os profissionais de saúde podem aprender a reconhecer e ajudar com o fardo psicoemocional de receber e agora viver com um diagnóstico terminal e oferecer opções de apoio psicoemocional para todos na família. Por mais importante que seja o tratamento físico, é igualmente importante reconhecer as questões existenciais mais profundas que muitas vezes surgem, como "O que acontece comigo depois que eu morrer?". O envolvimento nessas questões também pode ajudar os pacientes e familiares a falar com franqueza sobre as opções de tratamento de fim de vida e permitir que avaliem de forma mais franca a busca de intervenções destinadas a prolongar

12. UM FIM AO SILÊNCIO EM TORNO DA EXPERIÊNCIA DE MORTE COMPARTILHADA

a vida, em contrapartida à utilização de medidas de conforto que permitiriam aos membros da família se conectarem e aproveitarem os últimos dias de seus entes queridos. Faríamos bem em considerar as crenças da pessoa que está morrendo sobre o que está por vir e como ela gostaria de fazer a transição para esse destino. De variadas maneiras, a estrutura da experiência de morte compartilhada dá espaço para que essa discussão ocorra.

Em seguida, tão importante quanto ouvir sem julgar os moribundos, é importante também ouvir aqueles que eles deixaram para trás. Em vez de declarar preventivamente as experiências de morte compartilhada como "inacreditáveis", na melhor das hipóteses, ou "loucas", na pior, pode ser útil estar aberto à possibilidade de que elas ocorram. Nenhum de nós se beneficia em descartar essas experiências ou colocar uma pressão intensa sobre o experimentador para que guarde esse momento para si. Por milhares de anos, rituais e formas de arte visual, bem como histórias, retrataram a passagem desta vida terrena para uma vida pós-morte. Em todo o mundo, as civilizações expressaram profundas conexões com ancestrais falecidos. Nossa incredulidade é muito mais recente do que esses muitos séculos de tradição. Em vez de descartar ou duvidar dos experimentadores, talvez devêssemos perguntar àqueles que discordam: "Como e por que você tem tanta certeza?".

Porque uma coisa de que tenho certeza é a qualidade e a profundidade dessas experiências. Como Gail O. me disse, ao discutir o falecimento do pai, "não consigo lembrar exatamente o que fiz na semana passada. Mas me lembro de cada minuto disso [da EMC]. É um tipo diferente de lembrança. Parece estar totalmente entranhada nas minhas células ou algo assim. Está lá e é uma lembrança tão perfeita que não desvanece. Não. Não desvanece". Assistimos a uma mudança fundamental, um verdadeiro antes e depois, e uma forma diferente de compreender esta passagem profunda na vida humana.

Mas nada disso pode acontecer se primeiro não pudermos ser honestos com nós mesmos: a morte acontecerá. Maggie Callanan, enfermeira pioneira em um hospital de transição (Modelo *Hospice*), explica assim: "Dez entre dez pessoas morrerão [...] então, as probabilidades estão contra nós". A morte pode não ocorrer da forma que desejamos ou no momento de nossa escolha, mas há muitas maneiras de torná-la uma experiência melhor e mais curativa, não apenas para quem está fazendo a passagem, mas para aqueles que ficam para trás. Como começamos a fazer isso é o que explorarei no próximo capítulo.

13

A EXPERIÊNCIA DE MORTE COMPARTILHADA ACONTECERÁ COMIGO?

POR QUE alguns indivíduos vivenciam EMCs e outros não? Após cerca de duas décadas de estudo, tenho várias observações sobre essa questão.

EMCs tendem a ocorrer com pessoas que estão de alguma forma abertas e disponíveis a elas. Com frequência, disponíveis no sentido literal: não são distraídas; abrem tempo e criam espaço para participar da experiência. Lembre-se da reflexão de Sonya F. sobre sua EMC com a amiga Dennie: "Revendo o passado, acho que senti que, de um modo estranho, estava disponível para ajudar, então ela me pegou". Ou no caso de Leslie C. e sua sobrinha Sarah, em que elas conscientemente escolheram deixar a janela aberta no quarto do pai moribundo de Leslie. Às vezes, uma EMC ocorre quando o experimentador dá permissão ao moribundo para partir, como no caso de Karen e do marido, Timothy. Outras vezes, uma EMC pode ocorrer quando o ambiente físico é acolhedor. Richard K. estava disponível para sua amiga de longa data, Pat, quando saiu para passear. Julie S. estava sentada em uma sala de cinema, ambiente que faz que a maioria de nós se afaste do mundo externo e suspenda a incredulidade, quando tomou conhecimento do falecimento do ex-marido. Outros se encontram à cabeceira da cama, ou dormindo, ou ainda dentro de veículos em movimento (carros, aviões), todos locais e espaços que não exigem nenhuma ou muitas tarefas que possam interromper a consciência. Além disso, há passos específicos que você mesmo pode dar para se tornar mais aberto, convidativo e consciente da experiência de morte compartilhada. Alguns experimentadores praticavam meditação, yoga ou outras formas de atenção plena. Alguns são voltados para a espiritualidade ou religiosos. Muitos dos que encontramos ou que nos procuraram são mulheres, mas de forma alguma os homens são inaptos. De fato, a receptividade ao momento e à experiência parece fundamental, mais do que qualquer expectativa fixa de que isso acontecerá ou não.

Há, também, a fascinante questão de quanto o experimentador está ciente ou literalmente vê em torno do momento da passagem. Alguns são capazes de vislumbrar a "orquestração" maior por trás do evento. No caso de Ida N., da Noruega, ela lembra com clareza ter visto um "ser de luz" com sua mãe. Amelia B. teve uma visão ainda mais distinta: viu uma bela jovem com um longo vestido branco, segurando algo na mão e se movendo de forma muito

13. A EXPERIÊNCIA DE MORTE COMPARTILHADA ACONTECERÁ COMIGO?

determinada durante os momentos finais do filho. Stephanie L. também pode ter tido a visão de uma força orientadora e energética com o marido. Ouvi essas descrições de seres e indivíduos desconhecidos com frequência suficiente para lhes dar um nome. Apelidei essa figura ou força de "o Condutor", porque está claro que ela tem um papel definido, focado e até obstinado em ajudar a conduzir o moribundo para o reino da vida após a morte. Talvez o Condutor tenha sido identificado de modo mais explícito por sociedades anteriores e seja semelhante ao barqueiro Caronte à espera no rio Estige.

Além disso, a pessoa que está morrendo pode ter alguma, ou uma quantidade significativa, de autoridade na escolha de com quem compartilhar esse momento. Scott T. acredita que foi selecionado pelo filho de sua namorada, Nolan, porque Nolan o via como, ou esperava que ele fosse, uma figura paterna. Nolan também selecionou, de todos os parentes na sala, a tia de quem era mais próximo e que mais o apoiou, e a sua mãe. Em alguns casos, a pessoa selecionada está bem munida para atuar como mensageiro. Pat, amiga de Richard, pode tê-lo selecionado por sua capacidade de transmitir uma mensagem, assim como a mãe de Celia possivelmente a escolheu em parte pela capacidade de compartilhar a experiência com seu pai e outros familiares e amigos. Algo semelhante parece ter ocorrido com Sarah M. e sua sobrinha, que teve uma overdose; era uma forma de comunicar a experiência. Ela acrescenta: "Minha sensação é que Leila está bem, que foi difícil para ela sair. Tenho certeza de que ela não queria deixar a filha, sei que não, mas acho que ela está bem".

Leslie C. discutiu longamente suas diferentes interpretações da experiência de morte compartilhada com o pai e especulou sobre por que foi ela quem acabou no quarto ao seu lado quando ele faleceu. "Minha mente reducionista diz que eu estava simplesmente na faixa de pedestres quando o ônibus passou pelo cruzamento – por acaso, fui a observadora de um fenômeno; tive sorte e consegui ver isso. Por outro lado, meu pai gostava muito de ter uma plateia. Ter uma plateia foi um dos principais impulsionadores de sua vida. Tinha certeza de ter uma plateia porque sabia que Sarah o amava até a morte e assistiria avidamente a tudo o que ele fizesse. Sabia que eu me sentaria lá, não importava o que acontecesse, porque não iria embora. Existe essa possibilidade. Depois, há também a possibilidade de que isso era algo que ele queria que fosse transmitido para mim e Sarah, sabendo que contaria aos meninos e ao restante da família que sua mensagem era 'Ei, estou bem, pessoal'. Dessas três possibilidades, estou feliz por todas elas existirem."

Casos como o de Leslie, no entanto, destacam uma questão desconcertante: por que uma EMC ocorre para alguns indivíduos e não para outros? De fato, muitas vezes me perguntam: "Por que a pessoa que está partindo visita apenas um ou dois cuidadores ou entes queridos e não todos?". É minha observação que apenas um número limitado de entes queridos recebe uma EMC com os moribundos. Considere o caso de Scott e o filhinho de sua namorada, Nolan. Em uma sala repleta de parentes, apenas Scott e a tia mais próxima de Nolan vivenciaram uma EMC no momento da morte do menino. Além disso, ao descrever o evento para mim, Scott disse de modo explícito que acreditava ter sido "escolhido" por Nolan. E talvez haja a possibilidade de que os moribundos também tenham a capacidade de indicar sua preferência por quem será seu experimentador. Visto através deste prisma, a EMC assume um componente adicional. Muitos experimentadores expressam a crença de que foram convidados para a EMC para um propósito específico, como honrar o relacionamento, reparar mágoas pessoais, tratar de

13. A EXPERIÊNCIA DE MORTE COMPARTILHADA ACONTECERÁ COMIGO?

negócios inacabados ou transmitir uma verdade importante, não raro sobre a vida após a morte. Por exemplo, nos casos de Adela B. e Ida N., seu pai e mãe, respectivamente, reconheceram que a descrença na vida após a morte era equivocada. Eles transmitiram que haviam sobrevivido à morte humana e estavam felizes em outro reino. Ou, nos casos de Leslie e Celia B., talvez seus respectivos pais as tenham escolhido para receber EMCs porque acreditavam que ambas as filhas comunicariam o que havia ocorrido a outros membros da família, que a história seria compartilhada – como Leslie comentou antes, "sabendo que contaria aos meninos e ao restante da família". Ou talvez haja uma combinação de escolha e disponibilidade subjacente à EMC, como indicado pelos casos de Richard e sua amiga Pat, Madelyn e seu amigo Chayim, e Sonya e sua amiga Dennie. Como Sonya me explicou: "Senti que, de um modo estranho, estava disponível para ajudar, então ela me escolheu". Esses elementos díspares ressaltam a complexidade do processo de EMC. A plena compreensão da EMC – por que ela ocorre e para quem – permanece envolta em mistério.

  Mas, embora haja uma tremenda força no momento da EMC, seu verdadeiro impacto é medido em como os enlutados abordam a perda e também como a EMC altera sua visão sobre a morte. Leslie C. diz sobre sua experiência: "Deu-me certa paz saber que ele estava onde queria estar. Em vez de lamentar por ele, posso apenas lamentar minha própria perda. Posso ficar triste por meu pai não estar aqui, mas sinto fortemente que ele está em algum lugar bom e que está feliz, que é cuidado e está cercado de amor". Outra entrevistada do Projeto Travessia Compartilhada, Cindy C., explicou: "É reconfortante, na verdade. Reconfortante não apenas por meu pai não ter tido que fazer essa jornada sozinho, mas que talvez nenhum de nós também tenha [...] Nunca tive medo da morte. Como eu disse, nenhum de nós vai sair daqui vivo. Mas, naquele momento, saber que de fato existem outras pessoas esperando para dizer 'Ok, vamos lá. Está tudo bem'... Isso é maravilhoso".

Particularmente marcantes nesse sentido são as reflexões de Amelia B. sobre a EMC com o filho Tom: "Muda tudo, não é?", ela diz. "Isso muda tudo. Já não tenho medo da morte. Trata-se apenas de deslizar para um aposento diferente que não podemos imaginar. Às vezes, nós o vislumbramos porque os níveis de energia ou o que quer que seja estão alinhados de maneira correta." Sobre Tom, ela acrescenta: "Sinto que o espírito dele continua. Faz que perdê-lo seja suportável, porque sinto muita falta dele. Ele não está aqui e isso não está certo. Mas eu o amo do mesmo jeito, mesmo que esteja morto há seis anos; isso não muda o meu amor. Meu amor é pleno".

Isso nos leva, talvez, à implicação mais profunda da experiência de morte compartilhada. A maioria dos conselheiros de terapia do luto e perda há muito se concentra nos conceitos de "deixar ir" e "seguir em frente", deixando para trás o ente querido falecido. No entanto, há uma nova abordagem para o luto, chamada *continuing bonds* [laços contínuos], que deixa de lado essas linhas de tempo artificiais. *Continuing bonds* reconhece que, embora a morte de um ente querido encerre uma vida humana, não rompe de forma irrevogável o relacionamento. Em vez disso, *continuing bonds* abre a possibilidade de o ente querido sobrevivente ser capaz de criar um novo relacionamento com o falecido. *Continuing bonds* se baseia na ideia de que, mesmo que o falecido não esteja mais presente na forma humana, a lembrança dele e o vínculo especial que ambos compartilharam continuarão para os enlutados, apenas de forma alterada,

13. A EXPERIÊNCIA DE MORTE COMPARTILHADA ACONTECERÁ COMIGO?

e essa ligação merece ser honrada e estimada. Nessa conceituação, o relacionamento não é congelado nem rompido, mas evolui.

O conceito de manter conexões além do fim da vida não é novo. Ao longo da maior parte da história humana registrada desde a Idade do Bronze (2.500 a.C.), até pouco antes do Iluminismo Ocidental, a maioria das culturas e tradições religiosas acreditava em vida após a morte, e muitas dessas culturas realizavam explicitamente cerimônias para se conectar com os ancestrais. Até hoje, no início da primavera, muitas famílias chinesas fazem uma viagem ao túmulo dos ancestrais para limpá-los, um evento conhecido como Dia da Limpeza dos Túmulos. As famílias tradicionais também podem manter tabuletas ou santuários para ancestrais falecidos em casa. Em toda a América Central e do Sul, muitos países, em especial o México, celebram o Dia dos Mortos em 1º de novembro, com desfiles, festas, cantos, danças e visitas a túmulos para homenagear e fazer oferendas aos entes queridos falecidos. Embora *continuing bonds* seja uma noção moderna, especificamente ocidentalizada, ela tem raízes profundas, e é construída sobre a ideia de que a morte não significa uma separação final daqueles a quem amamos.

Nossas experiências pessoais de luto, experiências de morte compartilhada, bem como experiências pré e pós-morte, podem ser usadas para afirmar, processar e integrar a cura para os enlutados de forma pessoal e significativa. Não são minhas palavras; são as conclusões independentes dos próprios experimentadores da EMC. Outra entrevistada do Projeto Travessia Compartilhada, Yvonne K., nos disse: "Acho que as EMCs podem ajudar as pessoas em seu processo de luto, por saber que o ente querido é mais do que apenas cinzas no chão agora, que seu espírito continua vivo, e sentir um pouco desse amor ou beleza ou ver que o espírito do ente querido continua vivo após o momento da morte. Portanto, pode ser um grande conforto para as pessoas". Lynn D., que passou pela experiência de morte compartilhada, explicou para nós a conexão contínua com o falecido marido, baseando-se nas palavras do pioneiro da EMC Raymond Moody: "Moody diz: 'Seus corações nunca serão desconectados, você sempre estará conectado a ele'. E essa é a verdade fundamental sobre uma experiência de morte compartilhada [...] que seus corações estarão sempre unidos. Quer dizer, nunca vou perdê-lo. É algo que não pode ser desfeito. Não tem jeito. Foi isso que me fez continuar". Elizabeth B., cujo filho, Morgan, morreu perto do acampamento-base do Monte Everest, também descreveu a sensação contínua da presença do filho falecido: "Sua energia vem da minha barriga até meu coração, e não me permite mais ficar triste. Ela me preenche. Não sei se já tinha ouvido falar de outras pessoas que passaram por isso. É uma enorme sensação não apenas de paz, mas de alegria também".

O que a experiência de morte compartilhada também destaca é o conceito de um espaço alternativo de moradia para as almas ou a energia daqueles que deixaram esta Terra. Mais uma vez, esse conceito é corroborado pelas palavras dos próprios experimentadores da EMC e suas descrições individuais. Como Celia B., enquanto refletia sobre a experiência em torno da morte da mãe, explicou: "Acho que foi muito, muito reconfortante. E me senti incrivelmente grata. Soube que ela estava em boas mãos e sendo cuidada e apoiada". Leigh M., uma conselheira espiritual de um Hospital de Transição (ou de cuidados paliativos), explicou sua concepção de um espaço pós-vida após sua própria EMC, dizendo durante uma entrevista de pesquisa do Projeto Travessia Compartilhada (Shared Crossing Project – SCP): "Nós não sabemos exatamente o que acontece do outro lado, mas acho que é uma boa vizinhança. Também acredito que, provavelmente, lá seja muito maior, há muito mais amplitude do que experimentamos aqui. Estou olhando da perspectiva muito estreita de um mundinho minúsculo, e na verdade acho que a morte, ou talvez a verdadeira vida, está lá fora dirigindo a coisa toda".

Outra conclusão que muitos experimentadores tiram é que um "próximo mundo" ativo e benévolo existe e segue esta vida física na Terra. A entrevistada do SCP, Julie N., concluiu uma conversa sobre a EMC com o pai dizendo: "Isso teve um grande impacto sobre mim, pois sei o que meu pai e eu vivenciamos juntos, e mesmo que tenha sido uma pequena e bizarra parte do meu cérebro embarcando numa fantasia, está tudo bem. Para mim, o significado foi: 'Ei, olhe o que está lá fora. Veja o que é possível. Veja o que vem a seguir'". Liz H., que vivenciou a morte de um de seus gêmeos, Nicolas, pouco antes do nascimento, expande esse tema. "Acho que consegui seguir em frente porque tive a sensação de que aquilo era melhor: onde quer que ele estivesse, qualquer que fosse o lugar em que estivesse, era melhor."

Como parte de seus esforços intelectuais para definir melhor este próximo mundo e o processo pelo qual a energia humana chega a ele, alguns experimentadores optaram por estudar filosofia, incluindo metafísica, que explora a natureza da realidade humana, ou física – em parte porque a Física Quântica, a exploração das partículas invisíveis do universo, postula que as menores partes do universo são de fato ondas e partículas, simultaneamente. Essa dualidade, de acordo com os físicos, descreve cada objeto existente, inclusive pessoas, como sendo tanto um pacote de energia (de energia ondulatória, ou de ondas) como uma entidade física (uma partícula). A capacidade de viajar entre esses dois estados faz sentido racional para os experimentadores da EMC com mentalidade mais científica. Como Brian S., cuja esposa morreu após uma longa batalha contra o câncer, explica nestas páginas: "Tenho a sensação de que há vida aqui como a conhecemos e há uma vida diferente depois que largamos o corpo e estamos no corpo energético, ou seja lá o que for". Ou, como Laura T. disse à nossa equipe de pesquisa, a EMC com a mãe lhe proporcionou "o conhecimento de que ela estava apenas indo para a próxima etapa de sua jornada na qual eu não poderia acompanhá-la, mas que haverá a comunicação continuará em algum nível."

De fato, outra faceta importante da abordagem *continuing bonds* da EMC é que abre espaço para que aqueles de nós que ainda estejam na Terra continuem diretamente um relacionamento com a pessoa que faleceu. Muitos proponentes da *continuing bonds* apoiam ativamente indivíduos que relatam comunicação pós-morte e relacionamentos continuados ou em evolução, mesmo que isso se desvie das abordagens mais tradicionais do luto. Esse ponto é central para os muitos experimentadores da morte compartilhada que dividiram sua história comigo para este livro.

Michelle J., que perdeu dois filhos e agora colabora com a Helping Parents Heal, comentou: "Não há muitas pessoas no meu mundo que falem abertamente sobre esse tipo de coisa. E até mesmo líderes na Helping Parents Heal [...] muitos deles não recebem nenhum sinal. Então, quase sinto que, se falar demais sobre as experiências com meus filhos, estou me gabando, embora não esteja me gabando. Sinto que tenho uma conexão particularmente incrível". Outros experimentadores expressam sentir vários níveis de culpa por não terem sofrido da maneira esperada, porque optaram por seguir uma rota emocional diferente após a EMC.

13. A EXPERIÊNCIA DE MORTE COMPARTILHADA ACONTECERÁ COMIGO?

Os experimentadores oferecem algumas das descrições mais claras do processo de manter e buscar relacionamentos com aqueles que perderam. Adela B., cujos pais morreram, descreve a natureza de seu relacionamento contínuo com eles: "Agora minha mãe aparece para mim; outras vezes, é meu pai. Acho que, quanto mais quero falar com eles, mais eles aparecem para mim. Eles estão ocupados, estão levando sua vida, o que quer que isso signifique. Não acho que este plano seja tão significativo para eles. Só são gentis comigo porque ainda estou aqui [...] é mais ou menos assim que vejo". Scott T., que perdeu a namorada e o filho dela em um acidente de carro, explica seu relacionamento contínuo, que manteve em parte por meio da meditação. "Tenho feito um bocado de meditação na vida. Às vezes, Mary Fran entra e às vezes não. Mas Nolan sempre esteve comigo. Se pensar nele como um anjo da guarda, ele está bem ali. Conheço e sinto sua presença, e posso chamá-lo a qualquer momento ou fazê-lo aparecer quando quiser se dar a conhecer. Posso sentir sua assinatura energética, e eu sei disso. Nós nos comunicamos muito."

Mas essa comunicação não precisa ser verbal. Michelle, cujo filho recém-nascido morreu e a filha adolescente faleceu depois de um acidente de carro, descreveu alguns dos meios de comunicação que encontrou. "Parece que estou louca, mas sei quando é um sinal dela ou quando é um sinal dos dois. Não é sempre que sinto sinais de Ben sozinho. Ele me manda mensagens por aparelhos eletrônicos. Faz luzes piscarem, coisas malucas, como interruptores de luz que desligam sozinhos, e sei que é ele." Outros experimentadores usaram o elemento *continuing bonds* da EMC para trabalhar ativamente na reparação de seus relacionamentos. Trudy B., que vivenciou uma EMC com a mãe, descreveu esse processo. "Por mais difícil que tenha sido meu relacionamento com minha mãe, por meio do meu trabalho interior e perdão, agora consigo ter o relacionamento que sempre quis ter com ela. Sinto sua presença, amor e apoio, e tive essa experiência validada em várias ocasiões, então, sei que é real".

Uma experiência de morte compartilhada também pode levar as pessoas a olhar para fora e reavaliar sua vida exterior. Esse tema é quase universal entre os experimentadores da morte compartilhada e se reflete de várias maneiras. Carl P. discutiu o impacto persistente de sua EMC com o pai: "Tem sido uma fonte de força para mim. É comovente, com certeza, mas tiro forças da noção de que ele está lá – onde quer que seja. E que não é o fim, não é o nada. É tudo um mistério". Embora os experimentadores achem que ter outros reconhecendo sua EMC seja uma útil validação, é importante notar que tais mudanças ocorrem não importando se os experimentadores compartilham ou não suas EMCs com outras pessoas, ou se outras pessoas acreditam ou não neles. Stephanie L., cuja família, amigos e até mesmo a igreja descartaram sua experiência, falou sobre as mudanças que fez e como renovou sua vida após a EMC com o marido. "Tudo ficou extremo, de uma forma muito bela. Comecei a cultivar uma horta. A ouvir música. Era formada em Arte, voltei para a minha arte. Todos os meus sentidos se tornaram muito mais aguçados, mais vivos do que nunca."

Há também uma profunda percepção de que a vida é curta e agora é a hora de reajustar suas vidas, reconhecendo os *insights* revelados pela EMC. Os experimentadores muitas vezes fazem mudanças significativas em relacionamentos primários, estilo de vida e trabalho. De fato, a profundidade sustentada da mudança pessoal após uma EMC me levou a concluir que um grande impacto da EMC é despertar os indivíduos para o significado e o propósito mais profundos da vida de maneiras com as quais eles não tinham contato antes. Como um cliente me disse: "Minha EMC despertou meu verdadeiro propósito nesta vida e me deu um senso de significado com o qual não tinha contato antes. Depois da minha EMC, lembro-me de pensar: 'Preciso deixar de lado meu relacionamento principal, mudar minhas práticas de saúde e, por fim, iniciar meu próprio negócio de consultoria'. E agora, três anos depois de fazer tudo isso, sinto-me muito realizado na vida". Amelia B. também observa que pensou profundamente sobre seu propósito maior na Terra após a morte do filho Tom. "Esta vida é muito importante. O que fazemos, dizemos e sentimos nesta Terra não é superficial. Mas não acho que quando formos a qualquer lugar, eles dirão: 'Hum, você só tem 50 mil dólares na conta e não se saiu tão bem no trabalho'. Não acho que seja disso que se trata. Há algo mais." Liz H., que também perdeu um filho, faz eco a esse mesmo sentimento, afirmando: "Acho que foi um despertar para mim ao fato de que eu tinha um propósito maior do que havia percebido em princípio e que precisava estar acordada e atenta para possíveis maneiras de ajudar os outros. E que há dores na vida de muitas pessoas das quais não temos conhecimento, e que talvez tudo a partir daquele momento tenha de fato se encaixado do jeito que deveria".

• • •

Depois de milhares de horas de conversas com famílias enlutadas, amigos e pessoas que vivenciaram a EMC, fiquei muito ciente de que não podemos prever quais dádivas ou quais consciências a EMC compartilhará conosco, e isso faz parte de seu impacto e mistério. Quando estava concluindo o trabalho deste livro, meu pai iniciou seu processo de morte. Ele vinha piorando há anos com o mal de Alzheimer, mas agora sua hora havia chegado. Como estava perto da morte, nossa família teve permissão de ficar com ele no centro de cuidados de memória onde ele residia, mas, por causa da epidemia de Covid, não podíamos entrar e sair do quarto quando bem entendêssemos. Tínhamos que optar por ficar brevemente ou por horas, e entrar e sair exigia que usássemos EPI completo.

Meu pai e eu nem sempre tivemos um relacionamento fácil. Ele era um empresário de renome internacional que viajava muito enquanto minha mãe ficava em casa com três filhos. Eu, em particular, era uma criança cheia de energia e difícil de lidar, e sei que testei os limites dos meus pais. Mas um incidente, literal e figurativamente, rompeu minha conexão com meu pai e serviu como um momento decisivo em minha vida. No início deste livro, descrevi o acidente de esqui que sofri aos 17 anos. O acidente foi tão devastador em termos físicos porque, quando caí, minhas botas não se separaram dos esquis. A razão para isso foi que minhas amarrações estavam muito apertadas. E a pessoa que as colocou desse jeito foi meu pai. Meu pai era o técnico de todos os nossos equipamentos de esqui; eu mesmo não sabia como ajustá-los. Na pior confluência de circunstâncias, estava com pressa de sair para as pistas, ele estava sobrecarregado de trabalho, e nenhum de nós mudou o horário para que ele pudesse ajustar minhas amarrações, porque, afinal, o que de pior poderia acontecer? Em poucos segundos, nós dois descobrimos a resposta para essa pergunta. Minha queda nas encostas naquele dia não foi particularmente ruim, mas, como meus esquis não saíram, quebrei minhas costas.

Aquele momento colocou minha vida em um rumo bastante diferente, que divergia da definição de sucesso aos olhos do meu pai. Ele nunca me disse especificamente o que fazer com a minha vida,

13. A EXPERIÊNCIA DE MORTE COMPARTILHADA ACONTECERÁ COMIGO?

mas queria que eu e meu irmão escolhêssemos carreiras gratificantes. No entanto, discordávamos em nossa definição do que seria gratificante, pois meu pai presumia que eu também gostaria de ter uma vida profissional lucrativa. No entanto, durante todo esse tempo, vivi com dores crônicas por causa do meu acidente de esqui; andar ou sentar representava um desafio. Não me interessava muito em ser um empresário de sucesso e ganhar dinheiro. Estava focado em me curar e dar sentido à minha vida. Cada vez mais, eu me voltava para a espiritualidade, descobrindo que as práticas budistas de atenção plena me ajudavam a fazer as pazes com meu sofrimento físico. Meu pai, um católico devoto, não conseguia entender minhas novas aspirações espirituais. Embora nenhum de nós quisesse essa separação, as diferentes perspectivas criaram uma distância entre nós.

Quando inicialmente escolhi o serviço social e o ensino como profissão e depois estudei Teologia e Filosofia na pós-graduação, a atitude predominante de meu pai foi: "Quando essa fase de vida passará e você decidirá correr atrás de conquistar uma boa vida?". Ele apreciava toda a minha formação, mas permanecia perplexo sobre como poderia usá-la de maneira prática. Depois que me tornei psicoterapeuta, ele ficou mais receptivo, mas não muito satisfeito. Durante toda a minha vida adulta, ansiei por me conectar com meu pai de uma forma significativa, que o fizesse me enxergar e me apreciar. Sei que ele queria isso também, mas continuamos como duas ilhas distantes, o que nos deixava desapontados e frustrados um com o outro.

Agora que ele estava morrendo, eu me perguntava se poderíamos fazer as pazes. Muito semelhante à experiência de Karen com o marido, Timothy, enfim consegui tocar meu pai. Ele não era o tipo de cara sensível, então, nunca fomos fisicamente próximos, mas, neste dia, coloquei a cabeça perto da dele e pude sentir o cheiro de seu couro cabeludo, o mesmo cheiro de quando eu era pequeno e ele voltava para casa e me pegava no colo. Orei a Deus; pedi por anjos e guias espirituais. Conversei com meu pai e pedi desculpas por ser motivo de sofrimento para ele. Esperamos por três dias e, no quarto dia, sabia que ele ia morrer. Meu irmão, que é médico, disse mais tarde que sentiu o mesmo. Ambos reconhecemos que todos nós, sobretudo minha mãe, precisávamos estar presentes ao lado de sua cama.

A certa altura, ele parou de respirar por cerca de 45 segundos, e pensamos que ele havia morrido. Mas, então, a respiração difícil recomeçou. Eu estava sentado com minha mãe, minha irmã e meu pai, e de repente senti presenças na sala. A luz era diferente. Meu corpo vibrava, as coisas desaceleraram, e estava sendo atraído para aquele lugar hipnotizante. E, quando olhei para cima, vi minha avó. Mas ela não me via. Percebi que havia invadido uma cena que já estava em andamento. Pairando diretamente acima do pé da cama de meu pai, pude ver minha avó em trajes tradicionais irlandeses. Embora não me lembre dela se vestindo assim quando a conheci, a visão fazia sentido intuitivo, porque ela era muito orgulhosa de suas raízes católicas irlandesas. Minha tia Joan também estava lá. Mas, depois, um cara à direita chamou minha atenção, e percebi que era meu avô, de quem eu recebera o mesmo nome, que nunca conheci porque ele havia morrido quando o meu pai tinha 14 anos.

Tudo o que conseguia pensar era: "Oh, meu Deus, esse cara é uma força energética". Seu rosto era muito grande e suave. Seus olhos, enormes. Estava vestido com um terno formal e gravata. E ele começou a se mover para a beira da cama. Eu o vi se encaminhar para onde minha mãe estava e dizer: "Você não me conhece, mas eu conheço você. Você amou muito o meu filho". E eu disse em voz

13. A EXPERIÊNCIA DE MORTE COMPARTILHADA ACONTECERÁ COMIGO?

alta: "Mãe, o vovô Bill está em cima de você. Você o sente?". E ela respondeu: "O quê?". Eu falei: "Vovô Bill está agradecendo por ter sido uma boa esposa para Bob". Ela abriu o berreiro. Minha irmã começou a chorar também. Então, de repente, o vovô Bill recuou com timidez. Era quase como se estivesse em apuros e tivesse feito algo errado. Perguntei: "O que acabou de acontecer?", e minha avó e a tia Joan elevaram as vistas e as focaram no alto; não falaram nada.

Desviei minha atenção na direção do olhar delas e senti uma presença dominante. De repente, percebi: *Oh, meu Deus! Você é o Condutor.* Sensações elétricas percorreram meu corpo, produzindo lágrimas de admiração. Eu me dei conta de que fora aquele Condutor que havia dito ao meu avô para voltar, que agora não era o momento. Olhei em volta e vislumbrei mais parentes; pude sentir a presença dos amigos de infância de meu pai da escola católica. Estávamos todos esperando que esses espíritos reunidos levassem meu pai. Enquanto assistia a essa cena, notei um canal de luz que se estendia de meus avós até cerca de um quarto do caminho até meu pai. Compartilhei isso com minha mãe e irmã e acrescentei: "Não sei por que eles não o levam". Minha mãe gritou: "Eles não vão levá-lo porque eu não vou deixá-lo ir". Ela o abraçava com força e, então, com uma voz repleta de sincero desapego, disse ao meu pai: "Pode ir! Ah, Bob, eu te amo! Obrigado por tudo que você me deu! Vá e fique com seu pai agora!".

Minha atenção voltou para a presença do Condutor que pairava na sala. Posso descrevê-lo melhor como uma força. Reconheci com clareza que essa força era séria, muito empenhada; ela executava um trabalho. Ela levaria meu pai para seu lar espiritual. Sentia seu poder na sala. Tentei dizer: *Vejo você. Gosto de você. Obrigado por fazer isso com tanto amor por meu pai. Ele está pronto.* Tive a sensação de que aquela força estava alinhando as coisas. Havia um vórtice ou uma espécie de local energético que ele preparava, e esse vórtice retiraria a alma do meu pai. Tive a sensação de que todos os ali reunidos diziam: "Estamos aqui para recepcioná-lo. Recebemos nossas instruções. Não sabemos quando, mas estamos esperando, estamos aqui".

A respiração do meu pai ficou mais difícil. Meu irmão chegou, e minha irmã notou que era por isso que meu pai estava se aguentando; ele queria que sua família estivesse reunida. Cerca de vinte minutos depois, meu pai morreu, com minha mãe, irmã, irmão e eu ao seu lado. Estava esperando ter a experiência completa com meu pai, ficar com ele, acompanhá-lo e ver sua festa de boas-vindas. Mas minha própria conexão com as forças dessa passagem havia sido quebrada, e não conseguia recuperá-la.

Minha mãe e meus irmãos foram embora logo depois que ele morreu. Senti-me compelido a ficar. Não sei por que, mas sentia muitas emoções e não queria interromper minha experiência de sua morte. Confiei que saberia quando fosse a hora de sair. Então, sentei-me ao lado de sua cama enquanto minha atenção viajava por uma vasta gama de sensações, emoções e pensamentos. Senti-me como um espectador enquanto meu mundo interior processava tudo o que vivenciava em torno do término desse relacionamento profundo. Após cerca de 25 minutos, ouvi uma batida inesperada na porta. Seis dos cuidadores de longa data do meu pai pediram para entrar. Um por um, foram se aproximando dele e cercaram a cama. Eles o beijaram. Abraçaram. Foi tão emocionante de ver. Comentaram como ele era gentil e amoroso. Uma mulher, que estava grávida, me contou que, mesmo com sua demência, ele colocava a mão na barriga dela e dizia: "Bebê, bebê", e sorria.

13. A EXPERIÊNCIA DE MORTE COMPARTILHADA ACONTECERÁ COMIGO?

Depois que saíram, fiquei a sós com o corpo do meu pai e tive uma justaposição de emoções. Pensei: "Essas pessoas acham você tão gentil, tão amoroso e tão belo, e ainda assim eu nunca tive isso com você. Por que não pudemos ter um relacionamento melhor?". E, enquanto pensava isso, de repente, fragmentos de nossa vida juntos vieram à tona, cenas de que não me lembrava. Elas se desdobraram como se estivessem sendo dadas a mim. As cenas eram visualmente diferentes, mas, em termos de energia, cada uma continha uma conexão emocional ou um momento tocante com meu pai, com minha mãe ou meu irmão e minha irmã. Em uma, estávamos no topo de uma montanha com vista para o Lago Tahoe. Meu pai estava satisfeito comigo; estava cursando pós-graduação na Universidade de Harvard. Lembrei-me disso e disse a mim mesmo: *Oh, meu Deus. Ele realmente me amou naquele momento. De fato senti isso.* Nesses momentos finais com meu pai, recebi a experiência de amor e apreço. E, durante essa experiência, percebi algo profundamente significativo: que ele havia feito o melhor que podia. Meu avô morreu de repente de ataque cardíaco quando meu pai tinha 14 anos, e papai nunca se recuperou dessa perda.

Talvez essa reconciliação tenha vindo de meu pai, talvez de outra força amorosa, mas a experiência foi como uma revisão emocional da vida, traçando a paisagem de nosso relacionamento pai-filho. Sentado naquele quarto, estava me curando, sofrendo e me emocionando. Eu chorava. E podia perceber coisas que não havia apreciado antes. O homem que acabara de morrer não era mais apenas meu pai, era também um ser humano. E, ao enxergar sua humanidade, senti o medo que ele sentiu como pai, senti seus desafios. Mas os vi de forma diferente. Não como rejeição a mim. Eu os vi como medo e desespero, e a necessidade de meu pai realizar a meta de sua vida de ser um empresário de sucesso a fim de preencher o que ele percebia como requisitos para se provar um bom filho para o próprio pai.

Posso não ter passado pela EMC completa que esperava, mas tive o significado de EMC mais completo. Não sei se meu pai me escolheu para isso, ou se foi orquestrado por outra pessoa, até mesmo meu avô. Talvez ele quisesse curar esse relacionamento entre mim e meu pai porque sabia que sua morte precoce havia sido muito prejudicial para o filho. Sei que senti sua profunda gratidão à minha mãe e quanto queria de fato agradecer a ela. Minha mãe conheceu meu pai vinte meses após a morte do pai dele, quando ela tinha 15 anos e ele, 16. Nunca se separaram, por sessenta e quatro anos.

Qualquer que tenha sido a fonte original, naquele quarto fui tomado por uma sensação de cura. Quando pedi: "Ajude-me a compreender. Como vou entender esse relacionamento?", foi como se tivesse recebido o presente de uma revisão de vida. Um presente para entender minha vida com meu pai.

O QUE O TRAZ AQUI?

A morte é um dos maiores mistérios da vida. Desafia a necessidade que nossa mente racional tem de saber e seu desejo de entender. A morte permanece encoberta, sempre fora de vista.

No entanto, espero que, tendo feito essa jornada para explorar e compreender as experiências de morte compartilhada, você se sinta capaz de abstrair significados novos e mais profundos em torno do fim da vida. Lembre-se da descrição eloquente de Liz H. sobre o impacto duradouro de sua EMC com o filho Nicolas. "Em todos esses anos desde então, senti que há algo realmente maravilhoso e belo depois desta vida [...]. É a parte mais bela de tudo o que sua

13. A EXPERIÊNCIA DE MORTE COMPARTILHADA ACONTECERÁ COMIGO?

vida é, foi ou poderia ter sido". Ela acrescenta: "Tenho a sensação de que o que vem a seguir é de fato um belo presente".

Espero que essas histórias de pessoas comuns como você e eu forneçam consolo para aqueles que possivelmente temem a morte e inspiração para os que desejam atravessar essa grande separação com confiança e coragem. Minhas experiências de toda uma vida e pesquisa acadêmica sugerem que o que espera cada um de nós no fim desta vida é incrível, glorioso e amoroso, um lembrete de que existem presentes a serem encontrados em todas as fases da vida, entre elas, seu final. Que você se aproxime deste grande limiar com confiança na benevolência da vida pós-morte. Também espero que este livro ajude a guiá-lo em sua própria trajetória, a encontrar novos caminhos para o luto, novas oportunidades de cura e um novo significado em seus relacionamentos. Acima de tudo, espero que essas histórias o inspirem a abraçar plenamente a maravilha e grande aventura de ser humano, vivendo cada momento com admiração e gratidão pela dádiva de estar vivo.

Que você encontre essas dádivas na própria vida e na vida daqueles que ama.

Apêndice I:

Iniciativa de Pesquisa da Travessia Compartilhada

Com frequência, me perguntam: como você estuda experiências de morte compartilhada? A resposta é muito parecida com a maneira como você estudaria qualquer fenômeno: coletando e analisando dados. Comecei a Iniciativa de Pesquisa da Travessia Compartilhada (Shared Crossing Research Initiative – SCRI) em 2013 como uma colaboração sem fins lucrativos com o Family Therapy Institute de Santa Barbara. A missão da SCRI é estudar uma gama completa de experiências de fim de vida e seu valor terapêutico para pacientes, famílias e cuidadores. Para obter mais informações sobre a SCRI, acesse SharedCrossing.com/research.

A SCRI começa com uma definição comum de uma experiência de morte compartilhada: *são experiências que ocorrem quando um indivíduo sente que, de alguma forma, compartilhou com uma pessoa que está morrendo a transição desta vida para o que quer que esteja além dela.* Como você já descobriu a esta altura, um tema central encontrado em todas as experiências de morte compartilhada é o de uma jornada: os experimentadores afirmam sentir, testemunhar, acompanhar e até mesmo guiar os moribundos enquanto eles se movem em direção a algum destino que quase todos os relatos descrevem como benévolo e belo.

Sir William Barrett foi o primeiro a reunir e classificar relatos do que hoje chamamos de EMCs: em 1926, seu livro *Deathbed Visions* [Visões do Leito de Morte] apresentou aos leitores as várias experiências relatadas por cuidadores e entes queridos dos moribundos no momento da morte. Por exemplo, ele incluiu as palavras de um homem, um deão da igreja, que relatou que, enquanto ele e sua esposa estavam presentes no leito de morte do filho, ambos notaram "algo que pareceu se erguer de seu rosto como um véu delicado ou névoa, e passar lentamente [...] Ficamos profundamente impressionados e comentamos: 'Que maravilha! Certamente, essa deve ser a partida de seu espírito'". Mais recentemente, o dr. Peter Fenwick e Elizabeth Fenwick reuniram histórias de dezenas de tais experiências que ocorreram em todo o Reino Unido e no norte da Europa. Mas foi somente em 2011, com a publicação do livro *Glimpses of Eternity (Instantes da Eternidade)*, do dr. Raymond Moody, que essas experiências adquiriram o nome de "experiências de morte compartilhada". Antes disso, as EMCs eram agrupadas apenas como uma variedade de outros fenômenos de fim de vida, sendo chamadas com mais frequência de "visões do leito de morte".

As EMCs são únicas, pois sugerem que a morte pode ser de fato um evento interpessoal – que pode ser compartilhado com os entes queridos de maneiras extraordinárias. É certo que nem todo mundo tem uma EMC no momento da morte de um ente querido. Mas, entre aqueles que o fazem, os relatos mostram que há uma série de traços coerentes nessas experiências. A SCRI identificou tais traços analisando relatos escritos e transcrições de entrevistas que realizamos. A SCRI confirmou duas de minhas hipóteses de trabalho: a primeira é que as EMCs podem ocorrer à beira do leito ou a distância, e a segunda é que existem quatro maneiras distintas, embora não excludentes, pelas quais as pessoas podem vivenciar uma EMC: sentir uma morte a distância, testemunhar fenômenos incomuns atribuídos a uma morte, sensação de acompanhar o moribundo, e sensação de assistência ao moribundo. Talvez o mais importante, a SCRI descobriu que as EMCs deixam uma marca indelével nas pessoas que as relatam. Essas experiências parecem influenciar muito a crença dessas pessoas, fornecendo um contexto de cura para o luto e podendo até servir como um catalisador para laços relacionais contínuos com entes queridos falecidos.

Muitas das entrevistas realizadas pela SCRI destacaram tanto as dificuldades quanto o valor terapêutico de pessoas que discutem abertamente as experiências com profissionais de saúde. Aprendemos que, embora as EMCs possam ser bastante significativas, às vezes os indivíduos precisam de ajuda para processá-las. Essa desconexão nos levou a imaginar que mudanças extraordinárias poderíamos descobrir se as pessoas se sentissem livres por completo para discutir suas experiências em um ambiente mais favorável. Estamos esperançosos, com base no *feedback* de nosso trabalho publicado no *American Journal of Hospice and Palliative Medicine*, de que a receptividade a essas experiências esteja crescendo. De fato, essa possibilidade ajuda a impulsionar nossa pesquisa e engajamento contínuos. A seguir, destacarei algumas das principais descobertas da SCRI. Mais informações podem ser encontradas em nosso site e em publicações acadêmicas.

Principais conclusões

Surpreendentemente, a maioria das EMCs que estudamos – 64% – foi relatada por indivíduos que estavam fisicamente distantes do paciente ou ente querido moribundo. Outra descoberta interessante foi a de que mais de 41% das pessoas que entrevistamos relataram ter mais de uma EMC. Nossa pesquisa confirmou que existem quatro maneiras distintas pelas quais as pessoas podem participar de uma EMC. Referimo-nos a elas como *Modos de participação* e acreditamos que essa tipologia seja útil para entender toda a gama de EMCs.

EMCs: Modos de participação

PERCEBER	TESTEMUNHAR	ACOMPANHAR	AJUDAR
O experimentador relata ter percebido a distância a transição dos moribundos	O experimentador relata ter testemunhado fenômenos associados à transição do moribundo	O experimentador relata que acompanha o moribundo em sua transição	O experimentador relata ajudar (talvez até orientando) o moribundo durante sua transição

Percepção a distância de uma morte

A percepção remota de uma morte ocorreu em quase 21% dos relatos. Na maioria das vezes, as pessoas descreveram ter breves pensamentos, sentimentos e/ou uma sensação da presença do moribundo, em geral, em um momento que mais tarde se comprovará corresponder ao momento da morte. Muitas pessoas também relataram ter recebido mensagens dos moribundos com um último adeus. Menos comuns foram os casos em que as pessoas relataram o início súbito de sintomas físicos incomuns, como dores no peito, queda na temperatura corporal e dificuldade para respirar, que acreditam corresponder ao que seus entes queridos vivenciaram ao falecer. Em alguns casos, a pessoa viva fez uma conexão imediata de que um ente querido havia morrido; outros fizeram essa conexão somente depois de saber da morte.

Testemunhando fenômenos incomuns atribuídos a uma morte

A EMC mais comumente mencionada consistiu no aparecimento de fenômenos incomuns, que foram relatados por mais de 88% das pessoas que entrevistamos. A ocorrência mais frequente foi uma visão do moribundo (que, em geral, parecia mais jovem), seguida por várias visões menos distintas: o aparecimento de uma luz brilhante e transcendente, uma sensação de energia, alterações percebidas no tempo e no espaço, o aparecimento de seres não humanos e entidades, observação do que se acreditou ser o espírito deixando o corpo, o aparecimento ou a presença de entes queridos já falecidos e visões de reinos sobrenaturais ou celestiais. Menos comuns foram o aparecimento de túneis ou portões e relatos de "revisões de vida", durante as quais as pessoas contaram ter testemunhado eventos passados na vida dos moribundos.

Acompanhamento dos moribundos em um reino visionário

Pouco mais de 15% dos relatos de EMC incluíam descrições de a pessoa ter acompanhado o moribundo durante sua transição.

De acordo com tais relatos, os participantes de repente se viram fora do corpo ou em uma realidade completamente diferente na presença do moribundo. As pessoas também relataram que, ao passarem por essa experiência, adquiriram conhecimentos especiais, que se tornaram inacessíveis após o retorno. Uma característica comum nos relatos de acompanhamento de moribundos é o encontro com uma fronteira ou barreira que as pessoas afirmaram não conseguir ou não "lhes ser permitido" ultrapassar.

Ajuda aos moribundos na transição

Cerca de 9% das pessoas descreveram ter desempenhado um papel ativo na assistência a um ente querido durante o processo de transição. Essas experiências foram semelhantes àquelas em que as pessoas acompanharam os moribundos, mas também incluíram indivíduos que perceberam que a atenção, presença e assistência eram exigidas pelos moribundos para uma transição bem-sucedida.

Hora da EMC relativa à hora da morte

Embora a maioria dos relatos de EMC que analisamos tenha ocorrido na ocasião da morte, mais de 6% ocorreram horas a dias antes da morte e 14% ocorreram horas a dias após a morte. Não notamos diferenças substanciais nas características ou efeitos relacionados ao tempo da EMC.

Principais características da EMC e sua prevalência

Visão do moribundo	50%
Maior conscientização/conhecimento expandido	36%
Encontros com figuras ou seres não vivos	29%
Luz transcendente	25%
Alterações na percepção do espaço/tempo linear	18%
Ver o espírito deixar o corpo	14%
Surgimento de reinos celestiais	12%
Limite que o experimentador não pode cruzar	10%
Sensações físicas e emocionais	
Detecção de energia incomum	42,6%
Emoção avassaladora	28%
Sensações físicas	8%

Mudanças nas crenças, nas atitudes e nos comportamentos

As consequências da EMC produziram uma série de mudanças quantificáveis nas pessoas que estudamos. Com mais recorrência, quase 87% dos entrevistados relataram que a experiência os deixou absolutamente convencidos de que existe uma vida pós-morte benévola. Mais de 69% das pessoas que entrevistamos afirmaram que sua EMC havia diminuído ou mesmo removido sua dor, e mais de 52% das pessoas que entrevistamos disseram que sua EMC havia removido seu medo em relação à morte e ao morrer. Em termos de impacto religioso ou espiritual, mais da metade dos entrevistados se identificou como "espiritualizados, não religiosos", mas 36% relataram que sua EMC os levou a se tornarem "mais espiritualizados".

Encontramos algumas pessoas que tiveram experiências negativas associadas às suas EMCs. Cinco indivíduos vivenciaram intomas físicos não explicados e estavam, em princípio, com medo da experiência. No entanto, a maioria das experiências negativas relatadas foram casos em que as pessoas compartilharam as histórias com outras e foram rejeitadas ou ridicularizadas. Quase 30% dos entrevistados disseram que queriam falar sobre suas experiências, mas tinham medo do ridículo ou da rejeição social. Um destaque das entrevistas de pesquisa foi que quase todas as pessoas com quem conversamos expressaram um profundo apreço pela oportunidade de compartilhar sua experiência.

Por fim, mais de 24% das pessoas que relataram EMCs também disseram que mantinham um relacionamento contínuo com seu ente querido falecido.

Conclusão

À medida que reunimos estudos de caso adicionais, continuamos a observar os efeitos transformacionais das EMCs, sendo o mais prevalente a convicção de que a experiência foi objetivamente real e que revelou um conhecimento especial: entes queridos falecidos estão, nas palavras de um dos indivíduos, "vivos e bem em algum lugar". Acreditamos que um reconhecimento mais amplo dessas experiências oferece um potencial significativo para o desenvolvimento de novas abordagens de cuidados de fim de vida para indivíduos e seus entes queridos.

Se você teve uma travessia compartilhada e está interessado em contribuir com sua experiência para nossa pesquisa, acesse SharedCrossing.com.

Obrigado por se juntar a nós na tarefa de revelar ao mundo a sabedoria e a cura por meio de travessias compartilhadas.

Apêndice II

Projeto Travessia Compartilhada

Criei o Projeto Travessia Compartilhada (Shared Crossing Project – SCP) para conscientizar e educar as pessoas sobre as experiências profundas e curativas disponíveis para os moribundos e seus entes queridos. O SCP oferece uma variedade de programas, materiais de treinamento e apresentações para o público em geral, profissionais de saúde, profissionais de saúde mental e profissionais de fim de vida.

O Programa de Certificação Profissional em Travessia Compartilhada (Shared Crossing Practitioner Certification Program) é um treinamento abrangente que se concentra na integração do conhecimento e na aplicação de travessias compartilhadas em uma variedade de configurações clínicas de final de vida e luto.

O SCP também oferece consultoria e treinamento personalizado para organizações de fim de vida e outras organizações comunitárias. Para obter mais informações, acesse SharedCrossing.com.

O SCP reúne e estuda travessias compartilhadas, portanto, se teve uma experiência extraordinária de fim de vida, acesse SharedCrossing.com para saber como pode contribuir com sua história para nossa pesquisa.

Agradecimentos

Obrigado a Olivia e Lauren pelo apoio consistente ao meu trabalho em travessia compartilhada. Olivia costumava dizer que era "estranho" explicar aos amigos que seu pai estudava a morte e a vida após a morte. Ainda assim, ela e Lauren me animaram, aguentando as incontáveis horas necessárias para dar vida tanto ao Projeto Travessia Compartilhada quanto a este livro. Sou grato por seu amor inabalável.

Agradecimentos especiais à minha equipe de profissionais literários, que ajudaram a dar à luz este livro: Lyric Winik, por seu dom de transformar minhas ideias em palavras eloquentes; Gail Ross, minha agente literária, por seu sábio aconselhamento em cada passo ao longo do caminho; e Jon Tandler, por sua orientação jurídica gentil e sábia.

Obrigado à minha equipe estelar da Simon & Schuster: minha editora, Priscilla Painton, vice-presidente e diretora editorial da Simon & Schuster, por sua visão, orientação e confiança em nossa capacidade de escrever um livro significativo e transformador para um mundo que precisa de boas notícias sobre a morte e o morrer; Jonathan Karp, *publisher*, por seu apoio vital; Hana Park, pela assistência excelente e excepcionalmente útil; Sherry Wasserman, pela produção; Jackie Seow, pelo belo *design* de capa da edição inglesa que realmente capta a essência deste livro; e Stephen Bedford e Elizabeth Herman, pela dedicação ao melhor produto final.

Agradecimentos a Michael Kinsella, nosso chefe de pesquisa, pelo compromisso com a missão do SCP de levar o conhecimento e a transformação das travessias compartilhadas àqueles que buscam melhor relação com a morte. Suas excelentes habilidades de pesquisa nos ajudaram a analisar centenas de histórias que, agora, servem como trabalho seminal em estudos sobre mortes compartilhadas. Muitos desses relatos inspiradores aparecem neste livro. Nossa amizade e colaboração como pioneiros ao explorar a magnitude das travessias compartilhadas têm sido fonte de entusiasmo e alegria.

A Monica Williams, nossa diretora médica, por sua coragem e amor pela humanidade, que a inspiraram a desafiar a relação do nosso sistema de saúde com a morte e o morrer. Suas experiências pessoais e profissionais como médica socorrista forneceram uma perspectiva valiosa sobre como nosso trabalho pode transformar de modo positivo os cuidados no fim da vida. Sou grato pela parceria em levar este trabalho a prestadores de cuidados de saúde pelo mundo afora.

Sou imensamente agradecido aos participantes de nossa pesquisa, que corajosamente ofereceram suas histórias, muitas vezes compartilhando-as pela primeira vez. Essas histórias, extraídas da dolorosa perda de um ente querido, iluminam a maravilha e a grandeza da experiência de morte compartilhada.

Aos meus colegas do Family Therapy Institute de Santa Barbara (FTI), por seu encorajamento a perseguir os territórios inexplorados das dimensões espirituais da morte e do morrer. Agradecimentos especiais a Debra Manchester, diretora-executiva, e Don MacMannis, diretor clínico, por seu apoio consistente às muitas facetas do Projeto Travessia Compartilhada (SCP, Shared Crossing Project), em particular a Iniciativa de Pesquisa e programas educacionais. Agradecemos a Deborah Harkin e Michael Dunn, por servirem no Ethics Review Board do FTI, que forneceu orientação para nossa pesquisa. Obrigado a Nancy Villalobos, administradora do FTI, por sua atenção constante aos meus muitos pedidos.

Manifesto um oceano de gratidão a Thery Jenkins, que, como meu associado, ajudou na elaboração e na facilitação dos primeiros Workshops do SCP. Seu entusiasmo, as impecáveis habilidades de facilitação de grupo e percepção aguçada da importância desses programas me inspiraram, pois juntos realizamos os primeiros projetos de pesquisa para estudar o impacto nos participantes.

Este livro não teria se concretizado sem minha amada Comunidade "Projeto Travessia Compartilhada", que começou com um grupo comprometido de Santa Barbara que compartilhou minha ideia de explorar o grande mistério da morte e evoluiu para um movimento dedicado a manifestar experiências de fim de vida conscientes, conectadas e amorosas. Maribeth Goodman e Steve Knaub foram membros fundadores de nossa comunidade e ofereceram gentilmente seus corações e suas mentes enquanto criamos a Declaração de Missão e o *site* do Projeto Shared Crossing. Eles logo se juntaram a Tom Craveiro e Liz Hogan, e os quatro juntos generosamente dedicaram inúmeras horas coordenando os primeiros eventos comunitários para aumentar a conscientização sobre as travessias compartilhadas. Roger Himovitz, Arlene Stepputat, Judi Weisbart, Kate Carter, Barbara Bartolome, Leslee Goodman, Norman Risch, Sonja Linstrom, Victoria Harvey, Antoinette Chartier, Marianne Woodsome, Arlene Radasky, Barbara Wolfe, Claudia Crawford, Mimi deGruy, Irmã Helen Wolkerstorfer, Toby Sternlieb, Nancy Shobe, Allison Armour, Barbara Morse, Nohl Martin, Sonya Fairbanks e Marsha Goldman, entre outros, deram um passo à frente para oferecer apoio valioso à medida que nosso movimento crescia.

Cada um, gentilmente, compartilhou suas habilidades únicas e valiosas, entre elas, planejamento e produção de eventos, assistência à pesquisa, divulgação da comunidade, captação de recursos, edição de documentos, suporte técnico de vídeo e muito mais. Um agradecimento especial a Jennifer Parks e à Funerária McDermott-Crockett, pelo uso de seu santuário para muitos de nossos programas, e ao Hospice of Santa Barbara e VNA Health, por acolher nossa perspectiva do Projeto Travessia Compartilhada (SCP).

Sou eternamente grato a Nancy Koppelman, que, antes de sua morte prematura, defendeu nosso trabalho e trouxe multidões de pessoas maravilhosas para nossos programas e comunidade. Nancy organizou com gentileza os eventos do SCP em sua adorável casa à beira-mar, generosamente convidando sua gama diversificada de amigos para assistir e participar de nossos encontros.

Ao olhar para trás agora, essas pessoas e organizações notáveis e com ideias semelhantes compartilharam uma visão comum que tornou manifesto o que, agora, é o SCP. Seu apoio, seu conselho e sua amizade continuam a servir como lembretes constantes de que a Missão do Projeto Travessia Compartilhada é essencial para transformar o relacionamento de nossa cultura com a morte e o morrer. Seu compromisso com nossa missão também ajudou a alicerçar as bases para este livro.

Este livro, a pesquisa e tudo o que o SCP desenvolveu não teriam sido possíveis sem o trabalho árduo e a dedicação de nossa equipe do SCP. Um caloroso agradecimento a Noel Christensen e Michelle Johnston, nossa equipe de pesquisadores, que trabalharam incansavelmente analisando centenas de entrevistas; muito obrigado às três administradoras de pesquisa do SCP e da SCRI, Kattie Bachar, Laurel Huston e Kelly Rose Almeida, que proporcionaram ajuda e suporte excelentes durante o processo deste livro; além disso, um enorme agradecimento a Amanda Lake, Sierra Boatwright, Linx Latham, Jessica Pepper e Sarita Relis, administradores do SCP que pavimentaram o caminho que nos trouxe a este livro. Um agradecimento especial a Robert Fortune, pelo suporte técnico brilhante, Joy Margolis, pela consultoria perspicaz, e Kim Sutherland, por sua contabilidade habilidosa. Obrigado a Maribeth Goodman, Katie Karas e Noel Christensen por também analisarem criticamente os manuscritos com sensibilidade.

Um sincero agradecimento a Raymond Moody, Lisa Smartt, Maggie Callanan, Eben Alexander e Karen Newell, que ofereceram apoio, orientação e amizade essenciais na criação deste livro.

Sou grato a Jan Holden, Pim van Lommel, Bruce Greyson e Peter Fenwick por seus sábios conselhos, revisão ponderada e incentivo sincero em relação ao trabalho de pesquisa da Iniciativa de Pesquisa da Travessia Compartilhada (Shared Crossing Research Initiative – SCRI), que forneceu as descobertas que preenchem este livro.

Um caloroso agradecimento a Marge Cafarelli, com quem compartilho uma longa e confiável amizade, por seus sábios conselhos sobre o crescimento e o desenvolvimento do SCP. Agradeço a meu amigo de longa data, Jeremiah Marshman, com quem compartilhei inúmeras conversas perspicazes, que me apoiaram na escrita deste livro. E meus agradecimentos ao meu amigo Ken Saxon, cujo programa Courage to Lead me ajudou a manter o equilíbrio para me dedicar com todo empenho à Missão do Projeto Travessia Compartilhada.

A Robert Hall, Al Miller e Leo Rock, que serviram como sábios mentores e amigos de confiança antes de deixarem a vida humana. Continuam a me inspirar e penso neles com frequência ao realizar nossa missão.

Parceiros e apoiadores da Iniciativa de Pesquisa da Travessia Compartilhada

Nossa pioneira Iniciativa de Pesquisa da Travessia Compartilhada, que revelou essas histórias profundas, foi possível graças ao apoio generoso de parceiros compassivos, sábios e verdadeiramente visionários. Eles entenderam e abraçaram a missão de divulgar essas histórias poderosas para o mundo. Eles me encorajaram, acreditando que essas histórias transformariam os cuidados de fim de vida para os moribundos e seus entes queridos, bem como os sistemas de saúde que os atendem. Obrigado!

Com profundo apreço a Jennifer e Peter Buffett e à Fundação James S. Bower, Jon Clark e Harvey Bottelsen.

Agradecimentos especiais a Carrie Cooper e Rhino Griffith, Natalie Fleet-Orfalea e Lou Buglioli, Linda e Fred Gluck, Deborah Gunther, Patricia Selbert, Richelle e Omar Gaspar e Melbourne Smith.

Obrigado também a Arlene e Dr. William Radasky, Sandra Tyler, Stacy e Ron Pulice, Marge Cafarelli e Jan Hill, Jill e Barry Kitnick, Katie Karas e Sharon Felder.

Por fim, obrigado a você, leitor, pelo tempo e interesse. Espero sinceramente que este livro possa ajudá-lo em qualquer fase da vida.

Impresso por :

gráfica e editora

Tel.:11 2769-9056